常州大学
西葡拉美
译丛

［西班牙］弗朗西斯科·莫雷诺·费尔南德斯　著

张　琼　译

迷人的
西班牙语史

LA MARAVILLOSA
HISTORIA DEL
ESPAÑOL

著作权合同登记号：01-2023-2349
© Instituto Cervantes, 2015
© Francisco Moreno Fernández, 2015
© Espasa Libros, S. L. U., 2015
ISBN:978-84-670-4427-0

图书在版编目（CIP）数据

迷人的西班牙语史 /(西) 弗朗西斯科·莫雷诺·费尔南德斯著；张琼译. -- 北京：朝华出版社，2024.7. -- (常州大学西葡拉美译丛). -- ISBN 978-7-5054-5479-8

Ⅰ. H340.9-49

中国国家版本馆CIP数据核字第2024AH0429号

迷人的西班牙语史

作　　者	〔西班牙〕弗朗西斯科·莫雷诺·费尔南德斯
译　　者	张　琼
责任编辑	廖钟敏
责任印制	陆竞赢
装帧设计	杜　帅
出版发行	朝华出版社
社　　址	北京市西城区百万庄大街24号　　邮政编码　100037
订购电话	（010）68996050 68996522
传　　真	（010）88415258（发行部）
联系版权	zhbq@cipg.org.cn
网　　址	http://zhcb.cipg.org.cn
印　　刷	河北尚唐印刷包装有限公司
经　　销	全国新华书店
开　　本	710mm×1000mm　1/16　　　字　数　326千字
印　　张	19.75
版　　次	2024年7月第1版　2025年1月第1次印刷
装　　别	平
书　　号	ISBN 978-7-5054-5479-8
定　　价	98.00元

版权所有　翻印必究·印装有误　负责调换

序

　　成立于1991年的塞万提斯学院以推动西班牙语及西班牙语国家的文化为己任,仅在北京和上海的两处分部就在近年举办了大量丰富多彩的文化活动,吸引了越来越多的人关注并学习西班牙语。实际上,在我国常被扣上"小语种"帽子的西班牙语并不"小",反而是一门很"大"的语言。根据塞万提斯学院在2023年的最新统计,"西班牙语是全世界作为母语被使用人数第二多的语言,仅次于中文"。如果把母语、第二外语等使用人数全部相加,其数量接近6亿,占全球人口总数的7.5%,因此在国际交流常用语言中,西班牙语也排在第二位。根据上述统计的预测,西班牙语的使用人数增长起码将持续到2071年,届时其数量将达到7.18亿人。

　　在西班牙语面向未来蓬勃发展的时候,相关学者和研究人员并没有忘记回溯它丰富的历史。2015年,《迷人的西班牙语史》的西班牙文原版由塞万提斯学院和该学院前学术事务负责人弗朗西斯科·莫雷诺·费尔南德斯共同推出,体现了塞万提斯学院普及西班牙语及其文化的宗旨,它的内容流畅而有吸引力,文字平实易懂,能帮助更多读者对西班牙语的发展过程有更加深入的了解。塞万提斯学院前院长加西亚·德拉孔恰曾赞誉此书"写得如小说一般好读",认为读者在阅读此书时,会感觉像是在阅读一部冒险故事,他同时也指出"这部作品是作者多年研究的成果",换句话说,这是部集学术性、知识性和趣味性于一体的作品。

　　此书在每一小节中,除了介绍西班牙语历史的主体脉络之外,还设置两个补充单元,分别介绍和每个时代相关的两个主要人物的故事,以及每个历史时期具有代表性的两个词语,对西班牙语的历史做了更加具象、更加多样化的呈现。换句话说，作者设置的贯穿于全书的两条线索是"人"与"词"，此书的学术性、知识性、趣味性兼具的特点也是借由这两条主线展现出来的。书中描写的人既包括真实的人，如内布利哈这样为西班牙语的发展做出过突出贡献的人物，也包括虚构作品中的人物，实际上，像堂吉诃德、塞莱斯蒂娜、杜尔西内亚等文学作品中的人物早就化身成了西班牙语文化的代表，成了其丰富性与多元性的象征。另一条线索是"词"，作者选取了西班牙语史上不同阶段中的代表性词语进行分析，这些词不见得尽是高端词语，而常常是如queso（奶酪）、cerveza（啤酒）这样日常化的词。这种接地气的写法也体现在对人物的介绍上，作者将目光更多地投向了与语言的发展变革息息相关的平凡人，多维展现了西班牙语史的发展脉络。通过人与词这两条线索，作者实际上将西班牙语史中的一桩桩大事件串联了起来，从小到大，从微观到宏观，借此回答一系列"迷人"的问题：西班牙语是怎样发展到现在的样貌的？在西班牙印刷的第一本书是什么？西班牙语是如何在美洲、非洲、亚洲部分地区传播的呢？为何在意大利、荷兰也有人讲西班牙语呢？……

在《迷人的西班牙语史》一书面世之前，关于西班牙语史最近的一部重量级著作应为拉斐尔·拉佩萨所著的《西班牙语史》，那已经是20世纪80年代的事了。与之相比，《迷人的西班牙语史》除了内容更新、视角更新之外，其最突出的特点便是"迷人"二字，作者莫雷诺·费尔南德斯曾笑称："我是不会在这本书里使用'音素''语段'这类术语的，我要使用另外的模式，来讲述一段迷人的历史。"我的亲身经历可以证明，作者并没有说谎。我第一次看到《迷人的西班牙语史》是在2017年春天，在马德里的一家书店里，它给我的第一印象是：不同于之前看过的大部头西语史，它是部装帧精致小巧的口袋书。当我翻看书内章节标题时，作者的创作思路更是让我眼前一亮，我发现书中没有令人眼花缭乱的介绍西班牙语语音演变的各种符号，也没有掺杂着古西班牙语的介绍、西班牙语词汇和语法演变的大段文字，于是，这本书勾起了我十足的好奇心，我毫不犹豫地将它买下并带回国内。换句话说，它"迷住"了我。

回国后，我当时任职的常州大学拉丁美洲研究中心正在筹划"常州大学西葡拉美译丛"这套丛书，在读毕全书后，我便毫不犹豫地向丛书策划团队推荐了这本书。除了前面提到的"人"和"词"两条线索之外，这本书还从历史、地理、社会、文化多个角度分析了影响西班牙语发展和演变的因素，从而将西班牙语历史的全貌展现在读者面前，无论是对于中国广大的西班牙语专业学生，还是对于想要了解西班牙语史的中国非西语专业读者来说，它都具有很强的科普性和很大的趣味性。

经过了确立选题、版权引进等一系列工作之后，我于2018年的盛夏开始了这本书的翻译工作。起初的翻译进度非常缓慢，书中出现的很多和语言史相关的专业术语在字典上查不到对应的中文释义，我需要斟酌再三选择合适的中文词准确地传达出西语原文的意思；不断出现的历史事件、人物姓名需要查资料核实专有名词的用词用字；作者列举的单词示例的中文释义应该以何种格式呈现，等等，都是我这个初涉学术翻译的译者需要面对的困难和问题。随着翻译过程的不断深入，整个工作开始慢慢步入正轨，我也找到了学术著作译者的状态，进展也就越来越快。全书的翻译初稿完成后，我又对译稿进行了校对，希望能最大限度地完善译本质量。

在和编辑们沟通完善书稿的过程中，我对编辑这项工作也有了全新的认识。这是一项非常细致繁琐的工作，要求编辑具有高度的责任心、专业性、耐心和包容心。在跟编辑们对接工作的过程中，我总是能发现书稿中存在的问题和瑕疵，正是因为有各位编辑老师为此书把关，《迷人的西班牙语史》才能以更高质量出现在广大读者面前；通过向编辑们学习，我在学术书籍的翻译和编辑领域也积累了更多宝贵的经验，受益匪浅。

  我们将此书的中文名定为《迷人的西班牙语史》，与原文书名保持一致，希望广大读者通过这本书感受到西班牙语深厚的历史积淀、独特的语言魅力和蓬勃向上的生命力，这些也都是这门语言迷人之处的体现。最后，尽管经历多次打磨，此书仍难免有不足之处，恳请各位同行及读者提供宝贵意见。

译者

2024年7月7日于上海

目录

致谢词　001
引言　003

第一章 从起源到大航海时代

第一节　欧洲的语言概况　003
第二节　卡斯蒂利亚语的诞生　018
第三节　修道院和行政处　033
第四节　阿拉伯统治时期的多语共有现象　049
第五节　西班牙语的地区性差异　066
第六节　从小溪向大海　084

第二章 从帝国到革命

第一节　16、17世纪伊比利亚半岛的语言和社会　103
第二节　殖民地的语言生活　121
第三节　西班牙和美洲的文字、文学　139
第四节　西班牙之于欧洲和欧洲之于西班牙语　154
第五节　启蒙运动时期的语言　170
第六节　科学与人文　184

第三章 从独立运动到21世纪

第一节　语言国家的建立　203
第二节　语言和风俗　220
第三节　西班牙语的规则　236
第四节　在西语的土地上　251
第五节　官方西班牙语之外　268
第六节　互联网时代的西班牙语　285

致谢词

  这本书的撰写离不开许多人宝贵的意见、中肯的建议和渊博的知识，在此我向他们表达最诚挚的谢意：哈维尔·普埃约、玛丽亚·德尔·马尔·马丁·德·尼可拉斯、皮拉尔·科尔特斯、克拉拉·冈萨雷斯·托萨特，还有雷贝卡·古铁雷斯·里维利亚。还要感谢维克多·加西亚·德拉·孔恰对我的信任，将编写塞万提斯学院丛书中这一本书的任务交给我。我再也想不出比这更好的差事来度过新英格兰有史以来最漫长的严冬了。

马萨诸塞州剑桥市，哈佛大学

2015年7月4日

引言

这本书即将向大家讲述西班牙语，也就是卡斯蒂利亚语的历史，任何一个知道并且读到这本书的人都会拥有一次和西班牙语亲密接触的机会，并会为它数千年的历史所震撼。西班牙语的历史承载着多样的文化，是由无数可以被称为"奇妙"的故事构成的。大家可能会认为，用"奇迹"来形容一段历史并不合适，因为当我们说到"奇迹"的时候，就意味着我们是以主观印象主义的态度去评判事物的，不够客观。然而历史最为核心的部分，比如语言的核心部分，正是建立在主观的观察和感受之上的。克里斯托弗·哥伦布第一次讲述他在西印度群岛的所见所闻时，他重复次数最多的词之一就是"奇迹"，因为他觉得他看到的一切都是那么的奇妙且令人难以置信。

"奇迹"一词在1611年被塞瓦斯蒂安·德·科瓦卢比亚斯定义为"令人惊叹的事物"；而"（某人因某事/某物而）深感震撼"的意思则是"因为看到奇迹造成的效果而不由自主地为之震撼"。这正是西班牙语的历史在各类读者心中所激起的波澜：震撼，惊喜，着迷——无论是充满好奇心的求知者还是一心向学的学生；无论是资历颇深的专家还是初出茅庐的新手；无论是朝气蓬勃的年轻人还是迟暮之年的老人；无论是身处乡村的农民还是久居闹市的城市人。所有的语言都会在它的历史中留下令人惊叹的片段，所以西班牙语这样一门分布地域广、历史悠久的语言会令人为之震惊就不足为怪了。毫无疑问，所有的语言都是人类最伟大的成就，而西班牙语则是世界的文化瑰宝之一。

对于萨姆埃尔·约翰逊来说，语言是民族的族谱。如果这一说法成立的话，西班牙语就是世界上20多个国家和民族的族谱。要不是因为其他语言在类似的情况下也经历了同样的过程，西班牙语的历史就可以用"非比寻常"来形容，因为它包含了丰富的事件和细微的差别。如此说来，这并不是一段浪漫且理想主义的历史，也不是为了凸显语言特点的历史，更不是为了给西班牙语贴上辉煌和荣耀的标签的历史。我们关注的是西班牙语以及一直以来讲西班牙语的人所经历的单纯的语言生活和社会生活，既不抱怨也不炫耀，既不烦琐也不空洞无物。这是在伟大和平凡的基础上写成的历史，所有都值得我们称颂。比起那些伟大的名字和功绩，阿索林❶更喜欢"平淡的小事"，然而事实是在一门语言的历史中，丰功伟绩和平凡琐事都不可或缺。

西班牙语的历史是由单词、语句、文章和会话汇集而成的，这些元素共同绘制出一幅足以覆盖西方大片地域的文化地图。这是一部在人们日复一日的对话中发展而来的历史。在不同地方、不同社会和不同文化背景下生活的人们，常常通过将语言进行简化的方式从他们的父辈那里学会一门语言，他们不断重复学到的语句并将恰当的表达融入到新的语言中。西班牙语的历史也是讲西语的人们的历史，是西语社会的历史，它随着西班牙语自身的演变而变化。另外，西班牙语的历史和每个地区的语言发展密不可分，因为语言和人一样，不能孤立地发展和生存。在伊比利亚半岛，西班牙语和罗马语族、非罗马语族的语言和平共处，不断地相互交融。在西班牙语美洲，西班牙语和当地土著语言的共存推动了两者的共同演变，这

---

❶ 西班牙作家、文学批评家，主要作品有自传体小说三部曲：《意志》《安东尼奥·阿索林》《一个小哲学家的自白》，随笔《卡斯蒂利亚的灵魂》《市镇》《堂吉诃德之路》等。是"九八年一代"的主要成员。

引言

也促进了每种语言占据的社会空间的重新分布。总的来说，西班牙语和讲西班牙语的人是共同受益者。除了拉丁语，在长达数世纪的共存期间，在西班牙语中留下最多印记的当数欧洲的法语和美洲的纳华语。

现在出现在读者面前的这本西班牙语史按时间顺序记叙了历史上发生的具有标志性的重大事件。这本书由三部分组成，相邻两部分之间以两件起决定性作用的大事件为分界线：从1492年起，西班牙语从欧洲大陆到美洲大陆；从1810年开始各美洲共和国在独立之后将西班牙语作为各国的语言。每一章讲述一个具体的历史时期。为了让每一章的内容既清晰又生动，我们会结合对未来的展望和对过去的回顾。历史的讲述也可以用两个补充信息来代替：首先是和每个时代相关的两个人物的故事，这些人物来自不同地方，有男人也有女人，故事也并不总是真人真事；其次就是每个历史时期具有代表性的两个单词。因此，没有耐心逐字逐句看完这本书的读者可以通过我们选出的36个人物故事和36个单词了解到西班牙语所经历的社会变迁。介绍人物故事的内容题为"大人物、普通人和小人物"，这个题目会让人想起路易斯·蒙多多的一部著作：《奔跑在两个卡斯蒂利亚原野上的大人物、普通人和小人物》（1911年）。这本书中讲了和卡斯蒂利亚语口语息息相关的许多专有名词的起源。关于那36个单词，虽然我们不是以历史词典或词源词典的专业深度去解释的，但是需要结合时间在它们身上引发的变化才能把这些词的起源解释清楚。大卫·克里斯特尔用同样的方式写了《100个英语单词中的英语史》一书。虽然我们在本书中只涉及36个西班牙语单词，但是对那些想要详细了解时间是怎样在西班牙语词汇的历史上留下印迹的读者来说，阅读这些内容会是件非常有趣的事情。

最后，严格地说，这本西班牙语史想要成为这样一本书：只讲述西班牙语或是卡斯蒂利亚语的历史，不涉及任何其他语言，无论它们之间的关系是多么的紧密；能够展现西班牙语在每个时期、在它遍布的所有地域发生的历史，同时也要展现发生在大多数西班牙语的使用者身上的历史。我们不奢求它成为一部完美无缺的语言史，任何一本书都做不到毫无缺点，因为任何一份史料都无法达到历史学家和语言学家们理想的详尽程度。这本书只想竭尽所能地讲述西方世界最美妙的语言之一的历史，这就足够了。这本书特别体现出我对西班牙语历经沧桑后铸成的奇迹的着迷程度，因为它确实是一门有着千年历史并在广阔的地域上生机勃勃的、形式多样且蕴意丰富的语言。

就此搁笔。

第一章

从起源到大航海时代

Chapter 1

第一章　从起源到大航海时代

第一节
欧洲的语言概况

欧洲的语言史真是令人着迷。这是一段充满了边境纷争和邻国竞争的历史，同时也是一段休戚共存、互相包容的历史。随着时间的流逝，欧洲的语言渐渐各自成形，并且在历史的长河中相互交融。伊比利亚半岛的语言是欧洲语言史的主角，西班牙语就是其中之一。

凯尔特语族、意大利语族、日耳曼语族和斯拉夫语族是欧洲大陆上有着血缘关系的四大语族，它们从3000年前幸存至今，代表着这片大陆的文化。这四大语族之间的亲缘关系源于它们共同的祖先：19世纪的语言学家们把它称作印欧语。因此，这四大语族的所有语言分支都属印欧语：英语、德语、俄语、希腊语……还有西班牙语。然而，并不是所有存在于欧洲大陆上的语言都是印欧语系的语言，因为还有少数欧洲语言的起源至今不明，演变成了现今的芬兰语、匈牙利语、爱沙尼亚语、拉普尼亚地区的各种语言和巴斯克语（又名euskera）。这些语言之间的差异是显而易见的。

公元前，凯尔特语族分布在欧洲大陆的大片地域。它的分布地域也包括伊比利亚半岛西北部和大西洋沿岸一些地区。拉丁语是意大利语族的古老文化中最重要的语言之一，它的使用地区主要分布在地中海西岸；希腊语的使用地区则在地中海东岸。拉丁语的鼎盛是罗马帝国的产物；希腊语的辉煌伴随着拜占庭王国从罗马帝国分离之后的扩张一起到来。在欧洲北部，日耳曼语族的领地和凯尔特人的领地以莱茵河为界。日耳曼语向南和向西的扩张随后会和罗马的侵略（410年）以及日耳曼民族进入伊比利亚半岛一起到来。最后，斯拉夫语族最早分布在欧洲的东北部并从那里逐渐向南扩展直到6世纪抵达拜占庭。

　　欧洲的所有语言中，对西班牙语影响最小的就是斯拉夫语族的语言，仅从少数单词中能看到斯拉夫语的影子，如：corbata（领带）、bohemia（波西米亚）、esclavo（奴隶）、zar（沙皇）、obús（榴弹炮）、mazurca（马祖卡）。这些单词在距离现在时间比较近的年代里借助其他语言才得以融入西班牙语。凯尔特语族和日耳曼语族对西班牙语影响深远；其他从拉丁语衍生而来的语言——罗马语族语言（或称罗曼语族语言），半岛以内和半岛之外的语言——对西班牙语的演变意义深远。我们试想一下罗马帝国是一个文化大区，在这个大区里主要用拉丁语，特别是书面拉丁语，这既有利于人们之间的交流也为语言的规范使用提供了固定的参考。随着罗马帝国的衰落，拉丁语的统治地位也渐渐减弱，拉丁语的书写就变成了少数人的特权。与此同时，为数众多的地位低下的人所说的语言之间的差别却越来越大，人们之间的沟通也变得越来越困难。正是这样，在4世纪到10世纪之间，当时流行的拉丁语言不可逆转地分化开来。

　　那么现在，要开始我们的西班牙语史就必须要了解1000年左右欧洲的语言状况。那时候，欧洲大陆约有3800万人口，他们中的一半都生活在地中海沿岸的国家。当时世界上主要的文化地区并不在这里，因为此时宋朝的中国生活着一亿多人口。1000年，欧洲主要有四大语言族群，它们是以前的四大语族的继承者：斯拉夫语族、凯尔特语族、日耳曼语族和罗马语族，外加一个结构完善且普及度高的语言——拉丁语——西方教会的语言。那个时候的拉丁语用于书面和高级别的公开演讲、皇室、艺术和科学领域、宗教事务以及研究中心。当时只有社会地位高的人才能使用拉丁语，普通人日常生活中所讲的语言就这样开始和拉丁语渐行渐远，其中就包括罗马语族语言。很难知道讲这些通俗语言的人之间是什么时候开始做到无障碍交流的。可以肯定的是，一个地区的人说的话可以被邻近地区的人听懂，邻近地区的人说的话又可以被他们的邻近地区的人听明白；就这样以此类推，在某一特定时期便形成了一个语言链条，位于这个链条第一环的人再也听不懂和他们没有直接接触的人们所说的语言。

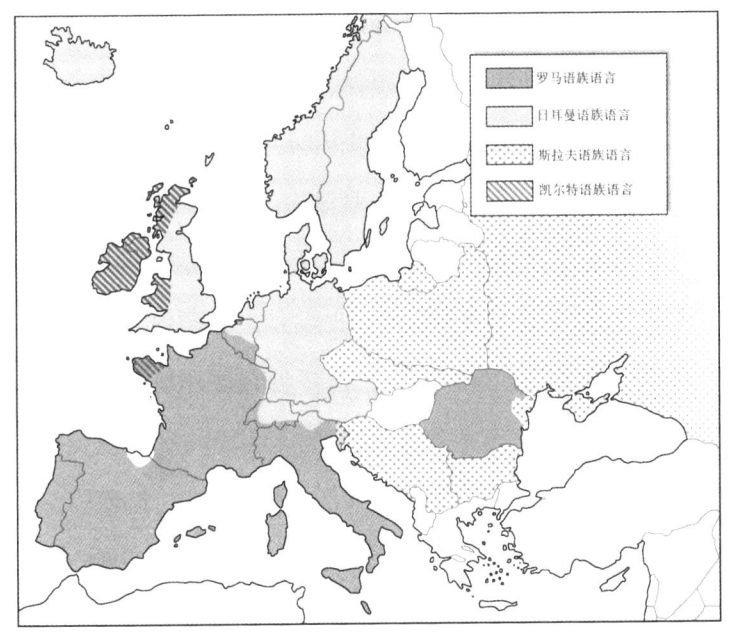

欧洲的主要语族

欧洲每个地区的语言状况和它们的历史地理条件息息相关。日耳曼—斯拉夫语族的分界线主要位于易北河，这条分界线在7世纪的时候向东移动，正是因为这个原因，斯拉夫人除了和西欧人讲拉丁语以外，还和他们的领主讲德语，和南部的拜占庭人讲希腊语。在日耳曼地区的另一端，不列颠群岛上的人们主要讲古英语的几种方言，它们是起源于日耳曼语的盎格鲁-撒克逊语和两种主要的凯尔特方言：威尔士语❶和盖尔语❷。盖尔语仍在现今的苏格兰和爱尔兰沿用。从11世纪起，征服者威廉在布列塔尼人和法兰克人的协助下发动了诺曼底入侵，就这样，法语来到了不列颠群岛并在长达三个世纪的时间里作为皇室语言被使用。法语对盎格鲁-撒克逊语，特别是在其词汇的演变上产生了十分深远的影响，以至于很难界定现代英语究竟该归属日耳曼语族还是罗马语族。罗马语族和日耳曼语族的分布地域之间并没有严格且清晰的分界线；两者更像是在共享一片区域，没有严格的边境管辖，说着不同语言的人在这两个语言地区之间自由进出，但是法兰克语和日耳曼语之间的边界却很分明。

在罗马语族地区，意大利国内衍生出了几种不同的罗马语族语言，虽然在意大利南部人们讲希腊语，在西西里岛讲阿拉伯语，而在法国，北部地区主要讲奥依语，南部的阿奎塔尼亚则是以奥克语为主导。这两种语言和布列塔尼语、巴斯克语等其他语言和谐共存。奥克语又名普罗旺斯语，它作为文学和文化领域的专用语言，其特权之大甚至达到成为皇室和文学通用语的地步；也就是说，母语不同的文人之间都用奥克语来交流。恰恰是各种通用语的存在——无论是拉丁语、普罗旺斯语，还是在数次十字军东征过程中形成的地中海沿岸的通用语——在中世纪扮演了重要的角色，尽管当时的语言跟现在比起来更加孤立，它们之间的界线也总是模糊不清。

中世纪欧洲的语言状况向我们揭示了一些非常关键的事实，其中之一和地理认同感有关。虽然在现代历史中我们会充满骄傲地强调这一点，

---

❶ 凯尔特语的一个支系。
❷ 爱尔兰和苏格兰的方言。

第一章 从起源到大航海时代

但是在中世纪时期人们的地理认同感是相当弱的，甚至是不存在的。事实上，除了法兰克-日耳曼和盎格鲁-凯尔特这两条地理界线两边的人们有着比较强烈的地理归属感之外，其他地区的人们的地理归属感并不强，也许是因为文化的边界通常比较模糊。毫无疑问，欧洲的语言史是在一次次的军事征服之上写成的，而人们往往对语言的差异性很敏感，特别是在当代欧洲尤为敏感，但事实并不是一直如此。对于中世纪的法兰克人来说，讲他们自己的语言而不讲德语对他们来说非常重要，但是正如历史学家克里斯托夫·布鲁克在2000年所说的那样，英国在同一时期曾经被一个不需要学习英语的法国王朝征服。另外，苏格兰在社会层面变成了玛格丽特王后的管辖范围，玛格丽特王后是国王马尔科姆三世（也就是《麦克白》中的马尔科姆）的妻子，是一位来自英国的公主，曾在匈牙利接受教育，其间，她在家里说拉丁语，似乎最终也没学会讲盖尔语。与此同时，不列颠的教会在用拉丁语进行日常交流的两个意大利大主教的管辖之下，这对于任何一方来说都不是什么无法解决的困难。欧洲不同地方的皇室之间的联姻看上去并没有语言的障碍，教士和学生在欧洲停留期间也不存在语言上的问题，就像一位不知名的作者在《爱的理由》一诗中提到自己的经历时所写的：

> 人们都很有教养，
> 无论在德国还是法国；
> 我在隆巴蒂住了很久，
> 为了学习礼仪。
>
> ——佚名，《爱的理由》，约1250年

拉丁语曾经一度是社会文化地位高的人之间的通用语言，虽然通俗拉丁语的使用最终演变成了查理大帝和他的继承者虔诚者路易的担忧之一。由此引发了中世纪欧洲众多最具代表性的文化运动中的一项：加洛林改革，又名加洛林文艺复兴。8世纪末期，由于东部和西部各个王国的分崩离析和法兰克王国无休止的征战，欧洲文化遭到了严重的破坏。查理大帝目睹了这一切，便想到推行一项既能延缓文化衰落又有利于增强法兰克王国内部的宗教和文化凝聚力的举措。就这样他下令创办学校和教堂以实行义务教育，在皇宫里召集了顶尖的学者为这项事业建言献策。这些学者还负责经典文献的手抄本的修复，若不是如此，这些手抄本就会永远地消失；他们还推动了关于宗教、文学、司法和艺术领域的资料的研究。复制文献的工作在数十个修道院里展开，图书馆的数量也变得多了起来。

单是在语言领域，加洛林文艺复兴就取得了重大的成就。最主要的成就便是形成了最具特色的中世纪拉丁语，这得益于对古拉丁语文本的校对工作，同时也促进了拉丁语的规范化，使其成为欧洲通用的书面语言，有助于不同地区之间的文化交流。这并不是第一次对古文进行的修复和保护，特别是以教学为目的进行相关工作；事实上西班牙哥特时期（6世纪）的大智者，塞维利亚的圣伊西多罗也推动过拉丁语的革新。但是加洛林改革的影响力更大也更深远，因为它是在罗马语族语言的形成期间进行的。在拉丁语晚期和罗马语族语言形成的早期的交汇时期，马西亚尔、西塞龙、奥维迪奥、维尔吉里奥和教会的大主教一起对原始拉丁语进行的恢复工作为新版拉丁语的形成做出了贡献。这样，宗教活动中的书面用语和口头用语便可以和平民使用的口头用语——"通俗语言"（拉丁语为 *sermo rusticus*）区分开来。可以说加洛林文艺复兴和教会用拉丁语从总体上讲对欧洲新语言的形成没有起到决定性的作用；但是可以肯定的是，我们不能否认它们对西方古典文化传播的必要性。

在日常的邻里生活中、在市场上、在做农活的人们之间，欧洲的新语言逐渐成形并慢慢地向书面语过渡。有时候人们下意识地在羊皮纸或者纸张上留下某种新的语言形式，并没有想到他们其实正在书写一种语言的历史。一篇名为《奶酪记》的文章恰恰说明了这一点，这是莱昂的一位修士记录的一份不起眼的奶酪清单，正如我们将会在下文中看到的那样。转折点始于9世纪，因为从800年开始在欧洲出现了大量手写的"早期文献"。在众多文献中值得一提的是用意大利维罗纳地区的罗马语族语言写的一句话，又名《维罗纳谜语》（800年）：

> 它在前方指引牛儿前进的方向，耕着一片白色的土地，它有一个白色的犁耙，播撒着黑色的种子。

这个古老的谜语的谜底就是"书写"。再晚一点（842年）的是著名的《斯特拉斯堡誓言》，以日耳曼语和法国的罗马语族语言写成，查理大帝的两个孙子在誓言中宣布联盟以对抗第三者。这之后在法国出现了一些没那么重要的文献，但它们都无法达到普罗旺斯诗歌或者《罗兰之歌》（1170年）的高度。《罗兰之歌》讲述了在龙塞斯瓦列斯发生的冲击战，是欧洲史诗文学中的重要组成部分。由无名氏用卡斯蒂利亚语写成的《熙德之歌》与《罗兰之歌》在欧洲文学史上有着同等重要的地位。在罗马语族语言的使用地区之外，中世纪早期（Alta Edad Media）的盎格鲁-撒克逊史诗《贝奥武甫》和德国的爱情诗歌在众多作品中独树一帜。

欧洲中世纪晚期（Baja Edad Media）的杰出作品

卡斯蒂利亚	佛罗伦萨	法国	英国	德国
堂胡安·马努埃尔，《卢卡诺尔伯爵》，1330—1343年；胡安·鲁易兹，《真爱之书》，1330—1343年；费尔南多·德·罗哈斯，《塞莱斯蒂娜》，1500年	但丁·阿利基耶里，《神曲》，1302—1321年；乔万尼·薄伽丘，《十日谈》，1351—1353年；弗朗西斯科·彼得拉克，《歌集》，1470年	纪尧姆·德·马肖，《弥撒曲》，14世纪	杰弗里·乔叟，《坎特伯雷故事集》，1380年	《尼伯龙根之歌》，14世纪

从14世纪起，欧洲文学从极度限制其创造力的拉丁语的桎梏中解放出来，经历了一段繁荣的发展时期，在各种文学体裁下都创造了卓越的成果，这些文学创作对后世的欧洲文化和世界文化的表现形式都产生了深远的影响：音乐、绘画、雕塑、电影等。这就是为西班牙语的起源和发展提供了巨大发展舞台的欧洲；这个时期的欧洲充满了特色，孕育出了优秀的作品并培养出了杰出的人物，它的命运在历史的长河中已经和伊比利亚半岛的命运紧密相连。

大人物、普通人和小人物

约克郡的阿尔昆

除了查理大帝和虔诚者路易，还有一个专属于加洛林文化改革的名字：来自约克郡的阿尔昆，英国神学家兼学者。阿尔昆生于736年，死于805年。他将毕生近70年的光阴投入到宗教研究和文化上；他的墓志铭上这样写道：

第一章　从起源到大航海时代

现在的我已经化为灰烬，被虫子吞噬……

我叫阿尔昆，我向来热爱知识

请看到的人为我的灵魂祈祷

因为阿尔昆需要学习教会拉丁语，他在英国开始了学习生活。和当时在法国和意大利学习拉丁语的人们不同，阿尔昆的母语盎格鲁-撒克逊语并非起源于拉丁语，而是属于另一个语言分支。这样一个微小的差异让阿尔昆用一个旁观者的视角来审视教会语言，并且帮助他清楚地认识到更为有效的学习方法以及阻碍学习的因素。他的判断是正确的：应该为拉丁语制定新的规则，无论是书写上的传统语法还是发音上的统一性；应该重写那些在潜移默化中缓慢形成的腐败风气下被反复抄写的书籍；应该用一种更加清晰易懂的文字来书写拉丁语，以便所有人都能读懂；应该建立开放的图书馆；应该在学校里开设拉丁语课程；应该编写有助于学习的教材和术语词典；应该培训有能力教授读写一致的拉丁语的老师并且让他们不再依赖直觉来学习语言。

查理大帝在781年认识了阿尔昆，一年之后他请阿尔昆到宫中作为智囊团的一员，和其他人共同发起一项向帝国的各个角落传播文化知识的改革。这项改革如同黏合剂一样增强了查理大帝统治下的宗教和政治统一。阿尔昆领导了语言方面的改革事宜并负责处理了很多重要的和不起眼的细节问题，大到建立学校分布网，小到拉丁语的正字法改革，一直沿用至今的区分字母大小写的规范就是在那场改革中被提出的。所有这些都是和同时效力于查理大帝的保罗·迪亚科诺、佩德罗·德·比萨和拉瓦诺·马罗一起完成的。"上帝让我来为查理国王效力。"阿尔昆如是说。

阿尔昆在亚琛的一所宫廷学校里执教多年，在国王的身边向国王和他的孩子们传授开明的人文知识。他的一生中写了多部重要的作品，有时不免受到当时盛行的情色文风的影响，但是其中教育方面的著作非常杰出：有关于语法的，关于辩证法的，关于修辞的，关于正字法的。很少有事情能像沉浸在书籍的世界里那样给他带来快乐。他的一件件功绩赋予了他多家修道院院长的头衔，直到他最终在法国图尔的圣马丁修道院退休。"当我们安静地坐在一堆书中间的时候，生活是多么的甜美啊！"阿尔昆说道。

蒙非拉多的萨尔瓦多

萨尔瓦多生于蒙非拉多的皮埃蒙特大区，是翁贝托和他的表妹维多利亚之间禁忌之爱的结晶。不幸的是他自幼患有大脑发育迟缓症，所有的人都认为这是他理应遭受的来自上天的惩罚。他的双亲决定将他丢弃在亚历山德里亚附近的一个修道院里，寄希望于上帝为他们找到一个弥补错误的方法。萨尔瓦多两岁的时候还不怎么会说话，还未满10岁就在隆巴蒂、利古里亚、普罗旺斯、奥弗涅四地的六个修道院停留过，在那里做各种杂活并且很不正规地学着这些修道院里面所讲的各种语言。他以杂工的身份来到皮埃蒙特大区的一个大修道院的厨房里帮工。在那里，他秘密地加入了多西诺·德·诺瓦拉的教派，为穷苦的人们发声，主张土地财产公有制。

他的发育迟缓和他以僧侣身份进行的长时间游历造就了他独特的说话方式。一位新入教的英国修士长期在皮埃蒙特修道院陪伴一位方济各学者，他这样描述萨尔瓦多古怪的语言：

> 他和修道院中的学者们交流的时候使用的语言并不是拉丁语，但是也不是那里的通俗用语，更不是什么我从来没听过的某种其他语言……萨尔瓦多讲各种语言但又不是现有语言中的任何一种……

第一章 从起源到大航海时代

后来我猜测,他可能有时候用拉丁语来命名一个东西,有时候又会用普罗旺斯语命名一个东西,我知道他不是在发明新的句子,而是在使用他之前某一天听到过的一些句子中的只言片语。

萨尔瓦多异于常人之处在于他能用非常明显的混乱的方式,将不同语种的词语和句子结合起来说话。更令人惊讶的是修道院里的所有人都不怎么听得懂萨尔瓦多说的话。每当有人责备他因为笨拙而非故意造成的一些疏忽大意的时候,他总是回应道:"萨尔瓦多好。"实际上,萨尔瓦多并没有表现出任何的语言错乱,只不过在他一个人身上发生了最典型的综合反应:在他生活的地区,无论是地理界限还是语言界限都非常模糊不清,在多种罗马语族语言的混合使用区,拉丁语便成了这些语言之间的桥梁。

注释:这里所说的萨尔瓦多是在翁贝托·埃科的《玫瑰的名字》(1980年)中出现过的人物,我们所掌握的关于他的史料很少。这是一个虚构的人物,但是他的语言经历却是真实的。多种语言的混用是和这些语言都有接触的结果之一,形式类似的语言之间的混淆和语言习得过程中一些固化的语言元素的使用也会造成这种结果。

两个词语

啤酒 *cerveza*

啤酒是整个欧洲最为普遍的一种饮品,也是埃及和美索不达米亚地区的人们的日常饮品。但是希腊人和罗马人似乎更青睐红酒,这会让人觉得有点奇怪。这一现象还要归功于地理因素：越是凯尔特人分布密集的地方，啤酒就越是受欢迎。因为凯尔特人是一个啤酒民族，他们不仅擅长酿造啤酒还最喜欢喝啤酒。因此，凯尔特语中的 cerevisia 一词直接演变为拉丁语中记载的 cervisia 和 cervesa。从拉丁语单词过渡到罗马语族语言的过程中，演变出了葡萄牙语中的 cerveja、加泰罗尼亚语中的 cervesa 和西班牙语中的 cerveza。所以说，这是一个拉丁语中的凯尔特语单词演变为罗马语族语言的例子。

事实上，古罗马曾占领过的领土范围内所讲的语言和拉丁语的共存使得许多前罗马时期的词融入了拉丁语。因此，拉丁语的统治地位反映出欧洲主要语族的分布区域，这些语言在替换了拉丁语的同时也沿用了拉丁语从发音到词汇各个方面的元素。随后，罗马语族的语言也从拉丁语中继承了很多幸存下来的古老单词，这些词被完好地保存下来，但人们常常不知道它们所承载的悠久历史。西班牙语中的一些词语的起源并不明确，甚至可以追溯到罗马化之前，如：barro（泥巴）、charco（水坑）、galápago（龟）、manteca（油脂）和 perro（狗）。外观上看属于伊比利亚半岛本土的词有：álamo（杨树）、garza（草鹭）、puerco（野猪）、toro（公牛）。凯尔特语词通过拉丁语转化为西班牙语词，如：camisa（男士衬衫）、carro（车）、carpintero（木匠，即"造车的人"）、brío（精力充沛）、vasallo（臣民）以及 cerveza（啤酒，它在西班牙语最早的记录出现在1540年）。"啤酒"一词的记录出现得如此之晚可能是因为在那之前啤酒还不是卡斯蒂利亚流行的饮品。事实上，用卡斯蒂利亚语写的中世纪史料更多提到的是 sidra（苹果酒），在那个时期，它的意思并非一定指的是苹果制成的含酒精的饮料，而是指烈酒。

最后，有趣的是，啤酒将欧洲的语言地图一分为二：少数人使用

cerveza一词和它的变体；大多数人则偏爱bier、beer、bière和birra（均用来指啤酒）。这几个词分别源于德语、英语、法语和意大利语，它们的发音有可能源于日耳曼语族的词根"beuwo-"，指大麦的意思，也有可能源于拉丁语单词"BIBER"，意为饮料。自相矛盾的是，在凯尔特人的家乡法国，人们对bière一词的喜爱程度高于cervoise；而在cerveza一词的地盘西班牙，意大利词birra在年轻人中的使用频率则越来越高。因为语言之间的转化自古便有，这一现象今天仍然存在，并常常会带来令人意想不到的结果。

战争 *guerra*

西班牙语单词guerra和西班牙语本身一样古老。正是这个原因，它在中世纪的卡斯蒂利亚杰出的战争史诗《熙德之歌》中多次出现便不足为奇。

> 熙德继续向前行进，
> 在雷亚尔山上的一块石头上坐下来，
> 石头位于高处，雷亚尔山又高又险，
> 要知道，从任何一个方位的进攻都无须害怕。
> ——《熙德之歌》，1207年？第862—864行诗句

Guerra一词来源于西方古日耳曼语werra，意为"打斗，争吵"，从日耳曼语融入通俗拉丁语，在所有使用通俗拉丁语的地方，人们都用这个词。有趣的是，这个词作为委婉用语的用法，使得它的词义在拉丁语内部完成了一次演变：从最初"争吵"的意思到最终"战争"的意思，因为那时的士兵在发动一场真正的战争之前会说"要有麻烦了"。西班牙语单词"guerra"和它现在的词义是蛮族入侵时期拉丁语受到日耳曼语影响的体

现。在那个时期，出现这种词语借用现象最为典型的地方是军营：yelmo（头盔）、dardo（标枪）、espuela（马刺）、guarecerse（掩护）。另外，拉丁语也吸纳了部分日耳曼词语，比如服装类的falda（裙子）、cofia（束发帽），外交类词语heraldo（发布官）、alianza（联盟）、embajada（大使馆），情感类和日常词语orgullo（骄傲）、desmayarse（晕倒）、blanco（白色）、guisa（方法）。显然，这些词也传入了西班牙语。

关于日耳曼民族，特别是西哥特人在伊比利亚半岛的出现，语言学家拉斐尔·拉佩萨指出，他们对西班牙境内的卡斯蒂利亚语的影响并不大。日耳曼人早期的罗马化使得拉丁语很快就代替了他们自己的语言，到7世纪的时候，日耳曼人自己的语言已经被弱化得很严重了。这种情况说明在日耳曼语言消失之前伊比利亚半岛上并不存在双语时期，但是这种双语时期在法国确实出现过。伊比利亚半岛中部发现的"西哥特石板"因其记录文字所用的材料而成为独特的历史证据，更为重要的是，这些石板也是7、8世纪之间日耳曼民族使用的拉丁语的完美证明。尽管日耳曼语逐渐被拉丁语取代，仍然有数百个古日耳曼语词留存在当今的西班牙语中，人们尚且无法确切地知道它们是不是在融入拉丁语之后才演变成西班牙语的。所以，在上述已经罗列的单词中，还要补充一些词，比如：realengo（古语：王产）、abolengo（祖业，很明显它有着日耳曼语的后缀）、brote（嫩芽）、casta（宗族）、parra（瓦罐）、esquila（铃铛）、ropa（衣服）、rapar（剃掉头发或胡须）、ganso（鹅）。另外，西班牙语中属于专有名词的人名也证明了日耳曼人曾经留下的印记：Álvaro、Rodrigo、Gonzalo、Alfonso、Adolfo、Elvira、Gertrudis；还有西班牙姓氏中的后缀"-ez"和"-iz"（Rodríguez、Fernández、Álvarez）的源头也要追溯到前罗马时期，但是把这些日耳曼语后缀放在人名后面用来指明父姓的做法让这些专有名词广为传播。

另外，godo还有"骄傲的，高傲的，自负的"这些含义（在17世纪人们常说"hecerse el godo"，就是说一个人非常傲慢），它的使用也是过去日耳曼时期的证明。或许这解释了为什么加那利群岛的本地人称半岛人为"godos"（傲慢的人）；也说明了为什么美洲共和国的独立者们会这样称呼对西班牙帝国忠诚的人，加勒比地区的自由主义者这样称呼保守派人士，玻利维亚人和智利人也这样称呼西班牙人。

第二节
卡斯蒂利亚语的诞生

700年,对于欧洲的西方文化来说是贫穷且黑暗的,但对于世界上的其他地区却不是这样。伊比利亚半岛以南,倭马亚哈里发将伊斯兰教和他们的文化从阿拉伯向东扩张到印度周边地区,向西抵达非洲的马格里布,恰好位于欧洲的门户地区。在东方,中国正处于女皇武则天的统治下,她是中国历史上第一个也是唯一一个女皇帝,她带领中国进入一个文化上和政治上的辉煌时代。在西方,在今天的墨西哥所在地——当时的特奥蒂瓦坎城里,人可以幻化为神灵,在它的文明急速跌入彻底的衰落之前,这座城市尚且享受着它的光辉。而伊比利亚半岛上的情形根本就谈不上灿烂辉煌。

8世纪,西哥特时期的西班牙正深陷一场非常严重的危机之中,从政治上的弱势和文化上的衰落都能看出这一点。半岛上的拉丁语非常通俗化且多样化,就连牧师们都对这种拉丁语不够精通。711年,穆斯林军队的入侵终结了西哥特人的统治,他们先是在直布罗陀登陆,几个月后,在瓜达莱特战役中取胜。在这场战役中,最后一任西哥特国王堂罗德里格,死在了丹吉尔的阿拉伯首领穆萨·伊本·努赛尔率领的军兵手下,这位首领在西班牙语中以摩尔人穆萨为人们所知。在短短几个月里,穆萨的追随者在事实上完全占领了半岛,直到赢得胜利的将军带着大批皇室古老珍宝作为战利品最终回到倭马亚帝国的首都大马士革为止。

西哥特王国迅速分崩离析，随后整个半岛屈从于穆斯林的势力范围之下，之后没多久在北部就出现了基督教的抵抗据点。伊斯兰入侵西班牙几年之后，爆发了第一场基督教起义，在科瓦东加战役（722年）中达到顶峰。在这场战役中发生了三件决定性的历史事件：对抗穆斯林军队的第一场决定性的胜利；"收复"西哥特人失去的领土过程中的第一次行动；第一个基督教王国的成立。8世纪中叶前后，以堂佩拉约为首的阿斯图里亚斯王国已经足够稳固。通过将国土划分成伯爵封地和附属地的形式，这个王国逐渐建立起来。在这种情况下出现了第一个卡斯蒂利亚领地。尽管当时领地还没有独立，在之后的9世纪中叶，领地将会变为伯爵封地，在费尔南·冈萨雷斯（932年）的治理下，卡斯蒂利亚即将获得实际意义上的独立。

初期卡斯蒂利亚的雏形促进了一件令我们感兴趣的事件的发生：作为语言变种的卡斯蒂利亚语的形成。这件事的发生具备了以下几个条件：语言发展初期的时间段（大约介于750年和950年之间）、一个政治实体（卡斯蒂利亚领地）和一个恰到好处的地理环境（东阿斯图里亚斯、坎塔布里亚以及布尔戈斯、阿维拉、里奥哈和莱昂的邻近地区）。满足的条件虽不多，但对我们推测卡斯蒂利亚语的形成模式已经足够。较之查理大帝创造的辉煌、北京❶的帝国宫廷和大马士革的实力，早期的卡斯蒂利亚王国的特点是实力弱小且微不足道。《费尔南·冈萨雷斯之歌》中明确地提到了这一点，其中的诗句除了具有真实的历史性以外，其意境也更为引人入胜。

---

❶ 译者注：该时期中国政权并不在北京，而是长安（今西安），此处为原著谬误。

> 卡斯蒂利亚人长期过着艰苦的生活，
> 在有限的土地上耕作，收成微薄；
> 人们在漫长的时间里遭受着无尽的折磨，
> 人们身处恐惧之中，身边之人皆无信仰。
>
> ——《费尔南·冈萨雷斯之歌》，约1250年，第103节

看到这几句诗，我们不得不感叹写于13世纪中期的语句的奇妙之处，近800年后读来仍是如此通俗易懂。但是我们不禁要问：8世纪到11世纪的卡斯蒂利亚人是怎么说话的？他们的日常交流是什么样的？他们当时有哪些社会需求？他们之间有过哪些语言差异？他们周围地区的人都讲哪些其他的语言？有多少人讲最初的卡斯蒂利亚语？这些问题的答案会帮我们了解卡斯蒂利亚语的形成过程，但我们所掌握的资料不足。让我们从人说起吧。据估计，700—800年之间半岛上的人口数大约介于300万到400万之间，当时的人们刚刚经历了一场西哥特王国时期由瘟疫、干旱和饥饿引发的大量死亡。穆斯林的到来并没有带来人口数量上明显的改观，因为包括随后阿拉伯人和柏柏尔人的移民潮在内，分布在半岛上的穆斯林总数也不会超过七万人。但是，穆斯林对半岛的征服导致基督教人口大量向北迁移，并和北部的原住民（由东向西依次为：阿斯图尔人、坎塔布里亚人、阿乌德里恭人、卡利斯托人、巴尔杜罗人、巴斯克尼亚人）相融合。在这种情况下，8世纪末期在由半岛北部地区、坎塔布里亚地区、比利牛斯山地区组成的带状区域内聚集的基督教避难者人数大约达到50万。如此集中的人口一定程度上意味着向南推进获取更多领土的需求。如果说9世纪占据着从加利西亚到巴斯克之间这块地区的阿斯图里亚斯和莱昂王国的人口有25万的话，那么可以推测出居住在卡斯蒂利亚伯爵封地的人数不超过两万。

我们认为直到布尔戈斯市从卡斯蒂利亚独立才出现了一个人口密集的城市中心。

也就是说，11世纪之前，第一个卡斯蒂利亚伯爵封地的人口数量少且分散，人们散居在山谷中、高山上，从事牧业和少量的农业，这给人员之间的交流沟通造成了困难。据此我们推断当时的社交活动很少，社交过程中发生的语言变化很难同步一致；另外，当时的社交活动只局限在部落内部，这些部落和前罗马时期的部落类似。毫无疑问，这样的社会状况和语言分布阻碍着语言在发音和语法方面快速稳定的统一。除此之外，还存在两个不利因素：一方面，退休的牧师书写时使用的教会拉丁语在这一地区仍然存在；另一方面，这一地区靠近其他罗马语族语言的使用地区。特别要指出的是，在诸多罗马语族的语言中，阿斯图尔-莱昂语是宫廷用语，卡斯蒂利亚的领主和伯爵都认识并掌握这门语言。事实上，在身居高位的统治阶层，莱昂语和拉丁语依然占据着主导地位，并没有受到其他语言的影响。因此，卡斯蒂利亚语只能作为农民和牧民的通俗语言缓慢发展。

从语言学角度来看，第一个卡斯蒂利亚领地和伯爵封地的人口表现出两个非常重要的特点。第一个特点是作为由拉丁语衍生出的变体，卡斯蒂利亚语的使用从未中断过，因为语言的阿拉伯化有限且不够深入。第二个特点在于地域上与巴斯克语地区相邻，更为确切地说是共存，因为卡斯蒂利亚从建立之初就将巴斯克语地区纳入自己的领土范围。正是因为这个原因，尽管当时尚未成形（有些人倾向于称其为前卡斯蒂利亚语或者早期卡斯蒂利亚语），最初的卡斯蒂利亚语呈现出和阿斯图尔-莱昂语（和卡斯蒂利亚属于同一个语族）相混杂的多样性，同时也受到了巴斯克语的影响。在这种情况下，卡斯蒂利亚语是在什么时候作为被承认的语言变体被首次提及的呢？可以肯定的是，在拉丁语中第一次提到"卡斯蒂利亚语（castellano）"这个词是在12世纪，因为整个中世纪常用的词是romance、román（也有其他说法）或者vulgar❶。Castellano一词直到阿方索时代才以不可替代的方式被使用，但并不一定是作为通用的名词，而是皇室秘书处和行政处从事翻译事务和写作事务的产物。

同样，罗马语族语言的起源通常被认为是语言发展的"啼哭"和"牙牙学语"时期。当然，我们并不是说当时的卡斯蒂利亚人和其他中世纪的人说起话来哭哭啼啼或者结结巴巴，而是因为9世纪的各种罗马语族语言都有着一个共同的内在特点：差异性。每个人在不同的交际情境下的讲话方式都不一样，每个人在不同的语境下都无法精确地保持发音一致，每个人造句的时候都不遵循相同的句法规则。从本质上说造成这种局面是因为语言是多变的。如果在有了固定句型和使用范例，在规则上有明确的参考，或者通过书面形式确定了语言规则的情况下，语言尚且灵活多变的话，那么在没有可以参考的句型，没有明确的规则，没有书面记录的可能性，在语言自身的记录符号混乱不清且和其他语言（有些语言之间差距很大，有些语言之间非常相似）的使用者混居的情况下，语言怎会不呈现出变化多端之态？这就是当时第一个卡斯蒂利亚领地和伯爵封地的卡斯蒂利亚语的状况：尽管领土面积不是很大，人们却住得很分散，说着自己的语言；他们所讲的语言只限于口头使用，没有可供参考的正式规范，周边的人们还说着其他的罗马语族的语言，如阿斯图里亚斯地区的语言、莱昂地区的语言、纳瓦罗-里奥哈地区的语言，还有巴斯克语等其他语族的语言。除了上述所有语言，还有一个更加正统的语言高居其上，那就是通俗化的拉丁语，它是当时的牧师

---

❶ 此处三个单词的意思均为"卡斯蒂利亚语"。

和少数围绕在权力中心周围的抄写员的专用语言。

仅凭当时的书面资料显示，发音、语法和词汇方面存在的差异在今天给人一种相当不稳定且不断变化的感觉。在笔头上尚且如此，在口头上还有什么事是不可能的呢？一种刚诞生不久的语言甚至还无法正常地发挥其基本的社会功能，真是令人感叹！然而我们也不必叹息，因为语言的使用是语境的产物，人们在说话的同时会让他们的谈话内容符合每一个情境。当我们谈起语言的不稳定性和变化不定时，我们会想到如下变化：

现代西班牙语通用前的形式	现代西班牙语	中译文
celo / cilo	cielo	天空
seglo / sieglo	siglo	世纪
Castella / Castiella	Castilla	卡斯蒂利亚
puode / puede	puede	能（poder的陈述式现在时第三人称变位）
mulier / muller	mujer	女人
concedo / conzedo	concedo	让出（conceder的陈述式现在时第一人称变位）
verné / venrré	vendré	来（venir的陈述式将来未完成时第一人称变位）
hablasse / fablás	hablase	说话（hablar的虚拟式过去未完成时第一、第三人称变位）
escrivia / escrivie	escribía	写（escribir的过去未完成时第一、第三人称变位）

以上例子并不能完全反映它们在口语中被不断地交替使用的事实（我们认为这些都是书面语中的例子），但是却能反映出影响着语言各个方面的各种解决方法的存在。这很正常，在现代西班牙语中也是如此。和现在一样，早期卡斯蒂利亚语的使用过程中的可变性是由语言使用者的社会文化地位以及他们的籍贯所在地决定的，通常情况下他们都来自阿斯图里亚斯、巴斯克、纳瓦拉和里奥哈的周边地区。梅嫩德斯·皮达尔把那个时期

的半岛基督徒称作"北方没有文化的民族",因为那里的人都是文盲,只懂得一点或者完全不懂正统的拉丁语。阿拉托雷强调说"费尔南·冈萨雷斯的同胞们显然都是没有语言修养的人",并且正是语言修养的缺乏部分说明了它和古老的拉丁语族的语言之间的巨大差别和语言本身在用法上缺乏统一性。另外,卡斯蒂利亚语的使用范围是一个多语言混杂的地区,和西哥特时期之前的状况一样。从9世纪到10世纪初,卡斯蒂利亚边境上存在多语共存的现象:南边是入侵民族的阿拉伯语、柏柏尔语和安达卢斯罗曼斯语❶;东边是里奥哈语、纳瓦罗-阿拉贡语和巴斯克语,巴斯克语和卡斯蒂利亚语的共存时间长达百年,这证明了双语使用者和巴斯克罗曼斯语的存在;西边与阿斯图里亚斯和莱昂相邻,还有犹太人的希伯来语。正如罗伯特·斯波尔丁说的那样(1944年),应该等到13世纪,到了那时候由上述现象引发的语言变化不定的状况会因为更加稳定的句型的影响而得到缓解。

　　语言的发展历史不仅说明了早期语言用法的不稳定性,也体现了一个与之矛盾的特点。和周边的多种语言相比,卡斯蒂利亚语从很早开始就具备一个与众不同的特性;至少在口语方面,根据可考的资料来看,并不是所有内容都是不断变化的。以安东尼奥·阿拉托雷为代表的学者们将这归因于早期卡斯蒂利亚语的使用者的"语言无知",这种无知促使他们使用iniesta和enero这样的词语,因为当时周边地区所讲的所有语言都保留着单词开头的辅音字母(在加泰罗尼亚语中的写法是ginesta和giner;在加利西亚语中是giesta和janeiro;在阿拉贡语和莱昂语中对应的是genesta和giniesta),他们还说ijo(即hijo)和noche,当时正常的写法是保留首字母f-(fill、

---

❶ 阿拉伯人统治时期罗马语族语言的变体,其中包含阿拉伯语成分。

filho、fillo）和拉丁语中的字母t（nit、noite、nueite）。相反，以拉斐尔·拉佩萨为代表的另一些学者倾向于在卡斯蒂利亚人身经百战的特点上找原因，这来源于他们在平息内部纷争时的独立性；另一个原因在于卡斯蒂利亚人需要培养守卫领土的好战性格，这也说明了他们独特的构词法偏好，只要我们比较一下卡斯蒂利亚语的构词法和周边语言（西边的莱昂语和东边的阿拉贡语）的构词法便一目了然。我们在这里列举几个由阿拉托雷提供的中世纪语音和书写上的对比。

莱昂语	卡斯蒂利亚语	阿拉贡语	中译文
farina, ferir, foz	*harina, herir, hoz*	*farina, ferir, falz*	面粉，受伤，镰刀
crexe, pexe	*creçe 'crece', peçe 'pez'*	*crexe, pexe*	生长，鱼
chamar, xamar	*llamar*	*clamar*	呼叫
palomba	*paloma*	*paloma/palomba*	鸽子
peito, feito	*pecho, hecho*	*peito, feito/feto*	胸部，事实

最后还有一些学者，如安赫尔·洛佩斯·加西亚、伊内斯·费尔南德斯·奥多涅斯，他们认为卡斯蒂利亚语是一个语言融合的产物，对外来语和周边语言元素有着强大的包容性，从而形成了卡斯蒂利亚语独有的特性。

有人猜测卡斯蒂利亚语有别于其他语言的特点是卡斯蒂利亚人独有秉性的产物，他们习惯了争夺领土且缺乏文化修养，卑微地从事农耕和游牧业。然而不管怎样，上述猜想和卡斯蒂利亚人的包容精神并不相符，因为随着向南拓展的收复失地运动不断发展，出现了多种语言形式相融合的现象。在一个不稳固的社会环境下，语言不仅可以轻易地从权力阶层（伯爵、领主、宗教贵族）自上而下地产生变化，也可以自下而上发生演变。这些变化的产生绝大多数情况下是由相邻的巴斯克语转化而来（发音，用le代替la、lo，词语借用等特点）。另外，变化得以自下而上普及的原因是人们的受教育程度还不足以让他们受到文人雅士所用的拉丁语的影响。他们觉得自己足够独立，从而不必沿用在周围讲罗马语族的语言地区占主导地位的语言用法。还有，卡斯蒂利亚语将来自拉丁语的特点变成了自己独有的特点。只要看看以下几个语言现象就足以说明这一点：西语中开音节词（即在倒数第二个音节重读的词）的数量占据绝对优势；主要以"辅音+元音"结构组成音节的趋势；平均每八个音节构成一句话语的倾向——由此八音节诗成为卡斯蒂利亚语中最受欢迎的诗歌格律；以及会话中虚拟式使用频率高的现象。

总之，淳朴且文化修养有限的卡斯蒂利亚人民的历史中蕴藏着他们的语言发展过程中的一些奇迹：不间断地从拉丁语中分化出来的奇迹，历经八个世纪后仍能被人读懂的奇迹，在使用范围更广的众多语言中横空出世的奇迹，形成一门古老语言的独有特点的奇迹，其古老程度可以和巴斯克语相提并论。

大人物、普通人和小人物

费尔南·冈萨雷斯伯爵

费尔南·冈萨雷斯（910—970年）是在卡斯蒂利亚伯爵封地建立过程中起到了决定性作用的人物，事实上也是促成卡斯蒂利亚语形成的关键人物。中世纪时期他声名远扬，因此，堂胡安·马努埃尔王子毫不犹豫地将他作为《卢卡诺尔伯爵》（1330年）中几个故事的主人公。另外，几年前在索托斯库埃瓦的马丁镇（布尔戈斯）的一间厨房的地板下面发现了一块13世纪的瓦片，上面刻着《费尔南·冈萨雷斯之歌》中的十五行诗句。

第一章 从起源到大航海时代

无论是独自战斗还是和莱昂的国王拉米罗二世并肩作战，费尔南·冈萨雷斯的一生充满了冲突和战争。然而，卡斯蒂利亚稳定的经济和军队的战斗力帮助费尔南·冈萨雷斯实现了他的独立愿望，在这之前他已经是莱昂王国东部地区的首领。他先和纳瓦拉国王加西亚·桑切斯的妹妹结婚，随后又娶了国王的女儿，并通过和科尔多瓦的哈里发结盟的方式毫不犹豫地对莱昂国王宣战，并发动了战争。虽然在一段时间内因为和国王之间的紧张关系，费尔南·冈萨雷斯的封地被收回，但事实是：一方面，卡斯蒂利亚迅猛的局势渐渐地削弱了莱昂王国的势力；另一方面，伯爵的封地人口增长，政治和军事实力日益强大，在各项事务上越来越独立，到11世纪初卡斯蒂利亚成为一个王国。

但是，为了突出卡斯蒂利亚王国在西班牙建立过程中的重要作用，费尔南·冈萨雷斯不仅被人们描述为一个历史人物，还被塑造成一个建立在道德观和英雄主义基础上的传奇形象。《费尔南·冈萨雷斯之歌》是构建他的传奇故事的关键，由一位无名作者写于1250—1260年间。这首长诗不仅歌颂了这位伯爵的个人美德，还称赞了作为基督教西班牙的摇篮和旗帜的卡斯蒂利亚的美好品质。诗歌还着重突出了卡斯蒂利亚和费尔南·冈萨雷斯伯爵的独立民主精神，认为卡斯蒂利亚继承了西哥特王国的光荣、权力和法制，从未向穆斯林屈服并且在众多基督教王国中脱颖而出：

因为在整个西班牙，卡斯蒂利亚是最优秀的，
因为她是其他王国的榜样，
永远守卫着她的领主，
上帝因此使之壮大富强。

——《费尔南·冈萨雷斯之歌》，约1250年，第158—159节

经过诗歌艺术加工过的事迹和美德，有些有历史依据，有些则是作者的推测，所有这些构成了具有卡斯蒂利亚地域特色的形象，从而强化了费尔南·冈萨雷斯伯爵的人物形象。一方面，他在众多的基督教王国中以绝对的军事、经济和人口优势建立政权；另一方面，从13世纪开始，穆斯林统治下的西班牙在地理上逐渐瓦解，在文化影响力上日渐衰微。作为卡斯蒂利亚王国的语言，卡斯蒂利亚语具有突出的特点，其地位的巩固离不开卡斯蒂利亚首领和人民独立自主的个性，还要特别归功于摆脱了莱昂王国监管的第一任伯爵。

费尔南·霍阿内斯

1210年，卡斯蒂利亚国王下令调查布尔戈斯西部地区的人们对山地、道路和桥梁的使用情况。这些地方经常会成为相邻城市居民之间的纷争焦点，同时也会被周边善于钻空子的人盯上，他们想利用政府对它们的忽视占用这些地方。有关领土和牲畜受到侵犯的告发案件之多，使得政府要求想办法登记这些案件并给予解决。

当时，费尔南·霍阿内斯是国王的法官，这是一个负责解决纠纷并在一些细小事务中履行法官职责的行政职务，另外还负责管理一部分皇室财产。他处理的事务，常常涉及收成和租金，还包括一些对犯罪和违章进行罚款的事宜。在我们第一段提到的关于领土和牲畜纠纷的事情上，国王派费尔南·霍阿内斯和其他三个代表一起，对一些关系到帕伦西亚的金塔尼利亚市的这类案件进行调查备案，其中一个代表是修道院院长。代表团出发去那些地方，对当地的情况进行考察并对事件涉及的双方人员进行问询。在比亚拉考镇有人跟他们说之前看到过金塔尼利亚的人在山上和草场砍了柴带回他们的村子。他们也发现金塔尼利亚的人让他们的牲畜到处随意吃草，这些牲畜还在河滩和桥上走来走去，还会下到鱼塘、水渠和水塘里去。所有这些都没有人阻止。村长和其他镇子上的居民也确认了这一点。

记录这些事件的文章有数十篇，形成了大量有着巨大语言学价值的文献语料，就这样日复一日，卡斯蒂利亚语的演变和中世纪的语言被一点点记录下来。当时的民众都不识字且从事的都是上山捡柴卖柴的营生，或者照料牲畜的营生，在这些普通百姓和有着社会地位的，来自政治、经济、军事、宗教领域的贵族阶层之间存在一个具有中等权力的团体。他们履行的职务都和人民有直接的交往，也在有文化的人和没受过教育的人之间建起了一座沟通的桥梁。或许正是这些法官、修道院院长、职位较低的牧师、村长、律师、乡绅贵族们起到了从社会上层向下传播语言变化的作用，特别是那些通过书面语固定下来的语言变化得到了很好的推广。与此同时，他们将农民和牧民广泛使用的语言从社会下层向上传播开来。

两个词语

牛奶 *leche*

"Leche"这个词对大多数人来说既简单又熟悉，但这简简单单的五个字母却暗含着西班牙语形成和发展的轨迹。和西班牙语中大多数词一样，"leche"承袭自其他语言，它源于拉丁语单词LACTEM。自leche一词诞生，所有讲西班牙语的地方无一例外地都用它来指称牛奶。该词的本义是哺乳类的雌性动物为了喂养幼崽而分泌的一种白色液体，这个含义从最早的文献记载中沿用至今。西班牙皇家语言学院编写的《新西班牙语历史词典语料库》从1215年开始收录该词，当然，它也出现在安东尼奥·内布里哈1495年编写的《辞典》中。说到它的写法，从中世纪以来也一直没有变化，值得指出的是它对卡斯蒂利亚语的历史有着相当重要的意义。因为，它是卡斯蒂利亚语有别于半岛上其他罗马语族语言的书面证明。一方面，面对伊比利亚半岛东部语言的共同点，词首的字母l-没有变成腭音elle（比如加泰罗尼亚语中的llet），而是将ele（字母l-的西班牙语名称）保留下来；另一方面，拉丁语中位于词语内部的组合-CT-，没有像西部语言的共同点那样（加利西亚语，leite），将辅音-t-保留下来，而是将其腭音化为完完全全的卡斯蒂利亚语的辅音：由两个字母组成的ch。

从最初的特征开始，随着语言自身的发展，leche逐渐衍生出一系列含义。Leche的不同词义之间差别很大，比如有些词义变化会使leche既可表示好事情也可表示坏事情。在语义的灵活性这一点上，西班牙和其他讲西语的国家之间从来都没有过一致的见解。在西班牙，有的时候说一件事情好会用la leche，因为母亲的乳汁象征着绝对的善良。也会把一个人的品性和他所喝的牛奶的好坏结合起来，因为坏心眼的人（tener mala leche）可能因为从小受到了不良的影响。有时候leche的这个含义也可以表示一个人一时的坏情绪：estar de mala leche（心情不好）。它的积极意义可以用来表示一个人ser la leche，意思是这个人心地善良、能干、聪明、勇敢。Leche具有讽刺意味的用法体现在以下几个短语中：dar una leche意思是"给某人一巴掌或一拳"（表面看起来说的是好事，实际是坏事）；echando leches的意思是"快速地"，例如salir de un lugar echando leches（快速离开某地）；对一个人表示否定的时候说"¡y una leche!"。要说这个词更为广泛的含义，最好的例证便是leche具有"速度"这个意思：ir a toda leche，意为"全速前进"。还有一个有趣的词义上的变化就是用leche来指红酒或者其他的含酒精的饮料（如leche de los viejos意为"老人喝的酒"，leche de tigre意为"烈酒"）。在美洲的西班牙语中还有一些独特的用法。比如在古巴，a toda leche的意思是"拥有所有的便利条件"；从中美洲到南锥体国家❶，mala leche的意思是"坏运气"，在智利mala leche的意思是mala onda（一个人不好相处，脾气不好），甚至说一个人mala leche就是说他是个坏人；然而在南美，por pura leche的意思是"偶然，或者碰上好运气"，而¡qué leche!这样的表达则不是指心情不好，而是为了表达对一个人的好运气的羡慕之情。正如我们所见，西班牙和拉美的语言道路有可能会有交点，但是有时候又向着相反的方向背道而驰。

特权 *fuero*

拉丁语中FORUM一词指的是处理公共事务的地方，还指进行审判和法官宣判的地方。卡斯蒂利亚语中的fuero（特权，权力）便由这个拉丁词语演变而来，从12世纪起就有记载，有时候会用foro来替代。它的本义是"符合正义的事"，这个用法在贡萨洛·德·贝尔塞奥的诗中出现过。它的第二个含义是"法律汇编"。这种汇编可以分为不同的类型：比如历史性的《法典汇编》，记录了7世纪时期西哥特人的法律条例；还有一种是光复运动时期授予少数迁居到被收复地区居民的特权的汇编，其中收集了他们可以享有的特权和豁免权：土地所有权，减免赋税，尊重他们的风俗习惯并给予经济和物质上的帮助。

虽然fuero一词在被收复地区的居民中很常用，但它并不属于通用词汇，而是行政和司法领域的专用词。在中世纪时期是这样的，现在也是如此。一直以来这个词的含义在伊比利亚半岛和美洲各国没有发生什么变

---

❶ 译者注：南锥体国家包含阿根廷、智利、乌拉圭三国。

化。这并不说明这个词在口语表达上没有其他含义，比如fuero的复数形式fueros的意思是"高傲，自负"，这个用法不是很常见，再如fuero interno这个词组的意思是"良心，良知"。

此外，还有少数关于fuero的固定表达，比较常用的是campar o volver por sus fueros，表示回归到一个习俗或一个规定应有的样子。还有一个值得提及的表达是no es por el huevo, es por el fuero。贡萨洛·科雷亚斯在他所著的《常用谚语和短句汇编》（1627年）中指出，huevos（鸡蛋）是指向穷人征收的赋税或什一税。因为数量少，如果法律有规定的话，可以允许免交。从那时起便有了上述那个众所周知的表达，一般用在一个人即便知道他想要达到的目的是如此微不足道，不值得花任何代价和努力，也要为之坚持到底的情况下。另外，说到huevos（鸡蛋），huevos（源于拉丁语中的OVUM，指鸡蛋）和huebos（源于拉丁语的固定词组OPUS ESSE，是"有必要"的意思）之间的混淆是一个奇特的现象，两个词的混淆引发了许多趣闻。其中一个趣闻发生在1983年，当时一位律师向一位法官申诉改判一个案子，他用了"por huebos"这个短语来表示改判的必要性。但是法官没有明白这个表达的历史含义，反而向律师提起了控诉，律师则感叹法官因为知识有限而没有用更加和善的方式来处理他的诉求。

第三节
修道院和行政处

在人类历史上,文字一直以来是少数特权阶级的财富。事实上,一门语言并不一定要写下来才能存在,才能代代相传,才能传递文化;然而,文字让文化在时间和地理空间范围内具有更为深远的影响。正是这个原因,在所有使用西班牙语的地区,如果没有文字出现,西班牙语的历史不可能为人所知。所以,语言的起源是一回事,卡斯蒂利亚语文字的起源是另一回事,它和其他罗马语族的语言文字的起源息息相关。

在具备了一些口头拉丁语中没有的特点以后,口头卡斯蒂利亚语开始形成,其经历了或快或慢的演变以及和其他语言之间的互相融合。卡斯蒂利亚语文字的出现始于一套不同于其他语言的书写规则的确定,用于记录卡斯蒂利亚语的发音和语句。这并不是一次书写规则的全面换血,而是卡斯蒂利亚语文字以拉丁语文字为基础,不断吸收句法、词汇和发音上的变化的一个过程。但是关于这一点,我们会生出很多疑问,而且有很多问题我们无法找到答案:谁是第一个书写卡斯蒂利亚语的人?卡斯蒂利亚语在哪里出现?它是通过什么样的方式传播开来的?它经历了怎样的发展历程?卡斯蒂利亚语的文字能反映出什么?让我们试着从它的起源说起,来寻找这些问题的答案。

一般来说,最早开始书写卡斯蒂利亚语的人需要具备两个必要条件:首先,要会写拉丁语,无论是9世纪前后出现的哪种拉丁语形式(传统的教会拉丁语、通俗化了的拉丁语、卡斯蒂利亚语化的拉丁语）；第二个条件是要讲卡斯蒂利亚语。当时，能够同时满足这两个条件的人是800—1000年之间生活在卡斯蒂利亚伯爵封地和它周边地区的修道院中的人，这些修道院里通常会设立一些写字间和小型图书室，里面保存着一些和宗教仪式相关的书籍，还有一些内容大多和教会生活有关的书籍。修士们每天抄写古籍或者抄写从其他修道院拿来的资料，为的是获得他们修行期间所需的资料。他们会抄写圣经、祷告词、布道词、忏悔的话，还包括一些关于"圣约翰启示录"的评论，这些都是列瓦纳（坎塔布里亚）的圣贝亚托的原文的复制品。与此同时，无论是修道院内部还是修道院之外，他们常常会扮演写手的角色，为他们周围的地主和居民写文章、起草合同或合约，直到阿方索十世于13世纪组建起一个分布在王国不同辖区的公共写手群体。

文字书写的教学工作主要从修士学校和主教学校开始实行，随着修道院分布网和基督教王国领土的拓展，从这些学校毕业的修士数量不断增加，随之而来的是社会生活事务的增多，将这些事务以书面形式记录下来的需求也越来越多。从语言学角度来看，卡斯蒂利亚语文字在修士们的笔尖下慢慢形成的事实促使很多拉丁语词和文雅的词语融入卡斯蒂利亚语。这些词语在口语中并不常用，其中很多都和宗教生活和精神世界有关，如：escritura（经文）、homicidio（凶杀）、monumento（纪念碑）、oración（祷告）、vigilia（祈祷仪式）、virtud（美德）、vocación（天职）、voluntad（意愿）。事实上，西班牙语在历史上吸收了很多和宗教和教义各方面相关的词语和表达，如：pasar un viacrucis（饱受折磨）、estar más contento que unas pascuas（欢天喜地）、colgar un sambenito（公布罪名）、irse el santo al cielo（忘掉某事）、rasgarse las vestiduras（大惊小怪）、estar hecho un Cristo（形容某人或某物糟透了）、oír campanas（对某事略有所闻)、en un santiamén（一瞬间）、de Pascuas a Ramos（很少见地）。

在半岛北部的修道院分布网形成的过程中，作为宗教朝圣道路的圣地亚哥之路的出现起到了重要的作用。9世纪，传教士圣地亚哥的墓地被一个名叫帕约或佩拉约的隐士发现。一段时间以后，阿斯图里亚斯的国王阿方索二世卡斯托参观了墓地的发现地，随着时间的推移，他成为民间认可的历史上的第一个朝圣者。然而，从那个时候起，真正具有象征意义的是圣地亚哥-德孔波斯特拉变成了欧洲最主要的朝圣地之一，吸引着大量来自各国的基督徒从法国南部前往西班牙。朝圣者们的生活所需品由沿路知名的城市、小镇和修道院里的人（阿拉贡人、纳瓦罗人、卡斯蒂利亚人、埃斯图尔-莱昂人、加利西亚人）提供，因大量人流的到来，这里的人们在经济文化上大为受益。

圣地亚哥之路的形成和阿方索六世（1073年）推行的法国"克吕尼准则"❶在卡斯蒂利亚和莱昂地区的传入引发了很多有趣的语言现象。沿着圣地亚哥之路来到西班牙的，除了遵从克吕尼准则的修士们，还有来自比利牛斯山北部的讲法语或者奥克西坦语的写手和抄写员，他们来到西班牙以后便立刻投入工作，并尽量适应那些他们并不熟悉的卡斯蒂利亚语用法。还有一些诗人和行吟诗人跟随他们的主人顺着圣地亚哥之路抵达西班牙，他们中的有些人最终在西班牙的宫廷内立足并传播了他们自己的文学形式。我们现在来说说11—13世纪这段时期。这期间卡斯蒂利亚语中出现了一些从法语和奥克西坦语借用而来的宗教类词语，如：fraile（僧侣）、

---

❶ 克吕尼准则：制定于910年9月11日，是针对修道院生活准则的一项改革，因最早在法国克吕尼修道院制定而得名。改革以牧师贝尼托·努尔西亚所制定的准则为基础，并在贝尼托·阿尼安的参与下获得了巨大的发展。克吕尼准则后来在欧洲各国多个修道院内得以实施，成为中世纪时期最有影响力的修道院生活准则。

monje（修士）、hereje（异教徒）、preste（牧师）；另外还有一些通俗用语，如：doncel（青年贵族子弟）、linaje（门第）、paeje（过路钱）、salvaje（野生的）。除此之外，还有一个有着特殊意义的词语，那就是"español"。有趣的是，这个用来命名未来西班牙的本地人和它的语言的单词并不是来自卡斯蒂利亚语，而是来自奥克西坦语，由法国移民传入伊比利亚半岛。事实上，用来指称国家和语言的词语由与之相邻地区的人们首创的现象并不奇怪，因为他们需要找到一个名词来称呼对方。用来指称来源地的单词"español"（源于hispaniolus），曾经一度被"español"（源于hispanionus）所替代，和它属于同一类的单词还有gascón（加斯科尼人）、bretón（布列塔尼人）、borgoñón（布尔戈尼人）。11世纪末，español在法国南部人们的口语和书面语中被广泛使用，之后传到阿拉贡和纳瓦拉，并在13世纪传入加泰罗尼亚、里奥哈和卡斯蒂利亚。13世纪的法国行吟诗人也会用到这个词，其最后在所有的卡斯蒂利亚语文学中被广泛使用。

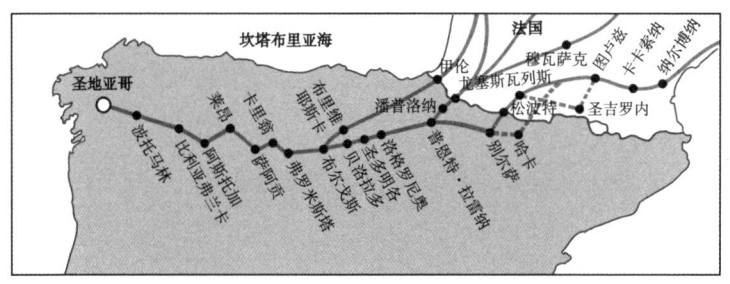

圣地亚哥之路（法国分支）

在我们之前提出的几个问题中，有一个问题确实很难回答，即关于早期卡斯蒂利亚语文字中的语言意识问题，因此，这个问题也变得非常有趣。修士们在写字和讲经的时候，心中所想的是哪门语言呢？是拉丁语还是卡斯蒂利亚语？语言使用者对一门语言的接受度，以及他们对自己所讲的语言的意识程度，对于我们界定一门新语言的出现时间是很关键的。应该肯定的是，关于10世纪的语言，修士们在拉丁语手抄古书的空白处所做的注解和评论很好地证明了卡斯蒂利亚语已经显现出和拉丁语的不同，同时也证明了当时的书面文字中确实出现了两种语言同时出现的现象（拉蒙·梅嫩德斯·皮达尔）。但是，也有人认为当时的修士们并没有清楚地意识到他们正在书写或者阅读的是两种完全不同的语言，所以，没有办法明确当时的文章是用拉丁语写的还是用卡斯蒂利亚语写的（罗杰·莱特）。上述关于文字的观点也适用于当时的讲经用语和大声朗读式的阅读。在莱特看来，从11世纪开始，在加洛林改革的影响下，人们才清楚地看到了拉丁语和新出现的罗马语族语言之间的差别。

正如我们之前所讲的，加洛林改革针对的是拉丁语向罗马语族语言的各个分支逐渐演变而来的结果。这一演变过程从各个方面影响着拉丁语的读写方式，当时的拉丁语更接近演变而来的语言，而不是传统拉丁语。鉴于此，查理大帝的谋士们提议修复原始的拉丁语文献，并将它们收集保管至图书馆中，只要有需求，就对这些文献重新进行誊写，还要编写方便人们对这些书进行准确理解的术语词典，修正那些意义被曲解的拉丁文；最终得以明确地将传统正规的拉丁语和通俗语言区分开来，摒弃了经过转译的拉丁语。明确正统拉丁语和通俗语言之间的界限这件事也促使牧师们直接用罗马语族的语言进行布道，不再使用那些没有得到充分认可的口头拉丁语。随着一批克吕尼式修道院的建立，从11世纪开始，上述改革措施也传入了卡斯蒂利亚境内，修道院里的写字间和图书馆起到了重要的作用。所有这些不仅稳固了卡斯蒂利亚语作为宗教语言和平民语言的地位，还让人们清晰地意识到他们正在说着一种和拉丁语完全不同的语言。

在文字领域，加洛林文化也普及了一种叫作"加洛林字母"或者"法语字母"的字母。除了它的美观以外，这种文字的成功之处在于它具有一种非常优美的圆形线条，有助于人们阅读。作为加洛林文艺复兴的成果，这种字母在欧洲大部分地区被使用，这使得更多的人能够享受阅读，也促进了拉丁语文献的传播。特别是从13世纪开始，纸张的逐渐普及在上述过程中也起到了重要的作用。纸是由阿拉伯人引入欧洲的。事实上，现存最古老的纸质资料是806年用阿拉伯语写的一封信。

加洛林文字（小写）

现在还剩下一个有关最早用卡斯蒂利亚语写成的文章的问题。在写给自己的私人文件中，文字的作用是帮我们记录一个信息，清楚地解释一句话或者用来表达一些观点、看法和感想。中世纪时期，用卡斯蒂利亚语或用其他的罗马语族语言写成的文章恰好具备了上述功能。有一篇著名的文章叫《奶酪记》，写于980年，保存在莱昂大教堂里。一位修士在这篇文章中记下了修道院里用掉的奶酪的清单：有可能他当时这么做就是为了防止忘掉这些信息。为了达到说明或解释拉丁语文章中句子的目的，人们会在书页空白处用卡斯蒂利亚语或其他语言写下一些注解。其中最知名的是圣多明各-德锡洛斯修道院里的silenses[1]和圣米良-德拉科戈利亚修道院里

---

[1] 指在圣多明各-德锡洛斯修道院发现的由中世纪的手抄员在拉丁语古籍的书页空白处写下的对原文的注解。Silenses的词根"sil-"用来指这些注解的发现地圣多明各-德锡洛斯（Santo Domingo de Silos）。

的emilianenses❶。Emilianenses是用里奥哈的卡斯蒂利亚语写成的，虽然它们中有两部是以巴斯克语的形式出现的。巴斯克语的第一个书面证据和卡斯蒂利亚语最早且最重要的众多证据之一出现在同一部文献资料中，这可谓是一个文化奇迹。最后，表达观点和感想一类的文字记录清晰地出现在emilianenses最长的一段中，做注释的人用卡斯蒂利亚语写下了一句对他的救世主说的话。

至于文字的社会功能，在中世纪的卡斯蒂利亚王国，文字主要具备以下两种功能：交际和管理。信件和人际交往属于第一种功能，无论是公共性质的还是私人性质的；中世纪时期的所有具有命令、证明或者管理性质的文件属于第二种功能，无论是法典汇编，还是某一种行政或司法文件，比如珍贵的《巴尔布埃斯塔资料集》❷（1011年），它和写在书页空白处的注解还有其他少量文章一起成为半岛上的罗马语族语言雏形的最早证明。

然而，文字还有一个功能对中世纪的历史有着重要的意义，那就是它的艺术功能和娱乐功能，即文学创作。作者虽根据个人喜好进行写作，但其目的是让人们进行阅读，特别是进行大声朗读。由此涌现出中世纪首批重要的作品，如《东方三博士警世剧》（12世纪），这是卡斯蒂利亚最古老的戏剧作品。其他比较优秀的文学作品是属于学士诗的诗歌作品，大多由牧师或者受过教育的人所作，他们的创作遵循《亚历山大之歌》的第二节诗中说明的规范。《亚历山大之歌》是学士诗的代表作之一，诗的第二节中这样写道：

---

❶ 指在圣米良-德拉科戈利亚修道院发现的用当时伊比利亚半岛上存在的多种语言写在拉丁语古籍的书页空白处的对原文的注解。Emilianenses的词根 "-milian-" 用来指这些注解的发现地圣米良-德拉科戈利亚（San Millán de la Cogolla）。

❷ 有关巴尔布埃斯塔的圣玛丽亚修道院的文献资料。巴尔布埃斯塔在布尔戈斯省。

> 我带来的是一种优美的艺术，与游吟诗不同，
>
> 这是一种没有瑕疵的艺术，是专属于牧师的艺术，
>
> 诗句每四行保持一个韵脚，富有节奏，
>
> 诗句的音节有所规定，显示出卓越的才华。
>
> ——《亚历山大之歌》，约1230年，第二节

除了这部长诗以外，诸如《阿波洛尼奥之歌》（约1259年）、胡安·鲁伊斯（伊塔大祭司）的《真爱之书》（1330—1343年）、贡萨洛·德·贝尔塞奥的《圣母的奇迹》（约1260年）这些重要的作品也属于学士诗。学士诗的语言特点除了包括一些可以预见的拉丁语表达以外，还体现在平民语言中的指小词❶的使用上（如*cerquiella* 'cerquita' 附近，*poquiellejo* 'poquito' 一点，*fijuela* 'hijita' 小姑娘），另外，诗歌中还多用通俗易懂的类比（"像长疥疮的猫一样"）。从理论上讲，作者们通过这些方法以追求用文字还原口头语言的目的。

中世纪的卡斯蒂利亚语的文字并不只在修道院范围内使用。随着卡斯蒂利亚王国不断地强大成为一个政治实体，皇室行政处的重要性也与日俱增，这个部门负责起草司法文件和政府公文，同时还承担皇室的翻译工作。在这方面，12世纪众所周知的托莱多译员学校开展的事务意义重大，尽管名为学校，但它实际上并不是一所真正的学校，至少在它成立初期还处在堂雷蒙多大主教的保护下。这位主教被认为是众多早期卡斯蒂利亚语

---

❶ 译者注：西班牙语中，给名词、形容词或副词加上特定的后缀来表示物体"小"或程度"轻"，用来缓和语气或者表达亲昵和喜爱的感情色彩。

第一章 从起源到大航海时代

文学巨著中的一部的作者，该书名为《海外朝圣指南》❶（约1220年？），并成为第一部卡斯蒂利亚语的《圣经》译本。同时，将阿拉伯语翻译成拉丁语的工作对新柏拉图学派的亚里士多德哲学在欧洲大学中的传播起到了重要作用，也提高了像阿维森纳和伊本·加比罗尔这样的哲学家的知名度，还推动了宗教和历史类文章的翻译。

说到皇室行政处专用的卡斯蒂利亚语，卡斯蒂利亚和莱昂的国王们做出了巨大的贡献，他们是圣者费尔南多三世（在位时间为1217—1272年）、智者阿方索十世（在位时间为1252—1284年）和勇者桑丘四世（在位时间为1284—1295年）。费尔南多三世做出了皇室行政处用卡斯蒂利亚语发布文件的决定，这对拉丁语和莱昂语的地位有所削弱；我们不要忘了费尔南多国王从1230年起才开始当卡斯蒂利亚和莱昂的国王。但是，为什么选卡斯蒂利亚语呢？理由似乎很简单：首先，他先当了卡斯蒂利亚的国王然后才当了莱昂的国王；其次，从12世纪中叶开始，卡斯蒂利亚就是人口最多、经济实力最强、国土面积最大的基督教王国。为了促进用卡斯蒂利亚语写作，达到便于书写和整理资料的目的，费尔南多三世推行了制定正字法的举措。这项语言举措由他的儿子阿方索十世延续下来并加以改进。这不仅巩固了由他父亲的时代传承下来的正字法方案，还为许多学科和知识的引进做出了重大的贡献，在这之前，这些学科和知识从未用卡斯蒂利亚语写出来过。这一切都得益于从希伯来语、阿拉伯语和拉丁语将各个领域的词汇翻译成卡斯蒂利亚语的工作，包括天文学、物理学、炼金术、数学还有其他学科。

---

❶ 书中主要介绍一些地理路线用于指引朝圣者前往海外的朝拜圣地，如耶路撒冷。书中介绍的路线有些是从其他资料中借鉴而来，并不是真实存在。另外，书中还包括了一些翻译成卡斯蒂利亚语的《圣经》内容。

法律词语	历史词语	矿物学词语	天文—数学词语
信托遗产	君主制度	珊瑚	圆周
存款	暴君	钻石	三角
利息	领事	绿松石	直径
遗产	参议院	玻璃	极，极点
工资	军团	绿宝石	春分
债务	长官	滑石	食（如日食）
缴税	年鉴	海绵	黎明；黄昏

当人们说到阿方索十世时期"正统的卡斯蒂利亚语"或者他"确立卡斯蒂利亚语正统地位"的意愿的时候，就会想到词汇的丰富以及句法和话语的进一步细化。

总之，虽然还有一些疑点，但我们知道早期的卡斯蒂利亚语文字主要是中世纪卡斯蒂利亚北部修道院的修士们所使用的文字。我们还知道人们一度无法清楚地界定自己是在用拉丁语书写还是在用卡斯蒂利亚语书写，直到人们明确地提出它们应该被视作两种不同的语言或是一种罗马语族语言的不同变体。无论如何，通过众多奉行克吕尼准则的修道院而传入的加洛林改革推动了卡斯蒂利亚语和拉丁语之间更加明确的界定。这种面向欧洲的文化包容性离不开一个对外开放的因素：圣地亚哥之路的成功促进了经济的发展，与此同时，语言上也受到了很多来自法国的语言的影响。特别是从13世纪起，卡斯蒂利亚王国的皇室行政处和修道院一起为增加卡斯蒂利亚语的词语和扩展这门语言的书面表达范围做出了卓越的贡献。

大人物、普通人和小人物

穆尼奥

955年，小穆尼奥年满10岁。他每天去纳赫拉教堂旁边的一所小学校上学。在那里他学习拉丁语的基本知识和教会规范，还包括一些摩尔人统治时期的礼仪。穆尼奥的父亲生于哈罗，母亲是巴斯克人，来自劳迪奥。因为他在学校里表现很好，他的老师们便建议他转入纳瓦拉的一所设有写字间的修道院继续学习。在那里12岁的穆尼奥的天赋得以发挥，他的卡斯蒂利亚语、巴斯克语和拉丁语都取得了很大的进步。他已经知道怎样用文字来表达自己的观点并对宗教事务产生了兴趣。

随着时间的推移，穆尼奥以牧师的身份潜心研究从其他修道院得来的拉丁语文献和其他修士抄好的拉丁文资料，包括宗教仪式、手抄古籍、圣徒传记、布道词。穆尼奥认真地阅读这些资料并在词典的帮助下为它们做注解，因为其中的拉丁语很难懂，他也不确定应该怎样发音。因此，在拉丁语文章的字里行间或者是手抄书的空白处，他有时会标出一个直译的词义，有时又会用拉丁语写上某个词的同义词，甚至还会写下一段解释性的评论语：如果用拉丁语写的是submersi，穆尼奥就用卡斯蒂利亚语的trastorné（扰乱，打乱）来进行标注。他就是这样来准备他的布道词和批注的。如果有出错的地方，他会把错的地方画掉并用叉号把文章中需要注意的地方标出来。另外，神甫还让他负责提高年轻修士们的拉丁语水平，这样他就需要好好准备课上要讲的课文以便讲解的时候不出错。

有一天，他决定开始研究一些很久以前从某个修道院得来的手抄书页，这些资料还没来得及被研究。图书馆的修士已经把这些散页集合成册，并将教堂里教父的语录以及著名经书中的语句和片段也纳入其中。穆尼奥心满意足地全身心投入到研究中，一边大声朗读，一边做注释进行修改，一边为了准备他的布道词和祷告语而做些笔记。正是因为在这些文献的研究上投入了相当大的精力，穆尼奥决定在他的研究成果后面附上"穆尼奥牧师之作"的字样作为证明。他用卡斯蒂利亚语做注释，但是也会有一些用巴斯克语写的句子，因为巴斯克语是他母亲所讲的语言。他耐心细致的注释工作极大地展现了一种优异的语言学精神。在他的研究笔记中，其中一条因其内容和长度而显得十分特别：他想用口头里奥哈语把一段祷告词通过书面形式表现出来。

> 注释：穆尼奥的研究笔记出自圣米良-德拉科戈利亚修道院的一部手抄古籍中，保存在国家历史档案中。当然，这里讲的穆尼奥的故事可信度并不高。我们永远无法确切地知道这个穆尼奥到底是不是为那部散页合集做注解的人，也不知道还有没有其他人为这部合集做过注解，但是穆尼奥在历史上确有其人。书中的日期被用作时间记号，和拉蒙·梅嫩德斯·皮达尔、拉斐尔·拉佩萨和埃米里奥·阿拉尔科斯这三个著名学者的判断相一致。而马努埃尔·迪亚斯则认为该书的成书时间应推后一个世纪，虽然这对我们写本书的目的来说并不重要。至于注释语言中包含的里奥哈语特点（这些语言并不是当时原汁原味的卡斯蒂利亚语），也不是我们搞懂书写过程的关键。马努埃尔·阿尔瓦尔明确地陈述了他的最终观点："（这些注释呈现出）一种既不是里奥哈语，又不是卡斯蒂利亚语的语言混合体……因为写注释的人拉丁语水平不高，他在看完那些古籍以后用西班牙语写下了最早的单词。"

多明戈·贡迪萨尔沃

当托莱多的雷蒙多大主教决定推动从阿拉伯语或希伯来语到拉丁语的翻译工作时，他必须要找到精通这几门语言的人，多明戈·贡迪萨尔沃（1115年至12世纪末）就是其中之一。多明戈足够幸运也有充足的条件迁居法国以完成学业。他在库埃亚尔（塞戈维亚）当副主教谋生，但是他的知识积累主要是在托莱多完成的。在托莱多，他致力于把哲学作品从阿拉伯语翻译成拉丁语，和他一起工作的还有同时期的其他译者，赫拉尔多·德·克雷莫纳就是其中一位。翻译工作并没有阻碍他形成自己的哲学思想；另外，他把自己的哲学思想与阿拉伯人和犹太人的哲学思想精华相结合，并吸收了当时最为艰深的理论，如关于形式与实质的亚里士多德理论。

多明戈·贡迪萨尔沃翻译的著作数量令人惊叹。有30多部译作都出自他手，其中最著名的就是阿维森纳、阿尔法拉比和阿维塞布洛的原创作品。阿维森纳的弟子都称他为"智者中的佼佼者"并认为他是人类史上最伟大的医学家之一。阿尔法拉比被认为是亚里士多德之后最为博学的哲学家。阿维塞布洛是马拉加人，和贡迪萨尔沃身处同一个时代，他既是一位优秀的新柏拉图学派的哲学家，也是一位诗人。

贡迪萨尔沃的哲学作品共有5部，主要研究认识论的、形而上学的以及心理学方面的问题，将希腊罗马、阿拉伯和犹太的经典学说和向中世纪过渡过程中的思想结合起来。他的作品内容涉及世界的创立、灵魂的不朽，他还对传统的四大学科的分类进行探讨，即中世纪教学的四个科目：算术、几何学、天文学和音乐。总之，贡迪萨尔沃的翻译工作为后来阿方索十世的编纂工作奠定了坚实的基础，也为西班牙语最终成为一门与科学和思想紧密相关的语言做出了具有决定意义的贡献。

两个词语

国际象棋 *ajedrez*

由阿方索十世主持编写的数十部作品中，有一部书是国王亲自负责编写的。这部书后来成为编写游戏书目时最古老最宝贵的参考资料之一，名为《国际象棋，骰子和石板之书》（1283年），又名《游戏之书》。在《亚历山大之歌》里ajedrez的写法是*axedrezes*或*açedreces*，来源于西班牙境内的阿拉伯语assatrang，在原有的阿拉伯词ssitrang前面加上冠词组合而成。然而阿拉伯人并不是国际象棋创始人，他们从波斯人那里借鉴了这个游戏，而波斯人又从印度引入这个游戏。我们发现，在印度，国际象棋最早的名称是chaturanga。这个单词的意思是"四个部分或四名成员"，用来代表一支军队的四个组成部分：战车、大象、骑兵和步兵。国际象棋这个单词的卡斯蒂利亚语写法"axatraz"由西班牙境内的阿拉伯语衍生而来，后来变成"axedrez"和"ajedrez"。

Ajedrez一词的由来真实反映了关于这个游戏的奇妙语言史。起初，"皇后（reina）"这枚棋子并不具有现在的功能，只是行使"守卫（alferza）"的职责，这又是一个通过阿拉伯语传入的波斯语。棋子"车"的名字是"roque"，起源于波斯语单词，意思是"石头"或者"战车"，由此演变出西班牙语中的"enroque"。经历了同样演变过程的还有"escaque"（棋盘）和"alfil"（象）两个词。在波斯语中"alfil"的意思是"象"，在别的国家是"主教"（西班牙语中是"obispo"，葡萄牙语中是"bispo"，英语中是"bishop"）或者"小丑"（西班牙语中是"bufón"，法语中是*fou*）的意思。"主教"这一词义的由来可能是受到下象棋的修士的影响。棋子"马"的命名则沿袭了原始的叫法，在西班牙语和英语中分别是"caballero、 knight"（骑士）或"caballo、horse"（马）。"兵"这个棋子的名字也与拉丁语有关，西班牙语中是peón，法语中是pion，英语中的pawn应该也是来源于拉丁语词汇。关于国际象棋的最著名的一句话就来源于波斯语，借助阿拉伯语演变成西班牙语：国王已死（*jaque mate, asha mat*）❶。正如我们所见，国际象棋除了供人娱乐以外，还贡献了一系列有着悠久历史的词。

奶酪 *queso*

现有的关于queso一词的最古老的信息要追溯到980年左右，这要归功于一位记录奶酪清单的修士，清单记在一张用过的纸背面。从那时开始，有关奶酪的记录有很多，比如1237年奥尼亚神甫所做的记录，提到配着奶酪的黄油。出现在贡萨洛·德·贝尔塞奥诗句中的奶酪一词又是一个例证：

有人从阿瓦拉带来铁块和钢模，

所有坎贝罗斯人都带来奶酪作为贡品。

——贡萨洛·德·贝尔塞奥，《圣米良修道院的生活》，

约1234年，第467节

Queso一词的历史很好地诠释了属于同一个语系的罗马语族语言是怎样在发音层面和词汇层面分道扬镳的。卡斯蒂利亚语、葡萄牙语和加利西亚语中奶酪一词的写法分别是queso、queijo和queixo，均源于拉丁语中的caseus，它的意思和做奶酪所用的模具（capsa）有关。同一个拉丁语单词caseus在德语和英语中分别演变成了Käse和cheese。那么，为什么在其他地

---

❶ 国际象棋中的专业用语讲的意思是"将死"。

缘上很相近的语言中又把奶酪叫作fromage（法语）和formaggio（意大利语）？原因很简单，因为在拉丁语中用formaticus[caseus]这个词来命名奶酪，也就是"用模具定型了的"的意思。所以，queso和fromage这两个词的起源是一样的，只是有些语言采用了名词（caseus、casius）说法，另一些语言采用了形容词（formaticus）说法。

Queso这个词自起源以来就属于卡斯蒂利亚语，并且由于比喻修辞的使用，它的词义越来越丰富。因此，在西班牙，queso的复数形式的意思等同于los pies，指的是人的脚丫（los quesos，有味道的东西）；在波多黎各queso即calva，用来表示一个漂亮的人或用来指位于中心位置或者重要位置的事物（allí está el queso，"el quid del asunto"是人们口语中常说的表达），处在中心位置并不总是有利的，因此在厄瓜多尔把碍事的人叫作queso。

至于和queso相关的俗语，在西班牙和美洲比比皆是：cortar el queso（有决定权的人行使权力），dar queso al ratón（惩罚背叛者），estar como un queso（比喻一个人长得很漂亮或者很帅），dársela a alguien con queso（欺骗、讹诈某人）。最后一个俗语的由来尤为有趣，因为直到20世纪初动词dar才成为这句俗语中的固定搭配。在16和17世纪人们用的是短语"armar con queso"。塞瓦斯蒂安·德·科瓦鲁维亚斯为这个俗语给出的定义是"用些小手段来迷惑某人，像抓老鼠那样让他上钩"，也就是说引诱某人然后欺骗他。但是用dar来替换armar的做法让人怀疑这个短语的本义并不是欺骗，而是其他意思。有一个说法和产葡萄酒的拉曼查地区的传统有关。拉曼查是著名的拉曼查奶酪的产地。人们把奶酪放在一种有着浓烈味道的油里，然后用这种奶酪招待检验葡萄酒质量的检查员，奶酪浓烈的味道会减弱检查员对受检验的葡萄酒的辨别力，这样一来，质量不好的葡萄酒在奶酪的帮助下便可通过验收。或许以上说法并不完全真实，但是这个趣闻却和奶酪一样令人回味无穷。

第四节
阿拉伯统治时期的多语共有现象

在阿拉伯世界里,"背诵者"也就是"哈菲兹"的作用很重要,因为古阿拉伯的历史、文化和文学都靠他们流传下来。

在1212年的拉斯纳瓦斯-德托洛萨战役之后,半岛的大部分领土回到了基督教王国的统治下。无论是在政治、种族,还是语言上,并不是只出现过一个单一的穆斯林群体。因此,有必要区分清楚来自东方的伊斯兰国家的阿拉伯人和来自非洲西北部地区的摩尔人。另外,格拉纳达的收复并不意味着摩尔人在伊比利亚半岛完全消失,摩尔人以"morisco"(受过洗礼的摩尔人)的身份将他们在半岛的停留时间延长到了一个多世纪以后,直到1611年被官方驱逐为止。这些受过洗礼的摩尔人是伊比利亚半岛的穆斯林的后代,尽管他们不再继续讲阿拉伯语。阿拉伯语在文化上造成的影响体现在两个方面:一是用阿拉伯字母表示的西班牙语写成的阿尔哈米亚语的文学作品,二是阿拉伯语以背诵的方式被用作宗教语言。随着时间的推移,阿拉伯语在阿拉贡和卡斯蒂利亚地区受过洗礼的摩尔人中间的重要性也慢慢减弱。

毫无疑问,756年至1031年是阿拉伯文化对半岛影响最大的时期,埃米尔阿卜杜勒·拉赫曼一世在756年建立科尔多瓦政权,1031年政权被科尔多瓦的自治哈里发阿卜杜勒·拉赫曼三世兼并。穆斯林统治下的名为"*al-Ándalus*"的伊比利亚半岛的辉煌持续了近三个世纪,这是一种在伊比利亚半岛孕育出的辉煌：第一位埃米尔在大马士革出生，而最后一位哈里发生于科尔多瓦，死于梅迪纳·阿尔扎哈拉。伴随着275年的文化繁荣和政治稳定的是阶段性的动荡和军事战争，挑起战争的是扎根在撒哈拉沙漠的战斗民族和游牧民族，包括阿里莫拉维德人、阿里莫哈德人、马林人。另外，11、12、13世纪期间的不同时期，科尔多瓦哈里发王朝逐渐分裂成为小的王国，直到1492年格拉纳达王国灭亡。

政治统治上的差异带来了语言上的连锁反应。尽管阿拉伯语逐渐被西班牙化，在长期稳定的哈里发统治下，它依然变成了当时主要的交流工具。不同于其他的阿拉伯语变体，专家们把这个时期的阿拉伯语叫作"半岛阿拉伯语"或者"安达卢斯阿拉伯语"[1]（*árabe hispánico o árabe andalusí*），二者之间的关系类似于今天的摩洛哥阿拉伯语和埃及阿拉伯语之间的关系。另外，来自撒哈拉地区的民族并不讲普遍意义上的阿拉伯语，而是讲柏柏尔族语。这两种语言之间的差异很大，因为他们从属于不同的语族。柏柏尔语甚至算不上是一种统一性很高的语言，更确切地说它是由有亲缘关系的各种语言变体构成的整体，每一种变体在它所属的地区都有其独特的形式。随着时间的推移，这些来自非洲沙漠的语言慢慢在西班牙的土地上留下了一些印记：加那利群岛的古语贯切语（guanche）就起源于非洲沙漠，今天梅里亚城的穆斯林们使用的切尔哈语（chelja）同样起源于非洲沙漠；但是在休达城，人们说的是摩洛哥阿拉伯语的一种变体，名叫达里亚（dariya）。总之，摩尔人统治下的伊比利亚半岛的语言状况是非常复杂的，因为位于边境线两边的不同地区和各个历史时期都出现了不同的语言形式共存的情况，如：罗马语族语言、古典阿拉伯语、东方阿拉

---

[1] 9—16世纪期间，在穆斯林统治下的阿尔-安达卢斯（al-Ándalus）地区使用的阿拉伯语。

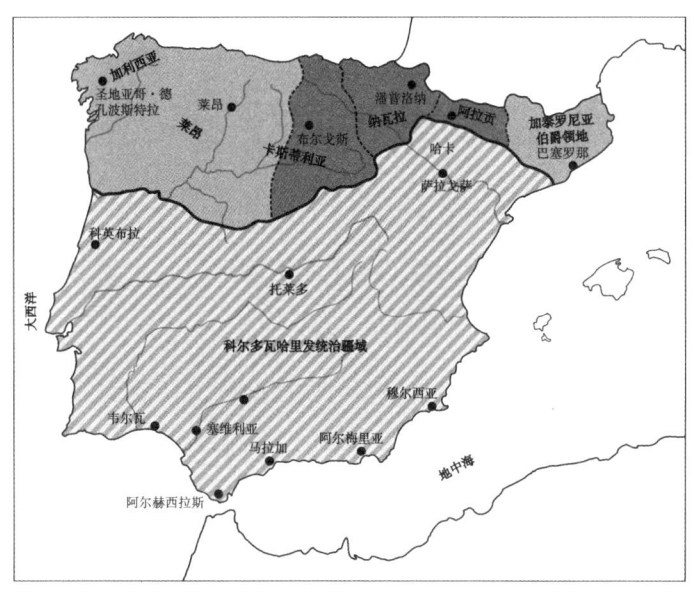

1000年左右科尔多瓦哈里发统治疆域

伯语、摩洛哥阿拉伯语、安达卢斯阿拉伯语、柏柏尔语，甚至在不同的宗教信仰和平共处的情况下还会使用教会拉丁语和希伯来语。

阿拉伯语在半岛长时间地存在，加之很多个世纪以来罗马语族语言和阿拉伯语的各个变体在领土边界线上的交融，结合目前的状况，这一切都使得阿拉伯语词汇融入西班牙语的现象非常明显。西班牙语历史学家拉斐尔·拉佩萨认为，16世纪以前，阿拉伯语是继拉丁语之后西班牙语的第二大组成元素。包括衍生词和指地名的专有名词在内，西班牙语中的阿拉伯语词数量已经达到4000个，但是学术词典中只收录了1300个。这是一个不容忽视的数字，然而，比数字更重要的是知道这些词属于哪一类，是怎样融入西班牙语中的。总的来说，最有利于阿拉伯语词汇向伊比利亚半岛的罗马语族语言演变的时期应该是受穆斯林文化影响最大的时期，也就是10世纪和12世纪之间这段时间。确实，穆斯林统治下的伊比利亚半岛的文化让这片土地上的人们的生活方式、穿衣方式、工作方式、饮食习惯、建筑模式、作战方式，甚至连死亡的习俗都发生了变化，所有这些都和之前罗马人和西哥特人的传统大不相同。另外，在穆斯林统治下的伊比利亚半岛的辉煌时期，特别是在科尔多瓦和塞维利亚这样的大城市里，有三种文化共存——穆斯林文化、犹太教文化和基督教文化。由此产生了一种内容丰富的文化共生体，最具有代表性的文人是阿威罗伊和麦蒙尼德，同时，文化的共生也促进了语言之间的转换。

阿拉伯语中的很多词是随着新事物的抵达来到伊比利亚半岛的，比如农作物：野豌豆、甜菜、杏、洋蓟、茄子。还有一些阿拉伯语词和通俗拉丁语或早期罗马语族语言中已经存在的单词意义相同，由此产生了同一个词义下有两个不同单词的情况：

西班牙语词	阿拉伯语词	中文译文
occidente	*algarve*	西方
calendario	*almanaque*	日历
puerco montés	*jabalí*	野猪
hierba abejera	*toronjil*	蜜蜂花
cabezal	*almohada*	枕头
olivo silvestre	*acebuche*	野生油橄榄树

战争领域的阿拉伯语词有：alfédrez，意思是"先锋部队中的旗手"；adalid，意为"军队首领"；还有adarga，是"皮质盾牌"的意思。建筑领域的阿拉伯词有：albañil，指"泥瓦匠"；adobe，意思是"烧制过的泥土制成的砖块"，也就是"砖坯"；还有tabique，是"薄墙"的意思。贸易方面引入的阿拉伯词有：almazara，指的是"油坊"；alcuza，意思是"盛油的容器"。在一些情况下，日常生活中的融合使得卡斯蒂利亚语的使用者在不知道某些阿拉伯语单词的意思的情况下就把它们纳入卡斯蒂利亚语

中，这些单词至今仍被继续使用，而它们的意思和阿拉伯语中原有的意思相去甚远。比如matraca在西班牙语中的意思是"麻烦"，在阿拉伯语中的意思是"锤子"；还有cicatero，在西班牙语中意思是"吝啬的"，在阿拉伯语中的意思是"掉落"。要知道，还有很多科学和科技领域的阿拉伯语词也融入了西班牙语。通过伊比利亚半岛，阿拉伯世界向西方世界贡献出了起源于地中海东部和古希腊罗马的科学宇宙。作为重要例证，最值得一提的就是数学中"零"的概念和表示"零"的单词cero，以及用来表示未知数的字母"X"，当然还有cifra（数字）这个单词和如今已经全球通用的阿拉伯记数法。语言和文化的交流带来的收获是如此的神奇。事实上，人类在历史的进程中能取得巨大的进步正要归功于这些文化硕果。

那么，阿拉伯词汇是怎样来到伊比利亚半岛并成为卡斯蒂利亚语中的一部分的呢？虽然我们无法清楚全面地知道所有的融合过程，但其中的一些故事我们是有所了解的。我们知道阿拉伯词汇的融入是逐步完成的：截至1200年，大约有200个阿拉伯语词进入伊比利亚半岛，尽管其中很多词没过多久就消失了，但这仍是一个不小的数目；13世纪记载了大约300个不同的阿拉伯语词，在之后的两个世纪里阿拉伯语词的数量达到约550个。我们还知道，最主要的传播者是随着收复失地进程的推进渐渐融入基督教王国的和阿拉伯人混居的基督教徒。然而这并不是阿拉伯语传入的唯一途径。我们还知道十字军东征（1095—1291）也推动了阿拉伯词汇向法语和普罗旺斯语的输入，这些词又通过法语和普罗旺斯语传入了卡斯蒂利亚语。另外，地中海贸易促进了阿拉伯词语融入意大利语和加泰罗尼亚语，经由这两种语言，阿拉伯词语溜进了西班牙语的大门；与此同时，少量的阿拉伯语词也成功融入了拉丁语，如：barrio（街区）和nuca（后颈）。最后，我们知道卡斯蒂利亚语的阿拉伯语化并没有达到很深入的程度，阿拉伯语的影响只限于词汇和语句层面，对西班牙语的语法和发音并没有造成显著的影响。

中世纪的阿拉伯化进程为源于阿拉伯语的单词汇入卡斯蒂利亚语（也会汇入其他的罗马语族语言）并最终融入西班牙语提供了保障。那么，mozárabes究竟指的是什么人呢？他们是在穆斯林的聚居地和穆斯林们一起被叫作"穆萨拉维人"的混居的基督教徒，这些基督教徒不仅可以保持自己的宗教信仰，还能继续讲自己的语言，尽管这种混居的代价是他们在文化和语言上的阿拉伯化。由此mozárabe这个词就有了"阿拉伯化的"的意思。穆萨拉维人都是不同程度上的双语使用者，这是文化交流、语言融合和生活方式的相互影响带来的结果。当然，穆萨拉维人并不是上述各方面融合渗透的唯一产物，因为还存在着语言、文化和宗教上的其他交融方式。穆迪扎尔人（mudéjares）是和基督徒混居的穆斯林，他们因为受到了卡斯蒂利亚文化的巨大影响，需要用卡斯蒂利亚语阅读穆斯林的法律概要，以使自己的法律不被忘却。穆拉迪人（muladíes）是皈依了伊斯兰教的基督教徒，并最终丢掉了自己的语言。托纳迪索人（tornadizos）是改信基督教的摩尔人，哪怕他们说着一口流利的卡斯蒂利亚语，却总会引起怀疑。另外还有埃那西亚多人（enaciados），他们是和撒拉逊人（sarracenos）保持亲密友谊的基督徒。撒拉逊人是人们对穆斯林的另一种称呼。交融的可能性最后还是消失殆尽了。1492年以后将会形成一个名为moriscos（受洗礼的摩尔人）的群体，他们服从了基督教双王于1502年颁布的一条法令而受到基督教的洗礼。

穆萨拉维人（mozárabes）所讲的语言也叫mozárabe，更确切地说，应该是romance andalusí（安达卢斯罗曼斯语[1]）。他们的语言是拉丁语经过自

---

[1] 即摩尔人统治时期的一种拉丁语的变体。

然演变的结果，和半岛北部的罗马语族语言非常接近。当穆萨拉维人和其他的基督徒群体一起生活时，抑或是在基督徒向南部收复失地的过程中，他们所讲的安达卢斯罗曼斯语已经和最初的语言相去甚远，并最终和其他基督徒的语言融为一体。这也是有据可考的。其中一个最有力的证据就是阿拉伯词语向卡斯蒂利亚语的演变，正如我们之前说过的情况一样。另一个证据则是一些具有阿拉伯特色的单词的融入，这些单词被称作mozarabismo❶。西班牙语中有数十个这样的单词，它们因发音的独特性而著称：gazpacho（蔬菜冷汤）、corcho（软木塞）、chinche（臭虫）、horchata（巴旦杏仁糖浆）、macho（大木槌）、baliza（浮标）、marisma（沼泽）、canuto（小管子）、maceta（器物的柄或把）、marchito（凋谢的）。

最后，名为"哈尔恰"（jarcha）的阿拉伯文学片段的应用也是语言和文化共融的产物，为安达卢斯罗曼斯语的输入起到了促进作用。这些歌谣式的"哈尔恰"的作者可能是双语使用者，是阿拉伯语和罗曼斯语交替使用的有力证明。大多数的"哈尔恰"作于11世纪和12世纪，历史上这些作品曾无人问津，直到1948年希伯来语言学家萨姆埃尔·斯特恩对它们进行了研读和注释。"哈尔恰"推动了11世纪西班牙语抒情诗的出现，这让西班牙成为拥有这类文学体裁最早的书面证明的国家，从而取代了普罗旺斯抒情诗的地位。哈尔恰的表现形式相当有意思，因为它是用阿拉伯字母或希伯来字母（实际是用这两种语言的字母来表示西班牙语）写成的诗句，其中没有元音。

---

❶ 和穆斯林混居的基督徒们使用的语言中具有阿拉伯语特点的单词或表达。

مَمّ آىْ حبيبِ
شلجَمله شقرله
القلْ الب
ابْكله حمرلْه

哈尔恰,12世纪

Transliteración (音译)	Reconstrucción (复原)	Traducción (译文)	中文译文
mamm 'ay hbybi	mamma ay habibi	Mama, ay habibi ('muchacho amado')	我心爱的小伙子
šlyamla šqrla	sol-yumalla saqrala	su pelo es rubio	他金色的头发
'lql 'lb	el-quwallo albo	su cuello blanco	雪白的脖颈
'bkla hmrla	e bokalla hamralla	su boquita roja	红红的小嘴

哈尔恰和卡斯蒂利亚的农夫谣类似,总的来说都属于中世纪时期流行的抒情歌谣,它们的重要性更多地体现在语言问题上。在少量几首诗的若干诗句里的少量辅音中就存储了西班牙语历史残存的小碎片,要不是这些诗句,西班牙语历史中的这些片段就会鲜为人知甚至不被人们所知道。这不得不令人感到惊叹。

最后,我们要来评论一下"哈尔恰"可以用阿拉伯字母或者希伯来字母书写这件事。因为这一单一的特点就能说明当时摩尔人统治下的西班牙土地上存在的三种文化的融合程度。这种文化融合最后被费尔南多三世和阿方索十世时期的卡斯蒂利亚王国很好地继承了下来。犹太人至少从4世纪就开始在西班牙生活了,那个时候就有文献记载犹太人聚居地的存在为西哥特城市增添了一抹双语色彩,至少在宗教领域有双语现象的存在。在西哥特王朝开始对他们的基督教的正统性要求更为严格之前,犹太人曾经历过一个相对繁荣的发展时期。在伊斯兰的统治下,在哈里发阿卜杜勒·拉赫曼三世时代,犹太人迎来了他们经济和社会方面最好的时期,这不仅促进了文化的强大,也有助于语言的发展,由此,希伯来语虽然只是被用于宗教和司法事宜,但也成了社会上的主流语言之一。在摩尔人统治下的西班牙,阿拉伯语也被犹太人用作科学语言和文学语言。对于犹太人来说最为困难的时期伴随着阿里莫哈德人对伊斯兰教的狂热一起到来,这使得基督教的收复失地运动在部分犹太人看来也是一种解放。

在托莱多和塞维利亚,基督徒、阿拉伯人、犹太人的混居为西班牙文化和西方文化孕育出了非凡的成果。犹太人把他们从和阿拉伯世界进行最初交流的过程中获取的知识带到西班牙,这对当时翻译和传播相关知识起到了至关重要的作用。另外,犹太人在医学、贸易、手工业和赋税这些领域做出的贡献也是不可或缺的,他们从事这些工作的时候用的是卡斯蒂利亚语。在中世纪的卡斯蒂利亚王国,犹太人一般生活在城市里,城市里会有犹太人聚居区,通过这种方式他们可以保持自己文化和宗教的凝聚力,同时也不会中断和基督教徒们的交流,并在日复一日中掌握基督徒们所说的语言。犹太人还设立了名为almidras的学校,孩子们可以在那里用希伯来语读书写字,尽管希伯来人也在那里用希伯来字母撰写卡斯蒂利亚语的民事性文章,如登记簿、公证书和法令。

就这样,直到1492年,出于经济和宗教方面的原因,犹太人遭到迫害,并在这一年被驱逐出境。无论是阿拉贡的费尔南多——天主教国王本人的犹太人血统,还是犹太人和卡斯蒂利亚贵族阶层之间的亲密关系都无法阻止这一切的发生。不管怎么说,截至那一年,伊比利亚半岛的语言文化历史向我们讲述着一段多语言多文化共存的阶段,这让卡斯蒂利亚抵达了中世纪欧洲文化的最高点。

大人物、普通人和小人物

卡里翁的塞姆·托布

卡里翁-德洛斯孔德斯位于帕伦西亚省的腹地，隶属于铁拉-德坎波斯区，靠近古时候卡斯蒂利亚王国和莱昂王国的边境线。长期以来，粮食作物、蔬果业和畜牧业是这座城市的主要支柱产业。地处圣地亚哥之路沿线，长时间的司法首府身份，和卡斯蒂利亚贵族阶层的历史联系，这三个因素让这座小城颇为受益。所有这些为卡里翁提供了其他小城市享受不到的文化便利，也正是出于上述原因，整个中世纪期间这里都聚居着数量众多的犹太人。犹太人和基督徒日常相处和睦，正是在这样的犹太人聚集地诞生了著名的塞姆·托布·伊萨克·本·阿尔杜迭尔。他本人名叫Santob或Santo，并不是什么神圣的原因❶，而是因为塞姆·托布（Sem Tob）是"好人"的意思，是伊比利亚半岛上的犹太人之间常用的一个称呼。

塞姆·托布生于13世纪末，在《圣经》和《塔木德》❷的研究工作中不断学习，并自愿多年投身于对这两部作品的研究。与此同时，他还把研究领域拓展到语言、宗教和文学领域。或许正是这些原因使他得到了"犹太教博士"的称号，虽然我们不知道这是否属实。塞姆·托布精通希伯来语和阿拉伯语，从事翻译事务并会用卡斯蒂利亚语写作。多年专注于书本让他变得有些孤僻，但这并不影响他构建自己的宗教和道德原则时应有的敏

---

❶ Santo意为"神圣的"。
❷ 犹太教法典。

锐和聪慧。犹太人群体和卡斯蒂利亚皇室之间的良好关系从阿方索六世时期便一直延续下来，两者之间的交好促使塞姆·托布效力于国王佩德罗一世来编写他的代表作《道德格言》，作品于1351年前后由卡里翁–德洛斯孔德斯的另一位杰出的子民桑地亚纳侯爵整理成册并命名。以下引用的一小节是这部作品在中世纪文学中知名度很高的一段：

险恶之巢生雄鹰

犹太警句出经典

———塞姆·托布，《道德格言》，第64节

有趣的是，《道德格言》是一本犹太人写给基督徒们用的书。然而，在三种宗教共存的社会里这并不是什么稀奇事，同样的，阿拉伯元素融入希伯来语的文章中，抑或是西班牙语版的《圣经》的出现也都不足为奇了。另外，塞姆·托布不是唯一一个通过借鉴希伯来文学题材和写作技巧进行西班牙语写作的犹太人作者。还有其他的作品被专家们归为一种特有体裁——犹太教教士诗，如《尤瑟夫之歌》和名为《原罪》的诗作。犹太学士诗的特点有以下几点：作者均具备宗教素养；了解阿拉伯和希伯来作品；具有闪米特的形式特点；作为宗教文学在基督教徒和犹太人之间流传；有助于记忆和吟唱。犹太教教士诗、《圣经》和福音的翻译有助于卡斯蒂利亚语中希伯来语词汇的传播，如edén（伊甸）、fariseo（法利赛人）、maná（甜浆）❶和sidra（苹果酒）。虽然14世纪和15世纪的文学史分别给了堂胡安·马努埃尔、胡安·鲁伊兹和豪尔赫·曼里克、桑地亚纳侯

---

❶ 本义为"吗哪"，指《圣经》中记载的古代以色列人在经过旷野时所得到的神赐食物。

爵至高的荣耀，但是犹太教教士诗也极大地丰富了中世纪卡斯蒂利亚王国的文化内容。

首领巴内加斯

佩德罗·巴内加斯出生在卢克村建在岩石上的城堡里，卢克村位于科尔多瓦南部。他是当地领主的儿子，出身于一个古老的穆萨拉维人（mozárabe）家庭。1380年，终日在刀剑和犁耙中成长的佩德罗已经长大。他身边都是习惯了边境纷争且经验老到的士兵，他们无须借助语言就能将摩尔人和穆拉迪人（muladíes）区分开来。佩德罗的父亲想让他和神父学习拉丁语课程，但是他更喜欢在城堡边的山上自由地玩耍。佩德罗和他父母一样都讲卡斯蒂利亚语，尽管他们把字母"c"和"z"都读作"s"的特有口音会引起北部来访者的注意。8岁生日刚过没几天，佩德罗和其他小伙伴在卢克村的荒地上玩耍时，不巧遇到一场和相邻的格拉达纳的摩尔人的小型冲突，佩德罗被劫持并被强行送到了王国的都城，他无休止地哭。但事实是他在格拉纳达的皇室身边接受了教育，因为不管怎么说，他也是一个领主的儿子。在那里他学会了半岛阿拉伯语，并皈依了伊斯兰教。正是这个原因，对他有所了解的基督徒们都把他称作托纳迪索人（tornadizo）❶。同时，他的聪慧为他在格拉纳达的摩尔人中间赢得了极大的认可，甚至最终和国王的妹妹马里亚姆结了婚。

佩德罗·巴内加斯过着穆斯林式的生活并以首领的头衔和基督徒们打仗。在必要的时候，他的双语身份不止一次帮助他打探敌人的计划并在战

---

❶ 这个词原义为"改信基督教的摩尔人"。此处的意思是他虽信奉伊斯兰教，但仍然保留着他之前作为基督徒的信仰。因此，了解他的经历的基督徒们才会用"tornadizo"这个词来称呼他。

争中迷惑敌人。1407年8月，由佩罗·迪亚兹·德·克萨达守卫的巴埃萨城遭到了围困。在围城期间，格拉纳达的国王默哈默德在发动最后的总攻之前动员了他的军队并给首领巴内加斯分配了一项最为棘手的任务：俘虏守城者佩罗·迪亚兹·德·克萨达的女儿们。由国王默哈默德口述的《巴埃萨进攻谣曲》中是这样记叙的：

> 我的摩尔人士兵们，你们挣着我发的军饷，
> 请为我攻下巴埃萨城，这座层层防御的城市，
> 请用利剑刺进所有老人们的胸膛，
> 请将所有年轻人作为俘虏带回来，
> 佩罗·迪亚兹的女儿将成为我的爱人，
> 她的妹妹莱昂诺尔将成为她的随从。
> 勇往直前吧，巴内加斯首领，你将载誉而归，
> 因为我相信，归来时你不会，
> 受到侮辱和无礼的对待。

据说数年后，为了终止双重身份的生活，巴内加斯首领决定回到基督徒阵营并为卡斯蒂利亚王国的国王胡安二世效力。由此，他便永远地成了一名托纳迪索人（tornadizo）。

注释：文中所引用的诗文是《巴埃萨进攻谣曲》中仅有的被保存下来的片段，创作于15世纪，收录在《谣曲的春天和花朵》的1588年的版本中。这首诗属于边境谣曲，从胡安二世时期到16世纪费利佩二世在位期间，这类谣曲大量产生，为基督徒和穆斯

林之间的边境的变化和融合情况提供了有力的证据。并不是所有谣曲讲述的都是真实的故事，甚至会反复地讲一些有违历史的事情，但是它们从多个角度描绘出了摩尔人和基督徒的宗教、语言和习俗互相交融的景象，既有虚构意味又具有一定的真实性。至于佩德罗的故事，是基于少量所谓真实的资料的文学创作。

两个词语

arroba（重量单位）

语言中的词语出现又消失，然而它们也会回归并被赋予新的生命力。Arroba是西班牙语起源时期的一个词语，来自西班牙阿拉伯语中的"arrúb"一词，意思是"四分之一"，被用作重量或者容量的单位。Arroba指的是"quintal"的四分之一，在古代的卡斯蒂利亚"quintal"指一百磅。虽然伊比利亚半岛上每个地区具体的重量单位不同，但是可以肯定的是"quintal"和"arroba"都作为表达重量的单词留在了大众化的口语中："这个东西重一百磅"，"这个重25磅"。在今天，西班牙和美洲仍保留这种说法。短语"por arrobas"的意思是"大量地"，表示充足、过量或过多；在古巴，"de arrobas"用来形容一个困难的情况或者一个不可信的人。

在清单和贸易记录中对"arroba"持续且重复的使用促使人们用"@"这个记号来表示arroba的缩写，"@"的读法和单词arroba相同，虽然关于这个记号的起源有诸多不同的猜测，这个记号的使用从15世纪开始就有所记载。这一组单词和记号的使用在葡萄牙语中也自古有之，也传到了法语中；记号"@"的使用也传入了英语和其他语言中，作为以元音"a"开头的不同形式的缩写。然而，随着十进制的计量单位在法国、西班牙和葡萄牙的不断普及，"arroba"这个词的使用也变得越来越少，现在已经很少有人知道这个词具体指的是多重。

19世纪末发生了一件非常普通却影响深远的事：恰恰是因为"@"在贸易领域的使用，这个记号被列入了打字机的键盘中。一个世纪以后，1971年，电脑程序员雷·汤姆林森选中了"@"并把它作为电子邮箱地址的一部分，其中一个原因是在英语中"@"的读法是"at"，也就是西班牙语中的"en"，于是便用它来表示用户邮箱的归属地。显而易见，"@"作为信息技术领域的新标记，在西班牙语中不读"at"，而是读作"arroba"。就这样，一个快要被遗忘的词语最终因为它的缩写形式在日常生活中的使用被重新启用，为一段美妙的单词复活史画上了一个完美的句号。由电子邮箱中的现代用法衍生出了"@"的其他许多用法。这个标记如今还被放在一串字母后面用来指明社交网络Twitter（推特）的信息发布者，或者作为表示同时兼有阳性和阴性的单词的语法标记，比如我们想要用一个词来同时表示阳性和阴性的时候：*ciudadan@*。就是这样，通过信息技术传遍全球的"arroba"的缩写标记"@"的历史中，西班牙语扮演了主导的却不为人知的角色。

糖 *azúcar*

Azúcar这个词的起源要追溯到印度，它最古老的词源来自波斯语。虽然甘蔗和其他的甜味作物都来自亚洲东部，但似乎印度是发明结晶技术的国家。就是在那里亚历山大大帝的军队知道了糖的存在，他们这样形容糖："不需要蜜蜂就能得到的蜜糖。"通过波斯，他们把糖带到了希腊，那里的人把糖称作"sánjari"。这个叫法被阿拉伯人借鉴以后在阿拉伯语中变成了"sukkar"，在它的前面加上冠词就演变成了西班牙阿拉伯语中的"assúkkar"，由西班牙阿拉伯语传入西班牙语。值得注意的是，阿拉伯人开始在西西里岛和西班牙种植甘蔗之前，糖在欧洲一度是一种外来产品。只有在十字军东征以后，借着意大利和西班牙的影响，糖才逐渐代替蜂蜜，成为西方最为常用的甜味剂。

随后，糖的普及程度令人惊叹，而"糖"这个单词传播的范围之广也丝毫不逊色。糖的旅行轨迹并没有在传入欧洲之后便终止，而是立刻经由欧洲到达了非洲，后来又到了美洲。15世纪人们就在加那利群岛种植甘蔗，已经有确切的证据表明1508年安特卫普的人们就在食用加那利群岛产的糖了。克里斯托弗·哥伦布在1493年第二次前往美洲时，恰恰是从加那利群岛带走了甘蔗。依照萨姆埃尔·莫里森的观点，哥伦布在马德拉和热那亚两地之间的蔗糖贸易方面已经很有经验了。有文献表明西班牙早在1506年就开始在美洲种植甘蔗，从1523年开始在古巴种植甘蔗，之后甘蔗在其他地方广为种植。至于"azúcar"这个词，它的传播范围也相当广泛，就这样这个词在世界上的很多语言中被广泛采用和接受。如此看来，这一现象很大程度上归因于对西班牙语中"azúcar"的借鉴。

在西班牙语中，"azúcar"一词既可用作阳性，也可用作阴性（azúcar blanco-azúcar blanca），同时也被用来命名不同种类的糖和不同的制糖方法。在这方面，美洲西班牙语中的命名方式多种多样，例如：azúcar blanco directo（食用白糖）、de pilón（砝码形状的糖）、en cubitos（方糖）、en pan（面包用糖）、flor（糖精）、impalpable（糖粉）、negra（黑糖）、prieta（棕糖）、rubia（黄糖）、trigueña（麦色糖）。通用的西班牙语中也有各种糖的名称：azúcar amarilla（黄糖）、blanquilla（白砂糖）、cande（冰糖）、centrífuga（棉花糖）、comprimida（糖块）、de cortadillo〔（用精制白糖制成的）方糖］、de lustre（糖粉）、de malta（麦芽糖）。由此，"azúcar"的词义发生一些变化便也很容易理解了，比如用"azúcar"来指称葡萄糖或者糖尿病；另外，当人们感到甜蜜和开心的时候，会大呼"¡Azúcar!"。

第五节
西班牙语的地区性差异

随着中世纪接近尾声，时间的流逝也在推动着卡斯蒂利亚语不断发展：军事占领拓展了它的地理分布范围；尽管有黑死病的侵袭，人口数量也在逐渐增长；卡斯蒂利亚和莱昂王国的皇室行政处增加了卡斯蒂利亚语的司法和行政领域的语料；城市生活逐步变得更加有活力；教会按照图尔教士会议约定的准则用卡斯蒂利亚语讲经；用卡斯蒂利亚语进行创作的作家和作品也越来越多。总之，从各个方面来说，上述所有都有利于社会发展和卡斯蒂利亚语的完善：地理、人口、经济、政治、宗教、文化。

谈到西班牙语在文学上的发展，就必须要提到其中的一个关键因素：《熙德之歌》的流传。因为它所具有的双重意义，这部作品很快便脱颖而出。一方面，它象征着用卡斯蒂利亚语创作的第一部文学作品的诞生；另一方面，对于当时不识字的人们来说，他们只能借助口头方式来传播自己的文化，而这部作品是他们使用的正在演变中的语言的表现形式。《熙德之歌》是卡斯蒂利亚史诗和名叫游吟诗的创作形式的巅峰代表，游吟诗的创作用于游吟诗人的口头吟诵。或许《熙德之歌》并不是一部来自民间的作品，但事实是它在数不清的地方被吟诵，而听众正是那些没有其他途径

---

❶ 法国城市名。

接触到文学语言的人们。负责传播《熙德之歌》的是众多游吟诗人，他们给贵族和有权势的人表演，也给平民和村夫表演。

卡斯蒂利亚史诗是欧洲史诗的组成部分，它的发展阶段主要在12世纪和14世纪之间。然而，这两个时间参照点都有误导性。第一个时间参照点有误的原因是，最古老的卡斯蒂利亚史诗，也就是《熙德之歌》的创作时间可能在1200年前后，但是这并不能说明12世纪之前没有可能创作出类似性质的口头作品。至于第二个时间参照点，也不能令人信服。虽然距离现在最近的卡斯蒂利亚史诗是《堂·罗德里格的青年时期》（约1360年），可事实是在21世纪，无论是在西班牙还是美洲，人们还在吟诵着一个个史诗片段，它们作为《古代歌谣集》中的一部分被代代流传。《古代歌谣集》中包括起源于吟唱诗歌的史诗谣曲、边境谣曲、历史谣曲、骑士谣曲、传奇故事谣曲以及涉及民间文化的谣曲。同样的，《赛法尔迪谣曲集》将演变成谣曲的卡斯蒂利亚中世纪史诗带到非洲和土耳其，直到现在这些地方还在吟唱和改编这类诗歌。毫无疑问，这是一个独有的现象，因为其他任何源于中世纪的欧洲史诗都无法和卡斯蒂利亚史诗的生命力相媲美。

作为既高雅又大众的表现形式，这种中世纪史诗为巩固卡斯蒂利亚的地位做出了贡献，同时还有利于巩固卡斯蒂利亚语在卡斯蒂利亚和其他基督教王国的居民间的主导地位。一门语言地位的巩固得益于它作为媒介来满足人们各种交际需求的能力，无论是日常生活还是正规场合，无论是常用表达还是科学且复杂的表达。日复一日，卡斯蒂利亚语已经发展成为渗透在大众文化领域、日臻完善的文学领域、哲学和科学领域、管理和行政领域等各个社会领域的交流工具。在这个过程中，卡斯蒂利亚语还吸收了很多欧洲邻国语言中的元素，特别是伊比利亚半岛上的其他语言中的元素，比如词汇和语法。就这样，在不断形成自身特点的同时，卡斯蒂利亚语自身也逐渐变得多样化起来。

在向伊比利亚半岛南部收复失地的历险过程中，卡斯蒂利亚王国经历了几次决定性的时刻：10世纪中叶，将政治主权和领土范围扩展到塞戈维亚；1085年，攻下托莱多城；1212年，在拉斯纳瓦斯–德托洛萨战役中取得胜利后攻入安达卢西亚；1248年，进入塞维利亚城。在所有的决定性事件中，值得强调的是阿方索六世对托莱多的征服，由此形成了"托莱多式的"卡斯蒂利亚语变体。这种语言的主导性在智者阿方索统治时期也丝毫没有减弱，并在17世纪之前一直是正规语言的参考范本。1534年，安达卢西亚作者弗朗西斯科·德利卡多也表现出更愿意讲托莱多语的倾向：

> 比起高雅的加利西亚语和讲究的科尔多瓦语，似乎更习惯听粗糙的托莱多语。
>
> ——弗朗西斯科·德利卡多，《普里巴利翁》第三卷引言，1534年

洛佩·德·维加本人也写下了以下关于托莱多的语言主导地位的意味深长的诗句：

> 据说有如此法则，
> 如果发生了
> 关于卡斯蒂利亚语中的
> 某个词的争执，
> 要请托莱多人来评判。
>
> ——洛佩·德·维加，《漫无目的的爱》，1630年

第一章　从起源到大航海时代

将托莱多选作高雅语言的范本主要是出于社会方面的原因，因为除了在词汇上将托莱多语作为参考范本以外，它的优越性并不建立在具体的语言用法之上。托莱多是一个王国的都城，是皇室的所在地，知识最为渊博的人都前往那里，卡斯蒂利亚教会的首脑也在那里。然而并不是所有托莱多人说的话都被当作范本，因为广场上和市场里的托莱多人的语言从来都不被推崇；关键在于要像托莱多的皇室大臣们那样讲话。那到底是一种什么样的语言呢？是一种融合了聚集在那里的不同族群的语言元素的城市语言，当时住在那里的人有穆斯林、犹太人、基督徒，还有来自北部的法国人和卡斯蒂利亚人；也是一种统一着不同的表达方式的语言，由此创造出一些被普遍接受的新说法。这样，托莱多的语言在不脱离卡斯蒂利亚语的情况下，开始有别于布尔戈斯的语言。

在伊比利亚半岛西部，卡斯蒂利亚语渐渐和阿斯图里亚斯语、莱昂语、加利西亚语发生融合，它和这几种语言之间的联系都呈现出各自独有的特点。由于村庄和城市之间较为隔绝的状态，阿斯图里亚地区的语言在不同的地方自成一体，各自形成了不同的语言形式，所以它和最初的卡斯蒂利亚语之间没有太多相互影响的可能。相反，当古代的阿斯图里亚斯人随着收复失地的进程散居在莱昂地区的平原上时，情况就变得不一样了。基督徒们定居在收复的杜罗河河谷，意味着村庄和城市的兴起，在那里渐渐熟悉的邻里之间的讲话方式也开始趋于一致。来自不同山区的人们在基督教统治下的新土地上相遇，他们各自的语言特点也在互相融合。从那个时候起，阿斯图里亚斯地区的各种语言开始变成另一种语言，比如莱昂语变成了一个逐渐壮大的王国的语言。加入这个王国的还有坎塔布连人、加利西亚人、巴斯克人、穆斯林、犹太人，当然还有卡斯蒂利亚人。

也就是说，莱昂语是吸收了卡斯蒂利亚语元素的各种语言之间相互融合的产物。同样，相邻的地理位置，以及莱昂人在卡斯蒂利亚的暂住或久居，也造成了莱昂语对卡斯蒂利亚语的影响。莱昂语中的一些词在现代西班牙语中仍有保留，因为数个世纪以来西班牙语与阿斯图里亚斯和莱昂地区的语言之间的相互影响从未间断过。源自莱昂地区的单词有nalga（臀部）、achiperres（器具）、cuadril（胯）、pínfano（蚊子）、lamber（舔）和llares（炉灶）。鉴定莱昂语词汇的主要难点在于它的一些特点和伊比利亚半岛西部的其他语言的特点相一致，所以常常没办法把莱昂语单词、加利西亚语单词、葡萄牙语单词区分开，要严格地区分莱昂语和阿斯图里亚语则更是困难。正是这个原因，上述几种语言有一个总称：卡斯蒂利亚语的西部分支。比如：carozo（果核）、cabo（芒果）、gajo［（葡萄等的）串］、coruja（猫头鹰）、bagazo［（葡萄、菜豆等的）薄皮］、frangollo（谷物粉）、tupir（堵住、封住）。至于加利西亚语词汇和葡萄牙语词汇，它们的来源也时常被混淆。例如：pazo（一种建筑类型）、rapaz（男孩）、parcería（合作协议）、meigas（女巫）、millo（玉米）。无论从哪个角度来看，最令人惊叹的是阿斯图-莱昂语和加利西亚-葡萄牙语广阔的影响范围：从伊比利亚半岛西北部到埃斯特雷马杜拉自治区和安达卢西亚自治区西部地区；从安达卢西亚到加那利群岛，再由加那利群岛到美洲大陆。因此，有些莱昂语的表达在加勒比海地区的国家很常见，却和邻近的阿拉贡地区的表达截然不同，形成了巨大的反差。

在伊比利亚半岛东部，语言形势和卡斯蒂利亚语的分布情况和半岛西部的情况类似。阿拉贡语和加泰罗尼亚语各自独立地存在于比利牛斯山地区，同时也和相邻地区的语言互相交融，并随着军事征服向南扩张。就这样，在至少一个世纪的时间里，这两种语言的分布区域从哈卡城扩展到12世纪的特鲁埃尔南部，随后拓展到瓦伦西亚和穆尔西亚海岸。就阿拉贡的情况而言，新领土的获得要求必须有人向那里迁居，于是，前去定居的人除了比利牛斯山中部地区的人之外，还有加泰罗尼亚人、纳瓦拉人、巴斯克人、莱昂人、加利西亚人，当然还有卡斯蒂利亚人。另外，还有穆斯林被驱逐之时不想放弃家园的犹太人、混居在摩尔人中的基督徒和混居在基督徒中的穆斯林。

卡斯蒂利亚语在伊比利亚半岛的扩张（以拉斐尔·拉佩萨1981年的著作为依据）

语言来源的多样化不止一次地丰富并改变了被阿拉贡征服的新领土上的人们所讲的阿拉贡语，由此引发了一场卡斯蒂利亚语也参与其中的语言大融合，与此同时，少数比利牛斯山区的语言被弃用。语言学家胡安·安东尼奥·弗拉戈指出，这样的状况为始于13世纪的语言卡斯蒂利亚语化铺平了道路，后来在卡斯蒂利亚语的普及过程中没有遇到棘手的交流问题。正是在这个过程中，阿拉贡语词汇融入卡斯蒂利亚语的通道被打开，其中有很多词至今还在使用，有些词是被广泛使用的，还有些词在阿拉贡人曾经生活过的地区被使用。例如：baladre（夹竹桃）、melguizo（孪生的）、melsa（脾脏）、empentar（推）。很多加泰罗尼亚语词也经历了同样的演变过程，如fanal [（灯塔或船上的）信号灯]、faena（劳动）、granel（散装的）、pincel（画笔）、sastre（裁缝）、rustir（烤）。直到15世纪末阿拉贡和卡斯蒂利亚两个王国联合起来时，讲加泰罗尼亚语的地区才并入阿拉贡的统治之下。

12世纪到16世纪期间，纳瓦拉地处半岛东部地区和卡斯蒂利亚王国之间，地跨伊比利亚半岛北部和法国西南部。和多地接壤的地理位置造成了它名字的频繁更迭（潘普洛纳王国、纳赫拉王国），并促进了纳瓦拉的居民和周边讲拉丁语以外的其他语言的人们的往来，如：巴斯克语、奥克语、纳瓦拉语、阿拉贡语（或许还有纳瓦拉–阿拉贡语），以及卡斯蒂利亚语。从各地人们的相互往来之中也衍生出了语言之间的互相影响，除了对当地方言产生的影响比较持久以外，大多数影响都是暂时的。如果要我们列举出影响比较持久的语言融合的例子的话，特别值得一提的是巴斯克语和罗马语族语言之间的相互影响，具体到巴斯克语对西班牙语的影响，下列巴斯克语词体现了这一点：izquierda（左边）、pizarra（黑板）、aquelarre（巫师们的夜间聚会）、zurdo（左撇子）、legaña（烂泥）、cacharro（厨房用具）、urraca（喜鹊）、boina（贝雷帽）、ganzúa（撬锁器）、cencerro [（牲畜颈上系的）铃铛]、chaparro（矮胖的，多用来形容人）。这些词中的大多数如今已经在西班牙语中广泛使用，另外，巴斯克语的其他语音和语法特点也融入了卡斯蒂利亚语并成为卡斯蒂利亚语独有的特点的组成部分。

如果我们将目光投向南部地区，1248年便是卡斯蒂利亚语的发展过程中众多标记性日期中的一个。因为在那一年，卡斯蒂利亚语来到了塞维利亚并在那里扎根。比起在被收复的北部地区定居，基督徒们需要付出更大的努力才能在被收复的安达卢西亚地区重新定居，但是他们也拥有一个极为有利的激励因素：作为南部三种文化汇聚于此的大都市，塞维利亚城继承了科尔多瓦曾经的光荣，现在又处于卡斯蒂利亚王室的保护之下。来自伊比利亚半岛各个地方的人们来到安达卢西亚，随之而来的还有他们各具特色的语言，这便促成了一次新的、更为广泛的语言之间的融合，由此减缓了语言多样化发展的趋势，从而将安达卢西亚地区的语言提炼成一种经过创新和简化，并兼容了外来词的语言形式，这也是语言相互影响的自然结果。安达卢西亚方言就这样诞生了，它简化了卡斯蒂利亚语的辅音系统，普及了将"c、z"读作"s"，和将"ll"读作"y"的发音方式，因为"z"和"ll"的缺失并不影响语言的卡斯蒂利亚血统。

另外，和托莱多及其他城市一样，安达卢西亚的犹太人已经熟练地掌握了卡斯蒂利亚王国的语言，并为这门语言注入了他们独特的文化和宗教传统元素，中世纪期间他们对《圣经》的绝妙翻译就很好地说明了这一点。事实上，犹太人在很大程度上承担了在整个西班牙境内传播卡斯蒂利亚语和巩固其地位的职责，因为在智者阿方索十世之后的两个世纪里，犹太人仍然使用卡斯蒂利亚语进行阅读和评论，他们还用卡斯蒂利亚语撰写哲学著作并研究天文学。上述所有对语言的影响产生的结果就是塞法尔迪西班牙语和犹太西班牙语的出现，它们从西班牙传向新的地方（荷兰、北非地区、巴尔干半岛、地中海东部地区），在这些地方这种语言至今仍在沿用。

总之，随着历史进程的推进和地理的扩张，卡斯蒂利亚语在不同地区的方言也在逐渐形成，最后形成了西班牙语的方言版图。如今西班牙语的几个主要分支的分布情况在16世纪的时候就已经清晰可见。三个非常有代表性的证据就足以说明这一点。1535年，昆卡的人文学家胡安·德·巴尔德斯写下以下文字：

> 每个省份都有其特有的词汇和人们的讲话方式；因此阿拉贡语有它自己的词汇和讲话方式，安达卢西亚语又有它独有的词汇和讲话方式，纳瓦拉语的词汇和讲话方式又和前两种语言的都不同，到了被称为"古老的卡斯蒂利亚"的"原野地区"，又有新的词汇和讲话方式，在托莱多王国一切便又不一样了。
> ——胡安·德·巴尔德斯，《语言的对话》，1535年

巴亚多利德的作家达马西奥·德·弗里亚斯在16世纪后期感叹道：

> 卡斯蒂利亚的语言和安达卢西亚的语言在很多方面都让人觉得很不一样！在很多术语的表达上，托莱多的语言和前两个地方的语言又有很大的不同！而埃斯特雷马杜拉的语言又和所有地方的语言都不一样！更不要提巴亚多利德的语言了！
> ——达马西奥·德·弗里亚斯，《语言的对话》，1579年

同样，学者贝尔纳多·德·阿尔德莱特在1606年指出了那个时期西班牙语的四个比较突出的方言：

> 来往于宫廷的人和在大学里学习的人都有这样的体验，因为

第一章 从起源到大航海时代

前往这些地方的人都来自不同的地方,讲的都是同一种卡斯蒂利亚语。用不了多久,只要稍有留意,就会知道谁来自古老的卡斯蒂利亚地区,谁来自新卡斯蒂利亚地区,谁是从埃斯特雷马杜拉来的,谁是从安达卢西亚来的。

——贝尔纳多·德·阿尔德莱特,

《卡斯蒂利亚语的源头和起点》,1606年

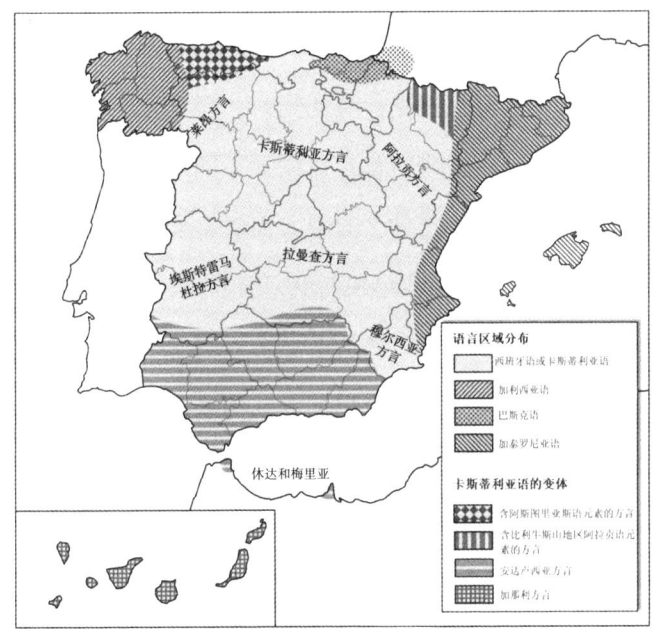

西班牙境内西班牙语的方言区域分布

这些不同地区的语言最大的神奇之处在于它们令人惊叹的能力:可以在内部自我发展的差异性和总体的统一性之间保持平衡。具体到西班牙语,北部古老的卡斯蒂利亚王国的语言直到今天仍能为人们所识别,古时的安达卢西亚语言中的很多主要内容在现代安达卢西亚仍被沿用,另外,安达卢西亚人所到之处都能看得到古时的安达卢西亚语对当地语言的影响。所有这一切都令人赞叹不已。

大人物、普通人和小人物

埃莱娜和玛丽亚

埃莱娜和玛丽亚是两姐妹，她们是一位有名的卡斯蒂利亚乡绅的女儿，两人分别爱上了她们城市里的两位男士：一位神父和一位骑士。这样的情形不断地在她们家庭内部制造出一些紧张气氛，因为她们俩都没有像其他普通的基督教家庭中的姑娘那样得到订婚和结婚的机会。然而事情就是这样，埃莱娜和一位骑士相爱，与此同时，玛丽亚与负责为她们做弥撒和布施的神父情投意合。姐妹俩和各自的爱人同居并选择了各自爱人的生活方式。姐妹俩因为过度认同自己的爱人而时常发生争吵（不知是不是为了各自证明自己的幸运），一吵起来就没完没了。

埃莱娜和玛丽亚两人吵起架来从来不惜对自己优点的夸耀和对对方缺点的贬低。埃莱娜指责神父对金钱和美食的追求，疏于工作，甚至批评神父一副无所顾忌贪吃的样子。玛丽亚则嘲笑骑士穿着寒酸，还要在皇宫里忍饥挨饿，除此之外，还没有办法让自己的爱人过上体面的生活。然而，这些指责的话并不妨碍埃莱娜将她的男人视作最高大英俊的人；同样的，埃莱娜的讥讽也没能阻止玛丽亚把她的男人看作可以给她安稳和好生活的拥有一切的人。以下是她们向对方说的话：

埃莱娜：我更爱身材高大的人，
　　　　他是身披战袍的骑士，
　　　　手持锋利的武器；
　　　　我的爱人是战士，

第一章　从起源到大航海时代

你的爱人是教士；

我的爱人守护我们的领土，

征战沙场，

你的爱人只知道吃和睡，

一动也不动。

玛丽亚：走开，你这个满口胡言的疯女人，

你真是无知！

你说他只知道吃和睡，

那是因为他生活安逸！……

看看你的心上人，

过着受人差使的生活。

每当他前去皇宫的时候，

我们就知道他会过什么样的日子……

因为他带的衣服少，

总是会忍饥挨饿。

——《埃莱娜和玛丽亚》，1280年

姐妹两人之间的积怨越来越深，最后她们决定请国王奥里奥尔为她们主持公道。这个故事最终的结局不得而知，但是，既然是通过皇室来为她们评判，自然是埃莱娜和她的骑士赢得了最终的胜利。

注释：这两位女主人公之间的争吵故事创作于1280年前后，为我们展示了两个非常有意思的现象。第一点是争吵的内容有很多相似段落的重复，恰好符合中世纪社会中处于特权地位的两个社会阶层的对立：教士阶层和骑士阶层。第二点是这首诗是用糅合了卡斯蒂利亚语、莱昂语、加利西亚-葡萄牙语的语言合成体写成的，反映出诗歌创作地区位于多个王国的接壤地带，由此造成诗歌语言的形式多样化。

弗朗西斯科·德尔加多

安达卢西亚的第一批作家中，弗朗西斯科·德尔加多（1475—1535）占据着一席荣耀地位。他将他的姓氏改成了拉丁语姓氏——德利卡多，他也因为这个姓氏而知名。德利卡多生于科尔多瓦附近，在马尔托斯（哈恩）度过他的童年时期。因为有幸跟随塞维利亚人安东尼奥·德·内布里哈学习，他对安达卢西亚和安达卢西亚语言的热爱便在情理之中了。30岁之前，他一直在埃斯特雷马杜拉当牧师，随后迁居罗马，他的生活也随之完全改变。在那里他不再遵守教会戒律，纵欲成性。对文学的喜爱促使他将一切付诸笔头：写作内容不仅涉及针对圣事❶管理的建议，还包括一部记录着愈疮木特有的治疗梅毒功效的小册子。

弗朗西斯科·德利卡多的生活很大程度上受到文艺复兴时期的潮流和价值观的影响，其中就包括流浪汉文学和图书出版行业。卡洛斯五世对罗马进行大掠夺之后，西班牙人在整个罗马城里难以立足，德利卡多决定迁居威尼斯。在那里，他于1528年出版了他的知名作品《精力充沛的安达卢西亚女人的肖像》。另外，他开始经营出版业生意，出版的图书有费尔南多·德·罗哈斯的《塞莱斯蒂娜》、迭戈·德·圣佩德罗的《爱的牢笼》；还有几部有关骑士的小说，如得到了塞万提斯本人赞誉的《英国的

---

❶ 指洗礼、坚振、告解、圣体、终傅、神品、婚配等七件事情。

帕尔梅林》。

《精力充沛的安达卢西亚女人的肖像》是一部以女性人物为主人公的流浪汉小说，受到了《塞莱斯蒂娜》这部中世纪向文艺复兴时期过渡期间诞生的伟大文学著作的影响。《精力充沛的安达卢西亚女人的肖像》讲述了一个安达卢西亚女人在沦为孤儿之后来到塞维利亚在那里经历了几场冒险的故事，而这些冒险多与爱情有关。她被人带到加的斯，随后来到罗马。在罗马她开始了一场满是谎言和诡计的流浪生涯，她不断努力想得到足够的幸运以便带着她的仆人隐居在西西里北部的一个小岛上。和其他这类小说常见的结局相比，对于这位女流浪汉来说，这段历险记拥有一个完满的结局。然而，德利卡多的这部作品被载入史册是因为它的另一个重要的特点：小说语言的安达卢西亚化。这种安达卢西亚特点表现在对半岛南部的词汇和语句的运用上，同时也表现在作者使用这些词句的态度上：

> 诸位若是指责我书中的语言不是纯正的卡斯蒂利亚语，我会说，作为一个才疏学浅的安达卢西亚人，我通过写作以寻求内心的安慰，并把上帝赐予我的好运用我耳朵听到的语言表达出来，那便是我的母语。
>
> ——弗朗西斯科·德利卡多，
> 《精力充沛的安达卢西亚女人的肖像》，序言，1528年

在弗朗西斯科·德利卡多和塞维利亚人马特奥·阿莱曼的时代，安达卢西亚语不仅被人们广泛使用，同时也被人们研究和评判，有时候是为了贬低它的价值，有时是为了给它正名。在以托莱多地区的语言为唯一语言标准的时代，上述情况时有发生。

两个词语

康乃馨 *clavel*

  Clavel这个单词是上千个足以展现西班牙语发展史的小瑰宝中的一个。它生动地展现了词义的变化和语言的互相借用现象产生的过程。确切地说，作为有香味的花朵的名字，卡斯蒂利亚语中的clavel来自加泰罗尼亚语中的clavell。这是一个古老的加泰罗尼亚词语，也是持续了数个世纪的多种语言共存现象的例证。这个属于罗马语族的单词来源于拉丁语中的clavus，它在拉丁语中有两个意思：一个是用来指建筑中使用的尖的金属物件，另一个意指香料。这样的双重含义源于一个早期的比喻，这种香料的形状让人联想到用来钉东西的钉子的形状，于是香料和钉子便用同一个词来表示。有着这两个词义的单词clavus在拉丁语中的指小词是clavellus（clavito），由此演变成罗马语族中的单词clavell。带着这两重含义，这个单词又融入了卡斯蒂利亚语。1260年就有文献记载"clauels de girofre"用来命名香料。那么它跟花朵又有什么关系呢？

  Clavel一词被用作花朵的名字是这条语言链中的关键一环。在加泰罗尼亚地区和法国南部开始用clavel或clavell来命名一种在拉丁语中叫作"Dianthus"（上帝之花）的花，因为它的香味和香料的味道接近。这里就出现了第二个比喻，这一次是基于味道而不是形状。由花朵的这个含义引申开来，这个单词也开始被用在姓氏上，如Clavel、Clavell、Claville。而卡斯蒂利亚语姓氏Clavel主要分布在阿拉贡、加泰罗尼亚和瓦伦西亚。在西班牙语中，clavel第一次用来指花朵的记载出现在1536年，由此可见或许从15世纪末到16世纪初这个单词便很常用了。这样一来，它的加泰罗尼亚起源

就确信无疑了。事实上,科瓦卢比亚斯的书中早就收录了这个词,他给出了以下定义:

> 这种花因其美丽而闻名,又因为有着和香料丁香一样的香味而得其名。拉古纳医生在谈到迪奥斯科里季斯[1]的时候提到过这种花……在西班牙,此花因其花朵浓郁的香味被称作clavel;而据达玛礼德所说,在阿拉伯语中,人们用c. Clavellina来指代丁香这种香料。
>
> ——塞瓦斯蒂安·德·科瓦卢比亚斯,
> 《西班牙语或卡斯蒂利亚语的瑰宝》[2],1611年

正如我们所见,科瓦卢比亚斯也提到了"clavellina"这个词,是加泰罗尼亚语词"clavell"的指小词,并且以"丁香之花"的意义被收录进内布里哈1495年编写的《词典》一书中。但是,将"clavellina"作为康乃馨的一个品种来使用最早也要从17世纪算起,1729年出版的《权威辞典》正是这样解释的。

茅屋 *chabola*

在西班牙语中,"chabola(茅屋)"这个词的使用历史并不久远。西班牙皇家语言学院的资料中收录了一份1871年的材料,其中作家阿莫斯·德·埃斯卡兰特将这个词用作"比斯开的工人对他们用木头和石块搭

---

[1] 古希腊的医生,药剂学家。
[2] 一部由塞瓦斯蒂安·德·科瓦卢比亚斯编著的西班牙语词典。

建的简陋房屋的称呼"之意。我们面对的是一个源自巴斯克语的单词，它被用作西班牙语单词的时间并不长。如此说来，"chabola"这个词在西班牙语中的使用或许始于19世纪初，这也解释了长久以来在安达卢西亚和加那利群岛，这个词被用来称呼牧民的畜群的原因。

作为一个有着巴斯克血统的西班牙语单词，人们却不知道巴斯克语中的这个单词（txabola、etxabola、xabola）从何而来。著名基普斯夸[1]语言学家路易斯·米切莱纳指出巴斯克语是从法国借用了该词，从一个跟法语单词geôle（地牢）有关的罗马语族的单词jaole演变而来，或许也和卡斯蒂利亚语中的"jaula（笼子）"有关联。但是，其他的语言学家倾向于把它和西班牙的罗马语族单词txafurda联系起来，这个单词在整个伊比利亚半岛上衍生出了很多变体，比如用来称呼猪圈的词"zahurda"。通过这种方法，我们可以得出一个有趣的现象，一个罗马语族的单词在古时候传入巴斯克语，变成了巴斯克语中的一个单词，而这个巴斯克语单词又在19世纪传入了西班牙语。正是因为这个单词融入西班牙本土的西班牙语的时间不长，在拉丁美洲讲西语的国家，人们既不认识这个单词，也不使用这个单词，无论是用作猪圈的意思，还是茅屋或者畜群的意思。

除了以上含义，从20世纪开始，"chabola"又多了一个意思：建在城市郊区的面积很小、建筑简陋的住房。在西班牙，那些在大城市的郊区快速地草草搭建起来的破房子被叫作"chabolas"。从现在的规模来看，这种社会现象因其新兴的特点而在每个讲西班牙语的国家有着一种或多种不同的叫法：在阿根廷，叫villas miseria；在智利，叫callampas（这一用法源于一种成堆生长且生长速度快的蘑菇）；在哥伦比亚，叫invasiones；在哥斯

---

[1] 西班牙的省份名。

达黎加叫tugurios；在古巴叫llegaypones；在厄瓜多尔叫suburbio；在危地马拉叫asentamientos；在洪都拉斯叫barrios；在墨西哥叫ciudades perdidas；在巴拿马叫barriadas brujas；在巴拉圭叫chacaritas；在秘鲁叫pueblos jóvenes；在波多黎各叫barriada；在多米尼加共和国叫barrios；在乌拉圭叫cantegriles（讽刺的是，这一用法却来源于埃斯特角城的豪华住宅区）；在委内瑞拉则被称作*ranchos*。

第六节
从小溪向大海

早在13世纪，智者阿方索的统治已经为推动卡斯蒂利亚语成为文化和科学的专用语言做出了贡献，同时也为卡斯蒂利亚王国成为伊比利亚半岛上最具经济实力的王国奠定了基础。这一切是怎样实现的呢？1273年创立的"全国牧民正义联盟"是关键。从那时候起一直到1836年联盟被解散，它一直行使着管理西班牙畜牧活动的职能，同时它也是整个欧洲几个最大的行业联盟中的一个。联盟制定了牧主们的权利和义务，并特别明确了农耕业者和土地所有者的权利和义务；除此之外，还垄断了为卡斯蒂利亚王国创造重要收入的行业：美利奴羊的羊毛生产。就这样，畜牧业和与之相关的工业的繁荣不仅对卡斯蒂利亚人民的经济产生了积极的影响，还对卡斯蒂利亚语和西班牙语的发展起到了促进作用。

在基督徒收复了大部分半岛领土的条件下，"联盟"的组建才得以实现。在拉斯纳瓦斯-德托洛萨战役（1212年）取得胜利和收复了塞维利亚城（1248年）之后，卡斯蒂利亚王国和莱昂王国的疆域由北向南拓展，由此，北方的基督徒们向南迁徙并在被收复的领土上重新定居；另外，不同地区和城市之间稳定的沟通渠道的开辟也巩固了对收复地区的统治。这些沟通渠道指的就是保障人员物资运输的步道和车道。1546年，胡安·比由加出版了《西班牙道路索引大全》，书中出现了几条重要的线路，由北向南的有莱昂和塞维利亚之间的"白银之路"和途经托莱多的从布尔戈斯到科尔多瓦的路；东西向的有连接圣地亚哥-德孔波斯特拉和萨拉戈萨两座城市的道路，还有从瓦伦西亚到卡塞雷斯之间的路。除了道路以外，牧道构成了保证畜群迁移和维持畜牧业动力的大动脉。这些"安静的道路"为各地人们之间的交流提供了条件，并有助于语言和物品的流通。"Mesta"这个词不愧为"混和"的意思，因为它的核心要求就是在伊比利亚半岛上各个地区的人们之间达成一致。

从一个山村到另一个山村，从一个市场到另一个市场，从一个集市到另一个集市，语言在不断地流动，卡斯蒂利亚治下的城市（布尔戈斯、巴亚多利德、托莱多、萨拉曼卡、科尔多瓦、塞维利亚）的人口数量也大量增长。城市的社会生活和语言的流动为西班牙语的生命力搭建了基础且必需的框架，西班牙语的影响力也扩散到了其他很多城市中，如圣地亚哥-德孔波斯特拉和瓦伦西亚。在吸收了阿拉贡、加泰罗尼亚、莱万特、纳瓦拉和加利西亚各地的语言元素的基础上，卡斯蒂利亚语冲破了原有的地理和社会限制，化身成为天主教双王统治下的西班牙王国的语言———一种开始被称作"西班牙语"的语言，然而"卡斯蒂利亚语"这个名字并没有就此被摒弃，而是和"西班牙语"这个名字互为替换。请注意，1611年词汇学家塞瓦斯蒂安·德·科瓦卢比亚斯在他著名的词典（《西班牙语或卡斯蒂利亚语的瑰宝》）中使用了"卡斯蒂利亚语或者西班牙语"这个固定说法。15世纪和16世纪之间，西班牙语满足了成为主要交流工具的必备条件，无论是在社会事务方面还是文化方面：市民的日常生活、政府管理、司法、地方机构、跨地区的经济交易、贸易和手工业、布道、教育（尽管还教授拉丁语）、娱乐消遣。此外，西班牙在欧洲政治事务上的地位使得西班牙语赢得了来自西班牙国外的关注。另外，值得一提的是1492年被驱逐出西班牙的塞法尔迪犹太人把西班牙语——他们的犹太西班牙语，带到了欧洲和地中海范围内更远的地方。

随着经济发展和使用人数的增长，一门语言的地理范围的确定带来的结果是语言复合程度的逐步提高，也就是说，因为语言的一些特有的用法，社会中使用不同语言的群体之间便各有不同。除去穆斯林征服半岛和基督徒们收复国土期间长期的战争所花掉的时间，中世纪时期伊比利亚半岛的社会阶层分布呈金字塔状，以封建制为基础。当时的社会由三个阶层构成，分别是贵族阶层（首先和军事目的相关，其次和皇室和政治相关）、教士阶层和平民阶层，且一个人所属的阶层在他出生之时就已成定局。每个阶层的语言特点是不一样的。其中，只有位于金字塔顶端的两个阶层拥有读书的机会，少数人有机会学习写字。通过贵族和教士阶层，其他语言中的词汇（例如普罗旺斯语中的词汇）得以融入卡斯蒂利亚语。平民阶层则经历着他们自己的语言演变过程，这种演变随着发音和语法的变化趋势而进行，在演变过程中不断地吸收来自邻近地区的词汇，与此同时，逐渐迁往被收复城市的外来人口也把他们语言中的词汇带到卡斯蒂利亚语中。不识字的平民阶层只能通过通俗文学接触到更为高雅的语言。就这样，随着城市在社会层面的复合程度越来越高，加之少数民族的融入以及贸易和服务行业的发展，语言被用来实现更多功能并被用来表达更为考究的内容。这就是发生在卡斯蒂利亚语身上的演变历程，特别是在使用范围从卡斯蒂利亚王国拓展到整个西班牙境的情况下，这种演变历程就更加被突显出来。

第一章 从起源到大航海时代

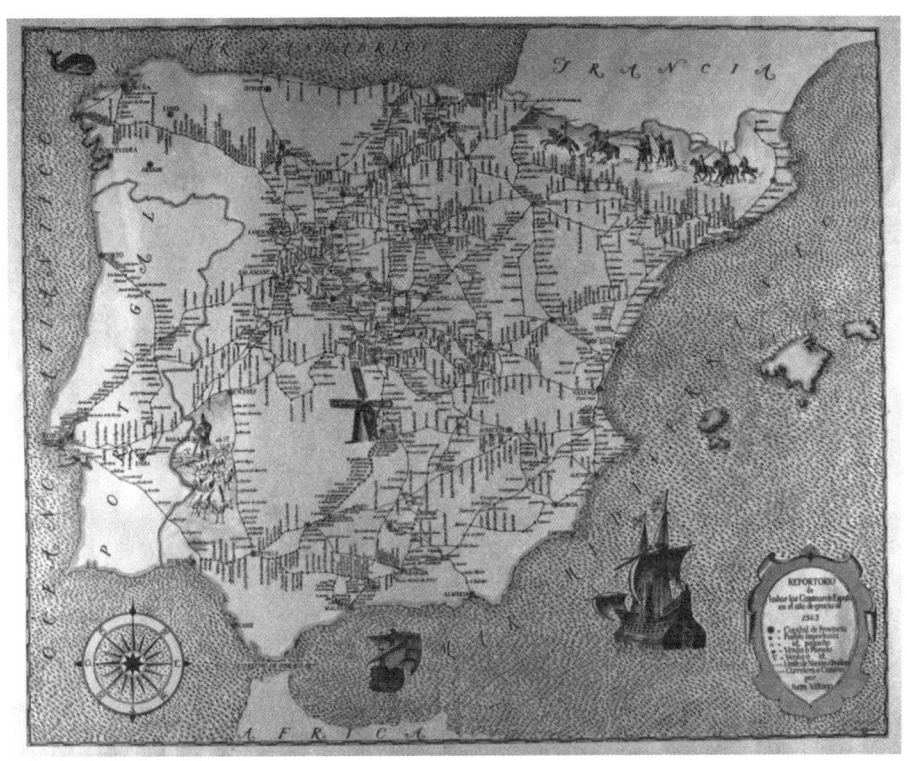

16世纪中叶西班牙的道路分布网（图片来源：胡安·比由加，1546年）

中世纪到17世纪之间平民阶层所讲的卡斯蒂利亚语的确切形式并不为人所知。遗憾的是，除了书面文字提供的一些资料，我们没有关于民间通俗语言的第一手资料。贡萨洛·德·贝尔塞奥徒劳地坚持着"怎么说就怎么写"的理念，也有后来的作品记录了有关民间通俗语言的宝贵信息，但这些作品都受到了文学形式的要求的限制。胡安·鲁伊斯的《真爱之书》就是一个典型的例子，书中首次记载了食物、鱼类和日常用品的通俗说法，还有大量的谚语、俗语和格言。同样有趣的是，15世纪的诗歌和戏剧为我们记载了以卡斯蒂利亚语为主的乡村语言，确切地说是莱昂王国的萨雅哥村（萨雅哥是萨莫拉的一个村）当地的方言。在胡安·德尔·恩西纳的一首田园诗中可以明显看出名叫布拉斯和贝内托的牧民所讲的萨雅哥方言的乡村特色和它的平民化：

布拉斯：他妈的！我哪里还吃得下呀！

（¡Hideputa! ¡Quién pudiera comer más!）

贝内托：布拉斯，你坐下，快坐下，你哪怕吃一口也好。

（Siéntate, siéntate, Bras, come un bocado siquiera.）

布拉斯：我吃不下了，我发誓。我已经吃了很多了，而且我已经胖到肚子都鼓起来了。

（No me cumpre, juro a mí. Ya comí tanto, que ya estoy tan ancho que se me rehincha el pancho.）

贝内托：你先坐下……

（Siéntati.…）

布拉斯：你有什么好吃的？说来听听。

（¿Qué tienes de comer? Di.）

贝内托：上好的猪肉和这壶酒，我从没见过这么好的酒。

（Buen tocino y aqueste barril con vino del mejor que nunca vi.）

布拉斯：那拿来吧，拿来吧，我们一起吃，一起喝。死也要做个饱死鬼。

（Pues daca, daca, comamos y bevamos. Muera gata y muera harta.）

——胡安·德尔·恩西纳，《田园诗6》，1496年

卡斯蒂利亚文学作品数量的增加促进了文学作品中穿插着的通俗语

言例证的成倍增加。因此，我们也会在用色情语言写成的低俗作品中看到通俗语言的运用。比如16世纪初的匿名作品《低俗戏剧》中，一位失去战斗力的老骑士试图以时常去卡斯蒂利亚的妓院的方式来恢复自己的男子气概。同样的，我们也可以在变化繁多的作品里找到通俗语言。例如《堂吉诃德》中的一些人物不仅展现出了通俗语言的特点，还对他们自己和有文化的人讲话方式的差异进行反思。事实上，同时带有幽默和嘲讽意味的整个西班牙语文学涉及的内容之广、持续的时间之长，为我们提供了一个多样化的通俗语言的资料库：从《真爱之书》到《堂吉诃德》，再到后来的《骗子外传》（1626年）和17世纪的戏剧，一直到当代文学。

从15世纪中叶开始，书面语言的传播获得了一个注定改变欧洲文化走向的助力：铅活字印刷术。和以前的雕版印刷术相比，约翰内斯·谷登堡在1449年的发明为大批量且低成本的编辑和印刷书籍提供了可能，由此促进了识字率的增加，为更多人提供了接触高雅语言的途径。相较欧洲其他地区，印刷术传入西班牙的时间有些滞后；1472年，塞戈维亚城印制了西班牙的第一本卡斯蒂利亚语的"书"：《阿吉拉富恩特❶教士大会文件集》，这一事件宣告了印刷术在西班牙的应用。15世纪70年代，塞维利亚、瓦伦西亚、萨拉戈萨、巴塞罗那和托莱多的蒙塔尔万镇都创办了印刷厂；80年代期间萨拉曼卡和布尔戈斯也建起了印刷厂，随后印刷厂开始遍布更多的西班牙城市。在文学领域，印刷术已经成为重要作品的主要传播途径，比如《塞莱斯蒂娜》（1499年）、《托尔梅斯河的小赖子》（1554年）；在音乐领域，主要有针对比韦拉琴❷和键盘乐器的西班牙书籍。

---

❶ 西班牙地名。
❷ 一种六弦琴。

印刷术进入西班牙的时间和艺术、人文主义的文艺复兴运动之风吹进西班牙的时间相吻合。文艺复兴在此前一个世纪兴起于意大利，主要代表人物是但丁·阿利基耶里、弗朗西斯科·彼得拉克和乔万尼·薄伽丘。在西班牙，诗人胡安·博斯坎和加西拉索·德拉·维加一起将新的文学形式引入国内，他也是巴尔塔萨·德·卡斯蒂廖内的《大臣》的译者。在人文主义方面，鹿特丹的伊拉斯谟提出的代表性思想和安东尼奥·德·内布里哈以及胡安·路易斯·比维斯的思想相呼应。这种人文主义主张恢复希腊和罗马的古典思想来培养全面的人，从而脱离以中世纪拉丁语为基础的守旧的模式。这波古典人文主义的高潮也意味着对罗马语族语言价值的认可，它们开始被认为是适合表达崇高思想和更适合大学教育的语言。

在语言层面，最根本的主张是严格复原古典拉丁语语法和拉丁语的正确教授方法。在这方面，意大利人洛伦索·瓦拉所做的语言工作被奉为标杆，也是这个原因，1481年出版的安东尼奥·德·内布里哈的《拉丁语导论》才取得了巨大的成就，随后又连续再版至1598年。另外，一旦确定了参考语言的规范，就要把这种规范用在通俗语言身上。内布里哈在编写不同的双语词典（拉丁语—卡斯蒂利亚语—拉丁语）的时候就践行了这一理念，在出版《安东尼奥·内布里哈语法》的时候更是如此，这部书以《卡斯蒂利亚语语法》的书名更加广为人知。内布里哈还出版了一部卡斯蒂利亚语正字法，然而他的终极兴趣并不在语言工作上，而是在于编著一部能够汇集所有人文知识的百科全书式著作。秉承着这份执着，他最终出版了第一部卡斯蒂利亚语语法，使得西班牙语的研究工作大大领先于那个时代欧洲其他语言的研究。

对于语言的日常使用来说，我们提到的所有文化要素的决定性作用都不是立刻体现出来的，因为普通的语言使用者，如农民和手工业者，他们无法近距离接触到那些科技进步和人文知识。然而，我们很清楚地知道科技进步和人文知识最终会对语言生活的方方面面产生影响，因为它们在通俗文学的传播（通过大声朗读的方式）、宗教思想的交流（通过口头讲经和特雷沙·德·赫苏斯的书面作品），以及科学知识的普及（例如通过翻译迪奥斯科里季斯的作品的方式）等诸多方面都起到了决定性的作用。

然而，印刷术并不是对西班牙语产生影响的唯一一项技术革新。还有其他的一些表面看起来和西班牙语毫无关系的发明也做出了同样的贡献，而它们确实是难以估量的文化影响的蝴蝶效应创造者：航海罗盘、航海指南针、大型航船、三桅帆船、火器。确实，这些工具的发明完善以及地图的改进，都为人们从沿着海岸线的航海活动迈向15世纪的大型航海活动提供了可能，由此，人类开始进入浩瀚的大洋进行探索。当时的葡萄牙借着紧邻大西洋的便利条件，最早实现了很多海洋探索。对于当时正在经历着经济起飞的西方社会来说，这些探索和对"香料之路"的巨大贸易兴趣息息相关。葡萄牙沿着非洲海岸绕过好望角向东航行，由此建立起了贸易航线。而西班牙则在15、16世纪延续了它在地中海沿岸由加泰罗尼亚-阿拉贡王国树立的影响力。当时的卡斯蒂利亚王国已经通过塞维利亚的港口抵达古老的菲斯王国并占领了梅里亚城和奥兰城，从阿尔及尔到突尼斯处于加泰罗尼亚势力范围下的城市也并入了这两个城市的管辖之下。西班牙语在非洲北部的出现可以追溯到15世纪，在这之前它的影响力在这个地区还不够深入。

15世纪也是卡斯蒂利亚王国开始对加那利群岛进行绝对性统治的时期。14世纪开始，加那利群岛就开始成为欧洲人进行探险并实施占领的目标，其中一些探险更多是出于贸易目的而不是统治目的，例如让四世·德·贝当古的探险。但是在拉斯帕尔马斯-德大加那利市区建立的1478年至卡斯蒂利亚王国对其实施占领的1496年期间，许多人从卡斯蒂利亚王国迁居到此并最终彻底取代了被叫作贯切人的当地土著居民。16世纪期间，加那利群岛的人口大约达到3万，并集中居住在大加那利岛和特内里费岛。很多来自安达卢西亚西部的人来到这里，这就在很大程度上解释了加那利语的说话方式，这种说话方式也要归因于葡萄牙人产生的影响。加那利岛是一个很具有包容性的地方，和其他很多地方一样，都习惯了接纳来自不同地方、讲不同语言的人。

在西班牙语的发展历程中，这些岛屿所经历的历史变迁和语言发展是一个重要的里程碑，为西班牙语即将开启的最大冒险奠定了坚实的基础。这个冒险就是具有非凡人文意义的抵达美洲和随后的语言扩张。这项事业的源动力来自贸易：寻找一条通往东方的新路。于是很快，在天主教双王的授权下，这项事业被冠以传播基督教福音的使命，对于很多西班牙人来说，前往东方的探险变成了一个谋求生计的机会并最终演变成国家的一项重大计划。这一切带来的第一个后果就是西班牙和葡萄牙之间的利益冲突。通过1494年签订《托尔德西利亚斯条约》两国之间的纷争得以平息，条约将两国的政治和贸易势力的分界线定为距离佛得角370里[1]的地方，这也解释了为什么巴西境内（分界线以东）讲葡萄牙语，而伊比利亚美洲其余的地方（分界线以西）是西班牙语的地盘。另外，美洲大陆的地理位置打开了通往首次环球航行的大门。环球航行由西班牙资助，1519年葡萄牙人费迪南·德·麦哲伦率领5艘船和200多名随从人员启航标志着航行的开始，巴斯克人胡安·塞瓦斯蒂安·埃尔卡诺带着一艘船和二十几名幸存者的回归宣告了环球航行的结束。而米盖尔·洛佩兹·德·莱加斯皮的远航使得西班牙语在1565年抵达菲律宾群岛。

---

[1] 原文为legua，西班牙里程单位，合5572.7米。

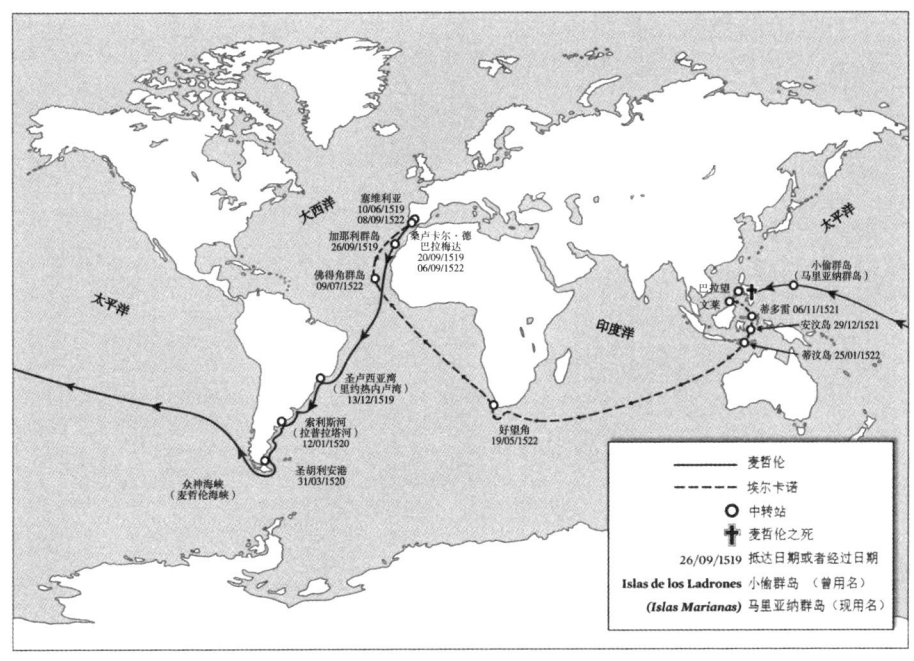

麦哲伦–埃尔卡诺的远航

总之，西班牙人在美洲和亚洲的定居为把航海者们的通俗语言和牧师、教士的高雅语言一起带到那些地方提供了条件，他们把各式各样的欧洲产品和物件，连同印刷厂里印出的书籍也带到了美洲和亚洲，尽管当时印刷厂在欧洲也只有短短几十年历史。来自西班牙各地区的居民在美洲和亚洲，在更为广阔的其他地域相遇了。他们通过自己的后代，通过和每个地方的土著和从非洲运来的奴隶之间的交融，为美洲西班牙语赋予了生命。

大人物、普通人和小人物

安东尼奥·马丁内斯·德·加拉·伊·哈拉瓦

安东尼奥·马丁内斯（1444—1522年）出生在塞维利亚省一个名

叫莱布里哈的地方，是西班牙人文主义最为杰出的代表人物之一。他曾在萨拉曼卡大学学习，19岁时迁居意大利，前往博洛尼亚著名的西班牙皇家学校，并在那里学习神学。为了铭记自己的籍贯，他采用了安东尼奥·德·内布里哈（Nebrija是对出生地莱布里哈Lebrija进行拉丁化以后的结果）这个名字，从意大利回到西班牙后又在这个名字前面加上了埃利奥三个字。他32岁时被萨拉曼卡大学聘用，在那里讲授语法和修辞，并在课堂上传授他在意大利接受的人文主义思想。他在拉丁语和西班牙语研究领域的优秀著作是他诸多作品中的代表：《拉丁语导论》（1481年）、《拉丁语—西班牙语词典》（1492年）、《西班牙语—拉丁语词典》（1495年），以及著名的《卡斯蒂利亚语语法》（1492年），这些著作在数个世纪里被当作世界上研究拉丁语、西班牙语和其他语言的范本。然而，内布里哈的思想的终极目标不在于语言学研究，而在于能够反映出被人文主义认可的知识百科全书式的学问。正如特伦西奥所说，对内布里哈而言，"所有和人有关的内容都和他有关"。

尽管如此，他在思想上所达到的高度并没有让他从情感上疏远自己的故乡安达卢西亚。这就解释了他将家乡的名字莱布里哈Lebrija作为自己名字的做法，同时也说明了他一直保持安达卢西亚方言的原因，这不仅形成了他独有的写作特点，还在口语表达中有所体现。在那个托莱多式语言占据主导地位的时代，这位语法学家的这个特点并不为他的同行和对手所认可。胡安·德·巴尔德斯是来自昆卡且同样在意大利接受教育的人文学家，他针对内布里哈的立场进行了明确的抨击：

> 诸位难道没有发现吗，内布里哈虽然是拉丁语方面的专家……终究不能否认的是他是安达卢西亚人，而不是卡斯蒂利亚

人……在拉丁语（词汇）研究方面，很多时候诸位都被迷惑并不得不产生以下两种想法中的一种：要么是他不懂得拉丁语的确切意思（至少我是这么认为的），要么是他理解不了卡斯蒂利亚语的确切意思。这是有可能发生的，因为他是安达卢西亚人，那里的语言并不是非常纯正。

——胡安·德·巴尔德斯，《语言的对话》，1535年

在萨拉曼卡进行学术研究期间，内布里哈看到了大学令人不悦的一面：大学之间的算计、竞争和嫉妒。这被阿尔卡拉大学的创始人——红衣主教弗朗西斯科·希门内斯·德·西斯内罗斯利用，他借着内布里哈参与编写《康普顿斯多语种圣经》的机会将其吸纳进阿尔卡拉大学，这本书是西班牙文艺复兴时期编纂事业中众多的经典著作之一。在阿尔卡拉，内布里哈任修辞学教师，享有西斯内罗斯授予的特权："他想读什么书就读什么书，如果他不想读，那就不读。"也是在那里，他在1517年出版了《卡斯蒂利亚语正字法规范》。5年后，内布里哈在阿尔卡拉-德埃纳雷斯去世，并被葬在阿尔卡拉大学。如今，他的遗体以匿名的形式躺在奥伊多尔教堂地下的公共墓穴里，在西斯内罗斯的衣冠冢旁边。

胡安·帕里克斯

约翰内斯·帕里克斯[1]出生在海德堡，这里是德国最古老的大学的所在地。他的成长环境对他日后从事印刷行业非常有利，特别是当铅活字印刷术在邻近城市美因茨被发明出来以后更是增加了这种可能。胡安·帕里克

---

[1] 德语为Johannes Parix，在西语中为Juan Párix，中文译名为胡安·帕里克斯。

斯学习了印刷技能之后便决定前往罗马，1470年左右罗马城里就已经聚集了12名印刷工人。这有助于他将新的技术革新用于工作中，例如采用名为正常体（redondo）或者罗马体（romano）的新型活字。与此同时，他慢慢开始结识对印刷术带来的卓越成果感兴趣的人，其中不乏教士和高级神职人员。就这样他认识了胡安·阿里亚斯·达维拉。

胡安·阿里亚斯是一个塞戈维亚人，他当上了主管教区的主教。在一次游历罗马期间，他看到了新的印刷术印出的书本。他坚信，为了培养前往塞戈维亚综合学堂学习的教士，这种技术会对出版教学所需的书本有很大的利用价值。那么怎么才能做成这件事呢？最好的方法就是在塞戈维亚城里创办一家印刷厂，但是他需要一个既懂技术又有能力完成整个出版流程的人才能达到目的。在西班牙还没有这类新事物的存在：无论是萨拉曼卡，还是托莱多、塞维利亚、瓦伦西亚，都没有印刷厂或是印刷工。于是他立刻想到了胡安·帕里克斯并向他发出邀请，请他前往这座隶属于卡斯蒂利亚的城市。

胡安·帕里克斯在1470年前后抵达塞戈维亚并带去了可以即刻开始工作的所有物资，并很快在他们的车间里开展了一些试印工作。随后的1472年6月，胡安·阿里亚斯主教主办了一次即将在塞戈维亚小镇阿吉拉富恩特召开的教士大会，他还认为出版这次大会的文件是启用新印刷厂的一个很好的方式。就这样，《阿吉拉富恩特教士大会文件集》成为西班牙第一本被印刷出来的、用卡斯蒂利亚语写的书。这本珍贵的古本现今被保存在塞戈维亚大教堂。1472—1475年间，帕里克斯又印出了七八本书。之后，作为一个四处漂泊的印刷工，他去了图卢兹，1505年在那里逝世。阿吉拉富恩特当地政府为了纪念如此重大意义的文化事件，每年都会重演西班牙第一本印刷书诞生的大会场景，并在当地人民的参与下再现帕里克斯时代的环境氛围。

两个词语

老虔婆 *alcahueta*

老虔婆的形象在西班牙中世纪和文艺复兴时期的文学作品中反复出现，指的是撮合、包庇或者促成一段情爱关系的女人，而这种情爱关系大多是不正当的。Alcahueta又被称作trotaconventos或者celestina：trotaconventos是《真爱之书》中一个名叫乌拉卡的人物的外号，她是撮合男女关系的高手；费尔南多·德·罗哈斯的书用celestina来命名，塞莱斯蒂纳这个名字后来专门用来代指老虔婆。Alcahueta这个单词出现在《卡里拉和迪姆娜》（1251年）这部书中，而alcahuete和alcahuetería则出现在《法典七章》（1252年）中，这两部书均为智者阿方索所著。在中世纪，老虔婆这个人物形象还有另外一个名字：medianera。虔婆这个行当在当时臭名昭著，因此当局会对从事这个行当的女人们直接判处死刑。尽管有关alcahueta这个词的早期记录用的是阴性形式，也有阳性形式出现的情况，例如在塔拉维拉大祭司阿方索·马丁内斯·德·托莱多的作品《鞭子》（1438年）中出现的alcayuete。正如大家所见，在我们面前的是一个多次出现且产生了巨大影响力的文学要素。

Alcahuete和alcahueta这两个词均来源于西班牙阿拉伯语*alqawwád*，这就解释了它们较早出现在卡斯蒂利亚文学作品中的原因。无论是在西班牙还是在美洲，它们在西班牙语历史上的使用是具有连续性的。然而，也出现了这样的情况，即这两个词的使用和指代干果——cacahuete（花生）

这个词的使用产生了混淆。Cacahuete和alcahuete这两个词之间没有任何关联：cacahuete来源于纳华语，*tlalkakáwatl*（土里的可可豆）——由*tlalli*（土）和*kakáwatl*（可可豆）两部分组成。墨西哥、洪都拉斯和尼加拉瓜是词语"cacahuate"的发源地。而在中美洲、加勒比海地区以及西班牙，*tlalkakáwatl*则变成了cacahuete。之所以用字母e（cacahuete）而不用字母a（cacahuate）的原因之一可能在于cacao的指小词形式后加了后缀"-ete"，霍安·科罗米纳斯和何塞·安东尼奥·帕斯夸尔如是解释道；但是，还有可能是由于通用词源，cacahuete和alcahuete两个词之间曾经产生过混淆。

在通俗卡斯蒂利亚语中，用来指称坚果的表达有很多：在马德里人们说alcahué，复数形式是alcahués；在瓜达拉哈拉则用alcahués、cacahués和cahués，它们的复数形式分别是 alcahueses、cacahueses和cahueses；在昆卡又使用 alcahuete和cahuete；在瓦伦西亚是cacahuet；在穆尔西亚甚至会听到alcagüeta，由此产生了一个读音近似而意义不同的有趣现象（alcahueta-alcagüeta），这让人们对它们的起源产生了疑惑。或许就是这个原因，在大多数讲西语的国家，人们把干果叫作maní，这一称呼来源于加勒比海地区的塔伊诺人。这样一来就不会产生混淆了。在那些使用cacahuate的国家，这个单词和坚果这一物品也衍生出了一些俗语：importar o valer un cacahuate，意为"无关紧要或一文不值"；ser un cacahuate，意思是"微不足道的"。

蜡烛 *candela*

从很早的时候开始，安达卢西亚方言就开始以书面语的形式延续下来。胡安·安东尼奥·弗拉戈的研究展示了15世纪安达卢西亚方言最为与众不同的特点的呈现方式。当时的安达卢西亚方言在发音和语法上都表现出独有的特点，同样在词汇方面也很快形成了其特有的标志。例如candela

这个词，有"火光，火"的意思，从它的地域分布来看，它是众多被视作具有安达卢西亚特色的词中的一个。它的使用由来已久，曾经出现在《熙德之歌》《法规汇编》和胡安·鲁伊斯的作品中，但主要是在安达卢西亚地区，它的用法被保留了下来。《权威辞典》这样解释道：candela也用来指烛火的火焰（这个用法在安达卢西亚和在其他地方很普遍），所以人们经常会说deme un poco de candela（给我照点儿光）。从词源学上讲，这个词来源于拉丁语中的CANDELA，意思是"蜡烛"，并且和CANDERE（点燃）一词相关。从卡斯蒂利亚语中的candela衍生出了其他的单词，比如candelabro（大烛台）、candelada（大火，火堆）、candelero（烛台）以及candelilla（小蜡烛）。有意思的是，西班牙语单词candil（灯）却不是源自拉丁语，而是源自安达卢西亚阿拉伯语。它在写法上和candela类似的原因在于阿拉伯语从希腊语中借鉴了这个词，而希腊语又借鉴了拉丁语中的CANDELA，于是同一个词得以借由不同的路径获得了同样的意思。

Candela也是安达卢西亚人迁居伊比利亚美洲时带到那里的众多单词中的一个。从1530年开始，有着"火光，火，火焰"含义的candela开始在墨西哥使用。由于火在我们的日常生活中不可或缺，便催生了一系列由来已久的俗语：dar candela意为"麻烦，打扰"（在哥伦比亚、洪都拉斯、波多黎各、委内瑞拉）；comer candela意为"勇敢一点"（在安的列斯群岛）；estar en candela的意思是"处在一个严峻的形势下"（在古巴，波多黎各）；salir en candela指的是"撒腿就跑"。目前，有记录的a toda candela的使用指的是"全速前进"的意思（在洪都拉斯、尼加拉瓜）；de candela的意思是"在高度紧张的状态"（在秘鲁）；en candela意为"处于危险之中"；在古巴、多米尼加共和国和厄瓜多尔三国，en candela则意指"身陷窘境"。

Candela一词的历史之悠久和使用范围之广促成了它基于类比和隐喻基础上的多重含义的产生。这样一来，una candela除了可以指一根蜡烛、一团篝火、一个火苗以外，也可以指一只萤火虫、一根冰柱（在西班牙北部）、一朵花，甚至可以用来指一个国际光度单位。在美洲，它还可以表示一个开朗的人（在加勒比地区和厄瓜多尔），一个爱顶嘴的、没有忍耐力的人（在波多黎各），或是一个幽默风趣的人（在巴拿马），和射击一起使用可以表示弹壳，还可以指荧光棒和没有蜇针的蜜蜂。总之，candela这个词变成了一个用来指称那些因为自身的光亮或者因为自己的力量而出众的人和物，也用来指称那些具有火的某些特质的人和物。这些例子都证明了西班牙语在抵达美洲之后是如何张开自己的羽翼并为古老的词语赋予新的含义的过程，而其中的很多词语恰恰来自安达卢西亚。

第二章

从帝国到革命

Chapter 2

第二章　从帝国到革命

第一节
16、17世纪伊比利亚半岛的语言和社会

16、17世纪期间，欧洲历史以西班牙帝国和土耳其帝国的鼎盛和对决为标志。大约在那个时期，传奇人物成吉思汗和忽必烈缔造的大蒙古帝国步入了分崩离析的危急阶段，日渐衰落❶。同一时期，美洲大陆上疆土最为辽阔的印加帝国由于争夺王位引发了内讧，被极大地削弱了国力。因此，西班牙人和土耳其人之间的对立最终演变成了近代前期❷伊始之时最主要的政治、军事和宗教方面的对决。

西班牙方面，卡洛斯一世和他的儿子费利佩二世是帝国的最高代表人物，而西班牙则是在欧洲政治格局变化莫测的风云中被缔造出的帝国。作为卡斯蒂利亚王国胡安娜一世和美男子费利佩一世的儿子，卡洛斯在继承了西班牙王国本土的领地之外，还继承了西班牙在地中海沿岸和美洲大陆的管辖领土。然而对于这些地方，卡斯蒂利亚王国的伊莎贝尔和阿拉贡的费尔南多并没有给予过多的关注。作为哈布斯堡王朝的马克西米连一世

---

❶ 译者注：此处原文史实有误，应为"大约在那个时期，传奇人物朱元璋缔造的大明帝国日渐衰落，步入了分崩离析的危急阶段。"

❷ 近代前期：西语为Edad Moderna，时间跨度为15世纪中叶到18世纪，即中世纪末到现代初期的时间段。这一说法具有"欧洲中心论"的特点，因为对"近代前期"的研究多关注西方，特别是西欧。

和勃艮第女公爵玛丽❶的孙子，卡洛斯在被选作国王的同时，还接管了奥地利公国和日耳曼神圣罗马帝国，其中包括德国、佛兰德斯、荷兰和法兰克封地。此外，在他统治期间，实现了环球航行，由此马里亚纳群岛和亚洲的菲律宾也成为他治下的领土。尽管持续时间很短，在费利佩二世统治期间伊比利亚半岛实现了统一，因为他是葡萄牙的伊莎贝尔的儿子，所以1580—1640年期间西班牙和葡萄牙的统治权均归属于费利佩二世王朝；他和玛丽一世的婚姻使他成为英国的联姻国王。人类历史上很少有像西班牙这般辉煌壮大的帝国，费利佩二世效仿亚历山大大帝，在他的座右铭中用了NON SUFFICIT ORBIS这一名言，这似乎并不符合费利佩二世"谨慎的国王"这一称号。

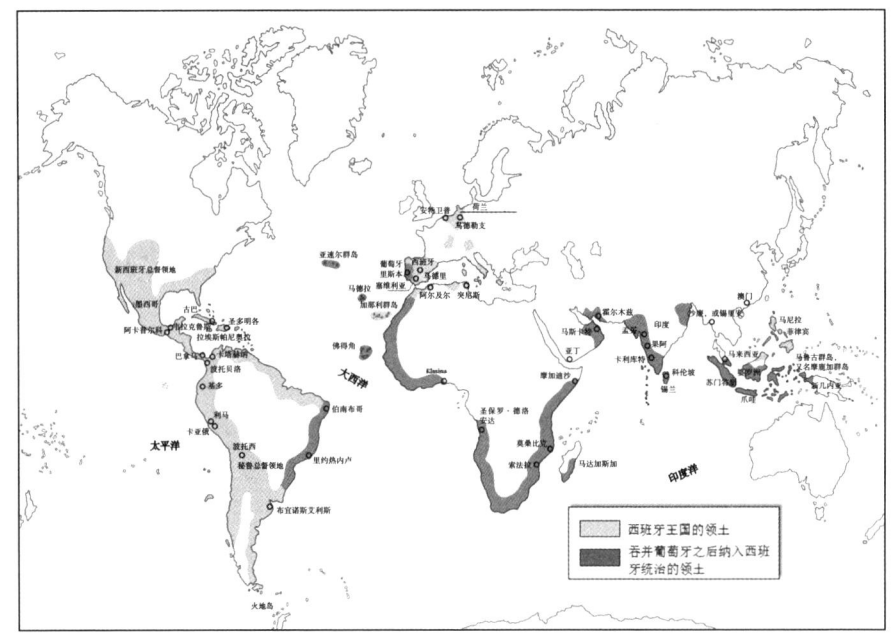

费利佩二世（1556—1598年在位）的帝国

---

❶ 西语中为María。

毫无疑问，这样的历史形势直接影响了西班牙语的国际地位和它的地理分布。西班牙语被广大移民以口头的方式带到隶属于西班牙帝国管辖范围下的美洲和亚洲地区。在那些地方，西班牙语的命运各不相同，它在新的环境下扎根并和当地的语言共存，在一些地方，西班牙语在社会层面替代了原有的语言，在另一些地方西班牙语则履行着一些不同的职能并和当地的语言进行融合。在那些不把西班牙语作为日常用语的地区，西班牙语是众多欧洲语言中社会地位最高的语言，成为人们感兴趣的目标和研究的对象。

政治上的强大并没有在通俗语言上产生立竿见影的效果，因此我们不禁要问，16、17世纪期间，除了皇室和教会人员，伊比利亚半岛上究竟有多少人在讲西班牙语。那个时期的西班牙人口数在600万到700万之间，其中有一半是出生在卡斯蒂利亚王国的单一语种使用地区，少数民族除外。西班牙总人口中的10%到15%讲他们各地的语言（加利西亚语、加泰罗尼亚语、巴斯克语、阿斯图里亚斯语），其余人口中的三分之一住在历史上不属于卡斯蒂利亚王国的领土上（加泰罗尼亚伯爵领地、阿拉贡、纳瓦拉），但是随后逐渐被并入卡斯蒂利亚的语言社区内。这说明西班牙语或者卡斯蒂利亚语的使用者在16世纪的总数超过了西班牙人口的80%。另外，卡斯蒂利亚王国和阿拉贡王国的领土面积比例是3∶1，这是有利于卡斯蒂利亚王国的。卡斯蒂利亚地区的人口密度也远大于阿拉贡地区。

随着时间的推移，西班牙语使用者的比例逐渐增加，主要是因为讲西班牙语的人陆续在不属于卡斯蒂利亚王国（加利西亚、瓦伦西亚、加泰罗尼亚、巴斯克）的城市定居。这要归因于多方面因素，例如这些地区的公共组织机构——管理机构、司法机构、贸易部门的开放，通常情况下这些机构里都使用卡斯蒂利亚语；用卡斯蒂利亚语进行教育普及——小学、中等教育和高等教育；还包括对经济上相对宽裕的阶层的培养，这既有利于不同地区之间的贸易往来，也有利于卡斯蒂利亚语的使用地区和其他地区之间在政治上进行相互影响。当然，不同地域之间的差异在口头西班牙语的表达方式上会有所表现。北部的卡斯蒂利亚王国的语言和安达卢西亚地区的语言在15世纪就已经形成了非常具有代表性的方言特点。除了这两大语言分支以外，还有莱昂地区的方言、受莱昂语影响的卡斯蒂利亚语以及阿拉贡地区的方言、受到阿拉贡语影响的卡斯蒂利亚语和加泰罗尼亚语。除此之外还要想到加利西亚、巴斯克地区、纳瓦拉、加泰罗尼亚、瓦伦西亚和巴利阿里群岛这些地方的城市人口使用的卡斯蒂利亚语。这些不同地区的语言在它们的使用者和其他地区的人们没有交流的情况下最容易保持原状。那么哪些是当时和外界沟通最少的人呢？自然是那些经济来源少且在人口构成方面替代人口需求和可能性较小的群体：农村人口。

16世纪的西班牙，至少每4个西班牙人中就有3个住在农村地区，他们中的大多数都是普通的农民和劳动者，除了那些用于军事目的和属于皇室的土地以外，贵族们掌管着几乎所有的土地。另外，不同地区之间的交通因为当时道路交通情况的限制而困难重重。例如，因为交通成本，加泰罗尼亚的葡萄酒在阿斯图里亚斯会比在中央高原地区便宜很多。这一时期，无论是人员还是商品的往来都很不容易。历史学家费尔南德斯·阿尔瓦雷斯指出，战争时期的士兵们需要克服的困难与和平时期的商人们需要克服的困难是一样的。这说明在那个时期只有有钱人和需要处理重要生意的人才会出远门。农村人口的分布使得各种语言和各地区的方言得以保留下来，并因为居高不下的文盲率而得到了进一步的巩固。这一群体不仅是他们各自地区的方言的使用者，也是常见的语言特点和大众通俗表达的缔造者，例如改变单词的拼写（用intestino替换entestino），省掉单词中的辅音（用Higinio替换Hinginio），改变单词的重音（用mendigo替换méndigo），给单词增添音节（用guárdate替换guarte），以及改变句中单词的顺序（用me se cae替换se me cae）。同样的，正如《堂吉诃德》中所讲的那样，谚语在文化程度不高的人群中的频繁使用，并流传至下里巴人之间。无论如何，谚语是西班牙语中最富有表现力的语言财富，它让富有哲理的语句历经数个世纪的洗礼得以保留下来，尽管文化变迁会使它们被遗忘。

《堂吉诃德》中已经废弃不用的谚语：

麦秆硬邦邦，做哨儿吹不响。（用来形容错过时机。）

（Ya está duro el alcacel para zampoñas.）

疼的是脑袋，膏药贴膝盖。（用来形容提出的解决方案无法解决存在的问题。）

（Si os duele la cabeza, untaos las rodillas.）

老太婆馋苋菜。❶

（Regostóse la vieja a los bledos.）

都怪我跟你随便聊天，把你惯得如此放肆起来。

（La mucha conversación engendra menosprecio.）

《堂吉诃德》中仍在沿用的谚语：

傻瓜蛋在自己家事事都明白，精灵鬼到别人家两眼一抹黑。

（Más sabe el necio en su casa que el cuerdo en la ajena.）

---

❶ 完整的谚语是"Regostóse la vieja a los bledos, ni dejó verdes ni secos"，意为"老太婆馋苋菜，不管干鲜满嘴塞"。

魔鬼从来不睡觉。（用来形容碰巧遇到倒霉事。）

（El diablo nunca duerme.）

面包塞进肚，再苦也不慌。（用来形容物质生活的保障可以缓解痛苦。）

（Los duelos con pan son menos.）

缘缕索篌。（用来形容从部分线索就能推断出事情的整个真相。）❶

（Por el hilo se saca el ovillo.）

如果说广大农村（无论是卡斯蒂利亚地区还是非卡斯蒂利亚地区）为保持各地区语言的多样化提供了理想的环境，城市则具备更多的优势，同时也为新的语言现象的涌入提供了便利。城市为所有的社会群体提供了表现的舞台，也是主要的政治、宗教、司法和教育机构的所在地。事实上，16世纪城市人口占总人口的比例为10%，在18世纪不到15%，但是城市对流行事物和规范的传播能力正在逐渐增强。在现代西班牙，城市化曾经是一个非常具有活力的进程。众多城市中发展最为迅速的有：马德里、萨拉曼卡、阿尔卡拉-德埃纳雷斯、塞维利亚、乌维达和拜萨。塞维利亚的人口从1492年的45000人增加到1600年的130000人。马德里的发展也同样繁荣，1530—1600年人口数从4000增长到130000。皇室从托莱多迁往马德里造成大批居民的涌入，包括大臣、贵族、外交官、地主，还有游手好闲讨饭的人（其中不乏很多混混）。

---

❶ 译者注：此处谚语的中文翻译参考中文译本《堂吉诃德》，董燕生译，长江文艺出版社，2013年。

16世纪西班牙人口的社会构成

阶层	人口数（人）
农民	5780000
农村小地主	25000
城市手工业者和工人	850000
城市中产阶级	160000
教士（及其家人）	70000
城市显贵阶层	60000
小贵族	50000
高等贵族和教士阶层	5000

来源：费尔南德斯·阿尔瓦雷斯，1979年。

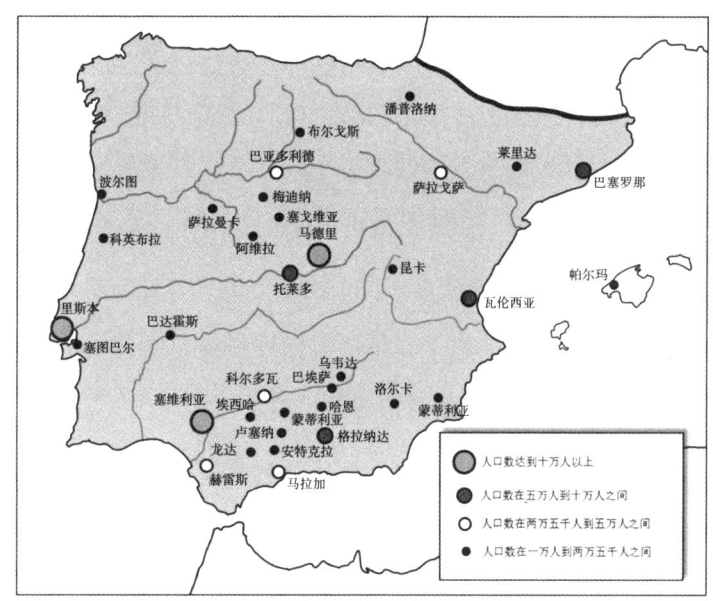

1600年左右主要的西班牙城市

（图片来源：A.乌维托，《西班牙的起源和发展》，第二卷，萨拉戈萨，ICE，1984年）

　　西班牙城市中的西班牙语呈现出一些特点，虽然这些特点之前就已经有所显现，但是它们在16世纪才最终普及开来并在西班牙大部分地区使用。其中的一个特点就是古老的/b/和/v/的发音的绝对统一——都按照/b/来发音，因为至少从16世纪开始在西班牙语中这两个字母的发音就没有区别了，除了一些边境地区或者是和其他语言地区相邻的地方仍然保持着这两个音之间的区别，如葡萄牙语。另一个逐步扩散开来的特点是在古卡斯蒂利亚语中很常见的源于拉丁语中的以f开头的送气音的消失，因为通常情况下它会变成hijo、higo和hierro，即第一个元音前不发音；只有较为偏远地区的语言或者较为古老的语言仍然保留了以f开头的发音或者送气音的发音。第三个发音方面的特点是在很多地区ye/y/的广泛使用以及ll的消失，即念yave、yega、gayina而不是llave（钥匙）、llega（到达）、gallina（母鸡）。这一现象在15世纪就已经在犹太西班牙语中出现，后来逐渐演变成半岛南部的发音规范。同样，从15世纪开始在整个半岛北部就开始逐渐规范s的发音不同于z（casa-caza），与此同时，在南部安达卢西亚却没有将这两个音区别开，所以人们只发这两个音中的一个。在塞维利亚城这个最具影响力的核心地带，把c和z读作s是最突出的一个特点：如把zurcir和sazón读作sursir和sasón。塞维利亚曾经是来自不同地方的人口的聚集地，其中既有本国人也有外国人，这都促进了在某些方面经过简化的塞维利亚式的安达卢西亚语的形成，这种安达卢西亚语通常也更具创新性。

语法方面，代词usted作为称呼的用法在16世纪得以确立，与此同时用人称代词le代替lo或la的现象也得到承认(a mi hermano no le vi; mírale)。这一特点在半岛北部出现并在皇室迁都马德里之后得到了大范围的普及，然而它的影响力并没有抵达安达卢西亚地区。至于词汇方面，16世纪开始出现由具有现代特点的单词逐渐替代中世纪时期单词的现象：例如人们说exército（军队），不说huestes；说nombrar（给……命名），不说mentar；说granada

（石榴），不说minglana；说esperar（等待），不说atender；说contender（争论），不说barajar；说cuchillo（刀），不说ganiveta；说harto（饱的，吃饱了的），不说asaz；说vez（回，次），不说vegada；说abaxo y arriba（在下面和在上面），不说ayuso y suso；说aunque（虽然），不说maguera；说otro（另一个），不说ál。语言文学家加尔梅斯·德·富恩特斯指出，从贺拉斯❶的诗句可以看出，新的社会已经淘汰了一些单词并赋予另一些单词新的生命力，这就好比树木一样，旧的叶子会随着时间的推移而落下。

这种现代西班牙语的特点在西班牙本土以外得到了延续。这样，安达卢西亚地区的语言从很早的时候就开始和加那利群岛上的语言有着密不可分的联系。事实上，加那利群岛的西班牙语是在西部安达卢西亚语的基础上形成的，虽然特殊的地理位置和群岛的历史为其他语言元素的融入提供了可能，例如葡萄牙语、水手专用术语和当地的贯切语的融入，这都促进了一些单词词义的转变，如gofio在加那利群岛指的是"用烤过的谷物制成的没有筛过的面粉"，baifo指的是"山羊仔"，mago指的是"农民"，这些词直到今天还在加那利群岛的日常用语中被使用。非洲北部的要塞城市的情况则和加那利群岛有所不同，特别是梅里亚和休达，当然还有拉腊什、奥兰和米尔斯克比尔❷。如此一来，因为管理和军事事务的需要，往来于这些北非要塞城市之间的官员就扮演着和西班牙本土语言产生联系的中介者角色，他们通常讲西班牙北部的卡斯蒂利亚语。与此同时，还有一批地位卑微的人来到这些地方，他们大多来自安达卢西亚，讲他们当地的语言，还有来自其他北非地区的

---

❶ 译者注：昆图斯·贺拉斯·弗拉库斯（Quinto Horacio Flaco），罗马帝国奥古斯都统治时期著名的诗人、批评家、翻译家，代表作有《诗艺》等。
❷ 译者注：阿尔及利亚港口。西班牙语为Mazalquivir，法语为Mers El-Kébir，此处译文以法语为依据。

人，他们中的大多数人讲阿拉伯语和柏柏尔语的变体。

最后，必须要提及的是16、17世纪的西班牙是日后迁居美洲大陆的第一批居民的贡献者，这对语言的发展产生了巨大的影响。尽管那个时期西班牙的人口密度大约是法国人口密度的50%，但是1500—1600年间人口的增长——40%左右的增长率——和经济发展水平并不匹配。这就造成了贫穷人口的增加，进而成为促使大批人踏上冒险旅程的原因，他们冒险的目的地在很长一段时间被称作印度。毫无疑问，这些移民所讲的语言的特点也随之一起来到美洲，由此引发了人们寻找两个关键问题的答案的兴趣：这些移民的来源地和他们的社会出身，即他们的方言特征和社会语言特点。

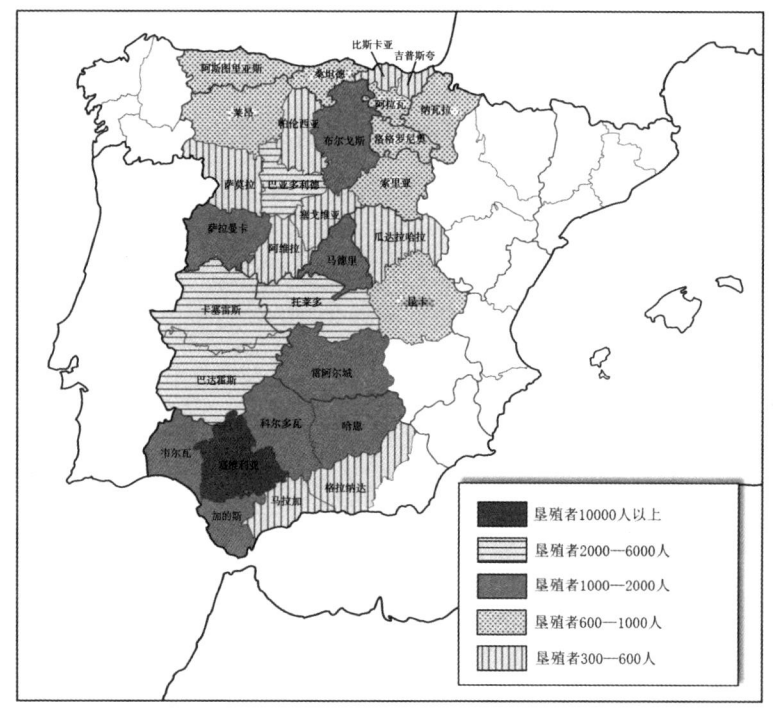

1493—1600年间前往美洲的西班牙移民（图片来源：P. 博伊德-鲍曼，1964年）

关于1493—1600年间前往美洲的西班牙人的来源地问题，西班牙语言文化学者博伊德-鲍曼从1964年开始公布了一项优秀的且得到了认可的研究。研究指出安达卢西亚（37%）是贡献移民数量最多的地区，特别是塞维利亚，紧随其后的是埃斯特雷马杜拉（17%）、新卡斯蒂利亚（15%）和旧卡斯蒂利亚（14%）。这也解释了为什么美洲西班牙语在发音、语法、词汇这几个方面的很多普遍且突出的特点和安达卢西亚地区的语言特点相吻合，而不是和半岛北部的卡斯蒂利亚语的特点相符。例如，用人称代词le代替lo、la的用法在那个时期并没有传到美洲，因为在安达卢西亚人们不这么用；对美洲的殖民活动开始以后，这种用法才在北部形成并在马德里传播开来。

关于美洲西班牙化的第一个世纪里的殖民者的社会来源，有一个说法被反复提及：离开西班牙前往美洲的人都是罪犯和边缘人群，所以早期的美洲西班牙语的特点是通俗且粗鄙。然而，文献资料并不支持这种说法，语言文学家安赫尔·罗森布拉特如是说。一方面，已经证实前往美洲的人来自不同的社会阶层，其中包括贵族、教会显贵、公职人员、有爵位的人、手艺人、骑士和文人雅士。另外，当时还编纂了严格规范前往"印度"（las Indias）的手续的法律公文和皇室文件，其中明确说明了哪些人被准许前往，哪些人不被准许。美洲的法律还规定了前往美洲人员的相关事宜，诸如和外交、经贸、军事、海运各方面相关的事务。塞维利亚合约处（La Casa de Contratación de Sevilla）就是一个负责办理上述事务的机构，有意愿前往美洲的人只有在证明了自己的资质的情况下，合约处才会向他们发放相关许可证，以此说明他们不属于被禁群体：犹太人、异教徒、奴隶、吉卜赛人、投机商贩、外国人、流浪汉。官方试图通过这种方式确保宗教信仰得以适当传播，避免血统的混杂并保障西班牙语作为基本交流工具被使用。然而这并不妨碍人们早在1580年就认识到用印第安语进行传教的重要性，正如《西印度王国法律汇编》中第六条所说：

负责传教的牧师要经过所属教区主教的考核，内容包括其自身能力和对他所负责传教的村庄的印第安人的语言的掌握情况。

另一方面，资料显示美洲西班牙化的第一个一百年间前往美洲的农民数量所占的比例并不高，至少，并不足以成为美洲西班牙语必然具备乡土气息的关键。至此，我们看到16、17世纪的西班牙，不仅在方言和社会层面形成了半岛西班牙语，美洲西班牙语最突出的构成元素也得到了确立。

大人物、普通人和小人物

阿尔东萨·洛伦索

在伊比利亚半岛中部的农村地区一个叫埃尔托波索的拉曼恰小镇上，生活着一个看起来并不会在西班牙文化史上占据一席之地的姑娘，她是洛伦索·科丘埃洛和阿尔东萨·诺加莱斯的女儿，所有人都叫她阿尔东萨·洛伦索。她的一个同乡说，阿尔东萨扔铁棒能扔得像村里最有力气的人那么好；她的同乡还说她是胸前长着胸毛的成熟女人，能薅着一个男人的胡子把他从泥里拽出来。人们都说，她不只力气大，声音也很大，有天她站在钟楼上喊在地里干活的几个人，他们竟像站在那座钟楼脚下一般听到了她的呼唤。在村子里，阿尔东萨乐于向任何一个农民伸出援手，她能在独自一人筛过整袋麦子之后，还把它抬到驴子身上，这让她浑身散发出一股男人味。阿尔东萨拥有这样的好身体加之"名妓"一样的幽默感，她和谁都能调笑，能用所有的东西来开玩笑。

然而，有人却认为这些庸俗的品质不过是用来掩盖真相的障眼法。一名一辈子顶多见过阿尔东萨三四次的绅士就是这么认为的，他完全被她吸引，甚至将其当作自己思想上的缪斯和追求的对象。他说她是美之国度的女王，闲暇时靠穿珍珠以及用金丝银线刺绣来打发时间。对他来说，她是如此的优雅高贵，以至于她轻轻碰触小麦，它们就会马上变成白面包。这位女士身上也会散发一种迷人气味，那是一种馥郁花香和某种美好到无法名状的事物混合在一起的味道。伴随她身体上的魅力的还有她那无瑕的真诚，这使得她成为这片土地上最高贵的公主。那位绅士一生中每天都在祈祷自己能获得足够的荣耀来配得上爱慕这样高尚的女士，他还为她起了一个足够配得上她美德的高贵名字：杜尔西内娅·德·托波索。

凭借米格尔·德·塞万提斯的作品和作家的风趣幽默，杜尔西内娅·德·托波索作为堂吉诃德的意中人，成为西班牙虚构文化中的一部分，同时也成了西班牙语文学史上最迷人又最复杂的角色。此外，与杜尔西内娅相对应的阿尔东萨，常用于西班牙日常流行用语中，用来形容一个平凡谦逊的女人，虽然其貌不扬但却平易近人。另外，由该形象衍生出许多流行谚语，如：A falta de moza, buena es Aldonza（"若缺女子，阿尔东萨最佳"）用以鼓励男人们，比起别的女人，要更加珍惜眼前人；moza por moza, buena es Aldonza（"一个又一个女子，都比不上阿尔东萨"）用来劝导人们比起未知事物，熟悉的东西才是上上之选；当人们讲一些不恰当的语句时，就会说Aldonza, con perdón（"阿尔东萨，抱歉"），尽管在17世纪，冈萨罗·科雷亚斯认为这句话是典型的乡下人语言。实际上，一种语言的历史不仅仅由那些伟大的天才书写而成，同时也是由众多深深扎根于人民群众中的角色形象、思想观念和语言表达所组成的。

贝尼托·阿里亚斯·蒙塔诺

贝尼托·阿里亚斯·蒙塔诺知识渊博，著作众多。这位1527年出生于埃斯特雷马杜拉南部的弗雷赫纳尔-德拉谢拉的伟大智者推动了更适用于人文主义表达的、高雅的西班牙语的产生。神奇的是，他与费利佩二世同年出生，并且都于1598年去世，但两人间的缘分不止于此。凭借着阿里亚斯毕生积累的知识和费利佩二世手中的权力，两人共同促成了具有重大文化意义，并在人文主义思想、宗教和语言领域都具有影响力的创举——修订《康普鲁顿合参本圣经》，该书第一版印刷完成于1520年。阿里亚斯受费利佩二世委托负责后来被命名为《安特卫普多语圣经》，又名《王朝圣经》（1572年）的编辑工作。该作品的印刷由佛兰德斯著名出版人克里斯托弗·普兰蒂诺负责，这是文艺复兴时期的标志性事件。正如预期的那样，语言方面的工作应当是阿里亚斯·蒙塔诺最擅长的领域，他是16世纪西班牙人文主义学者中最博学的人。那么，他是怎么做到的呢？

这位埃斯特雷马杜拉伟人将他的一生都贡献给了知识。在家乡学习了人文主义之后，阿里亚斯迁居到塞维利亚学习哲学，后来又到阿尔卡拉大学学习艺术和哲学，并专攻神学。1552年，依旧是在这所大学，当时的阿里亚斯只有25岁，便获得了学院里第一个"诗人桂冠"。在完成大学教育后，他隐退到了韦尔瓦山区，潜心研究《圣经》，直到1560年他加入了圣地亚哥骑士团。两年后，他获准参加特伦托会议。大会上，阿里亚斯的许多神学观点得到了重视。自此，他因身兼多职——费利佩二世的牧师、东方语言教授以及埃斯科里亚尔皇家图书馆馆长，丝毫没有休息的时间。

贝尼托·阿里亚斯·蒙塔诺是16世纪最伟大的希伯来语言文化学家，同时也是一位优秀的神学家、科学家、翻译家及诗人。他的大多数作品是用拉丁语写作的,其中值得一提的有《修辞学》(1569年)、《大卫圣歌》(1571年)、《犹太人古籍》九卷本(1593年)、《自然历史》(1610年)以及一部因其高超的写作水准及优美的辞藻而备受称赞的拉丁语诗作。此外,可以肯定的是,阿里亚斯·蒙塔诺懂得12种语言:希伯来语、迦勒底语、希腊语、拉丁语、叙利亚语、阿拉伯语、德语、法语、佛兰德语、托斯卡纳语、葡萄牙语和西班牙语。同时他还用西班牙语进行写作,从他的文章中可以看出他对西班牙语的运用达到了炉火纯青的地步。就这样,西班牙语不断变得更加高级丰富,具备更强大的表达力。阿里亚斯用诗歌体对圣经进行释义,撰写评论和布道词,翻译诗歌,还不断地涉猎各种不同的主题。这一切都是他智慧和努力的结晶。他和普兰蒂诺之间不仅结下了深厚的友情,还共同相信这位伟大的出版商信奉的格言:Labore et constantia("奋斗永无止境")。

两个词语

流浪汉 *pícaro*

Pícaro一词的起源至今无法确定,关于它的词源也是众说纷纭。这个词用来指卑鄙邪恶且生活不幸的人。该词的使用始于16世纪,它最早出现在洛佩·德·鲁埃达1545年的作品(《啊!女流浪汉》)以及欧亨尼奥·德·萨拉萨尔1548年的作品中("当太阳露出它金色的脸庞,流浪汉和朝臣们一样都能看到它的光芒")。根据科罗米纳斯和帕斯夸尔在其词典中所言,"pícaro"可能衍生于动词"picar",因为流浪汉的职业大多与这个动词有关(如厨房伙计、宰牛屠夫等)。塞瓦斯蒂安·德·科瓦卢比亚斯在《西班牙语或卡斯蒂利亚语的瑰宝》中，将该词和"pica"一词联系起来，并释义为"衣衫褴褛的，从事卑贱工作的人"。

关于pícaro的词源解释是，该词来源于法语词picard，同时也由picard衍生出picardía（恶作剧）一词。然而，如若接受这一说法，需要证明西班牙流浪汉身上的一些特质来自法国皮卡第大区的居民，甚至要接受pícaro的使用可以带有某些地域色彩，但这根本无法证明。曾有人认为这种无耻卑鄙的品性是那些把这一法国地区作为目的地的西班牙士兵独有的特点，但这种可能性也无法轻易令人信服。Pícaro的词源问题被广泛热议，尤其是在研究文化和文学的史学家们之间。

然而，无可否认的是，流浪汉的形象赫然出现在16世纪的文学世界，留下了浓墨重彩的一笔，他们所代表的社会原型是一个日益贫困的社会的产物。当时的社会资源分配不均，人们只能看到实物的表象。流浪汉的属性并不独属于那些因为生活所迫而不得不自己谋求生路的年轻人，在低等的神职人员和贵族之中、手艺人和商人之中也能看到流浪汉的身影；同样的，无论是老年人还是年轻人，当地人还是外地人，男人还是女人，都不乏流浪汉们的存在。西班牙的流浪汉文学为我们展示了有这种特点的人物荟萃，其中最为杰出的有：《托尔梅斯河边的小癞子》（1554年），马特奥·阿莱曼创作的《古斯曼·德·阿尔法拉切》（1599年），弗朗西斯科·德·克维多创作的《骗子堂巴勃罗斯》（1626年）。这一文学类型取得了巨大的成功，甚至对欧洲其他国家（德国、法国和英国）的文坛产生了影响，尤其还带动了拉丁美洲文学的发展——何塞·华金·费尔南德斯·德·利萨尔迪于1816年写成《癞皮鹦鹉》，在拉美开创了小说这一类型创作。

您 *usted*

称谓是衡量一个社会如何进行交际的绝佳指标。它们随着时间的推移不断变化，在共存的多个系统中发挥作用，与人们之间以及不同社会团体之间的关系紧密相关。而西班牙语使用者们对称谓形式的使用十分敏感，他们常常将之作为社会不对称性的证明。早在中世纪，卡斯蒂利亚语就发育出了一套称谓系统，这一系统中，用 tú（你）来称谓代表着亲近和熟悉，而 vos（您）则代表距离感和尊重。这种功能分配在16世纪开始被打破，当时，vuestra merced（阁下）这一称谓开始被运用于最礼貌的关系之中。1600年左右，"vuestra merced"的使用更加频繁，以至于衍生出了多个缩写变体，如"vuesa merced""vuesaerced""vuested"，甚至出现了不常用的"océ"。在众多变体中，也包括了"usted"，它的使用在16世纪末时已有记录。因此，17世纪时共有三种单数形式的称谓代词：tú、vos、vuestra merced，同时在使用的还有它们的各种变体，其中就包括"usted"。

然而，当一个新元素出现在一个系统中时，通常会导致其他元素的重新排列。于是，"vos"这一称谓就从表示尊重，变成了下等人、乡下人或仆人间才会使用的称谓，并且逐渐被冠以对对方表示蔑视的含义。塞万提斯在《堂吉诃德》里曾经暗指一个家伙"他狂妄自大，无论对谁都以'你（vos）'相称"。在西班牙，有段时间里一直存在关于用"vos"还是用"tú"来表示亲近关系的争议，直到后来"vos"被驱逐出了称谓系统。在复数形式中也发生了一些有趣的变化和替换。中世纪时期就形成了第二人称的合成形式"vosotros"，与"vos"交替使用，它既可以用来表示距离感，又可以用来表示亲密。而"vuetras mercedes"及其变体的出现，在与之对应的单数形式中产生了不对等现象，因为"vostros"（你们）用以表示信任，而"ustedes"（诸位）用来表示尊重，这样的用法主要存在于半岛北部。然而这样的功能分配并不适用于西班牙全境，因为在安达卢西亚西部，"ustedes"最后成了表示信任和尊重的第二人称代词的复数形式。

同样的，美洲西班牙语延续了半岛西班牙语的一些语言特征，这些特征在新的语言环境中最终发展出了自己的特点。Tú、vos和usted正是以这样的方式作为第二人称单数形式到达了美洲，另外还有复数形式ustedes，是塞维利亚式用法在美洲的延续。这三个单数形式在不同的地域和社会中分别演变出了不同的结果，与一些和社会生活密切相关的因素相呼应，并取决于和大都市之间往来的密切程度。因此，在遥远的南美，vos作为表示亲近的称谓的用法被保留了下来，而usted则用来表示尊重和距离感；这就是普拉塔河地区极具特色的，被称作"voseo"的称谓体系（尽管这并不是拉普拉塔河地区独有的用法），在社会中被广泛使用。相反，在加勒比海地区，tú获得了这场角逐的胜利，vos则被认为带有乡村气质而被抛在一边，但是在使用vos的时候并不带有贬义的意味。然而，在拉美其他地区，即使是tú和usted这一体系居于主导地位，但tú和vos也占领着一席之地，从墨西哥南部一直到智利，这些代词以不同的方式发挥着其称谓功能，并且形成了不同的动词变位形式，例如：vos tienes、vos tenés、vos tenís。与这些一起存在的还有许多其他有趣的现象，比如在哥伦比亚的一些地区用sumercé来表示尊敬，而在哥斯达黎加用ustedeo来表示亲近，这就形成了哪怕是孩子之间和情人之间也用usted来互相称呼的现象。

第二节
殖民地的语言生活

美洲大陆的语言史是令人惊叹的。在15000年前人类从西伯利亚途经白令海峡大迁移抵达这里之前,这里没有人口和语言存在的确凿的证据。抵达新大陆之后,生命力最强的族群在中美洲、南美洲和安第斯山脉一带定居;有证据表明他们的存在至少已有2500年历史。西班牙人来到这里的时候,美洲最强大的民族是莫西卡族、托尔特克族、米斯特克族(这三个民族都在墨西哥境内)、玛雅族(墨西哥和中美洲)、奇布差族(哥伦比亚)和印加族(安第斯山地区)。虽然它们各有不同,但所有这些民族的人都有一个共同的名字:"印第安人"。因为第一批来到这里的西班牙人认为他们来到了"东方印度"(日本、中国)。

阿根廷语言学家吉耶尔莫·吉塔特将美洲的西班牙语历史分为五个阶段(1983年)。吉塔特认为第一阶段是美洲西班牙语的形成时期,从1492年到1550年,西班牙人分别在1519年和1531年抵达墨西哥和秘鲁;第二阶段到1750年,可以说是西班牙语在美洲的各个变体的繁荣时期;第三阶段也是美洲各国走向独立的时期,截至19世纪后半叶;最后两个阶段即独立时期,也就是19世纪和20世纪。如此一来,西班牙语在美洲的500多年的历史中,前300多年的特点和西班牙密切相关,其余200年的特点是在独立的社会政治环境中演变发展的,尽管专家认为美洲西班牙语在17世纪中期就已经形成了今天最具代表性的特点。

第一个历史时期不仅为西班牙语在美洲各地的变体的形成提供了条件，还代表了西班牙语在地理上的扩张，在当时的条件下，这种扩张可以说是爆炸式的。在短短的50多年间，西班牙的士兵和垦殖者首先进驻加勒比地区并对圣多明各进行殖民（1498—1502年），随后在1521年开始进入墨西哥，1534年进入库斯科，之后又建立了圣奥古斯丁城（1565年），这是现今的美国领土上的第一座城市。所有这些都被美洲的纪事文学作家详细地记录了下来。波多黎各建于1509年，哈瓦那建于1514年，利马建于1535年，亚松森建于1537年，圣菲波哥大和圣地亚哥（智利）则分别建于1539年和1541年。这样连续的定居和建城事业只有在殖民模式的保障和殖民进程的精心部署下才得以实现。毫无疑问，在经历了早期的动荡不安之后，西班牙人逐步抵达美洲并将带着他们的文化和语言一同在这里扎根。

另外，西班牙对美洲的殖民活动是在资源相对有限的情况下开展的。埃尔南·科尔特斯率领500名随从和少量的马匹进入墨西哥；弗朗西斯科·皮萨罗第一次前往秘鲁时带领了60人。16、17世纪期间共有50万西班牙人来到美洲，当时美洲的印第安人口约有5000万，他们的语言种类在1500到2000个之间，隶属于170多个大的语族。诚然，西班牙征服的历史进程充满了光明与黑暗，但这是多种因素共同作用的结果，对这些因素的评判可以帮助我们正确理解美洲的语言所受到的影响。一方面，南部美洲和中部美洲语言的碎片化是语言内部不断裂变分化的结果，这有利于交流中介语的传播。当时美洲有几种分布范围较广的语言，如纳华语、玛雅语、克丘亚语和瓜拉尼语，欧洲人将它们作为传教的工具，这便更加扩大了它们的适用范围并促成了通用语概念的产生，于是这些语言在当时扮演着各民族之间交流时的通用语的角色，同时还发挥着和殖民者沟通的工具功

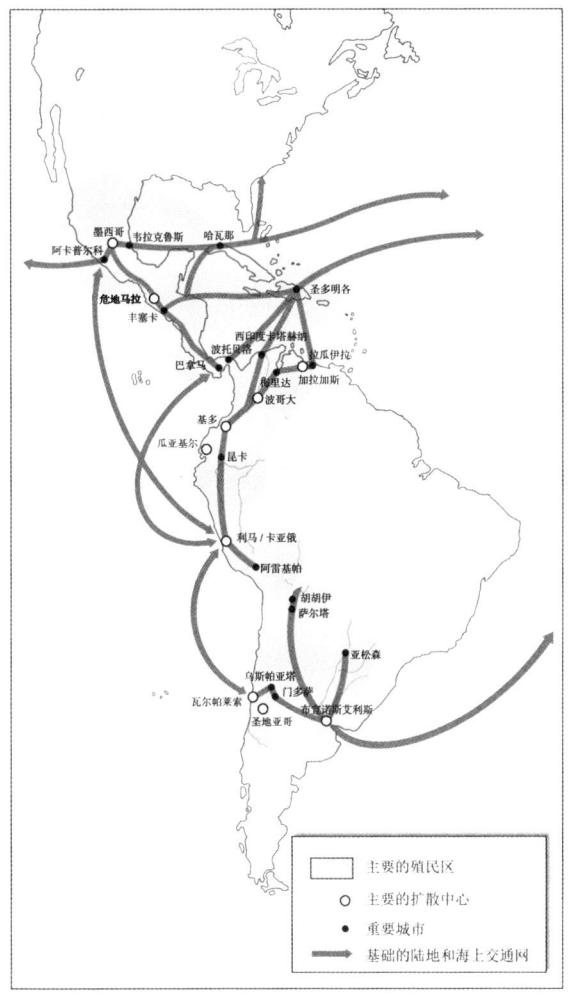

美洲殖民地范围和交通网（16、17世纪）

能；另一方面，由于受到外来因素的影响，诸如地域争夺、武力征服和新疾病的感染，很多原始语言的使用人口在不同的地区急剧减少。

除了欧洲人和印第安人以外，美洲殖民地的人口还有其他的主要构成元素，那就是非洲人。他们对于整个大陆来说都有着重要的历史意义，尽管在西班牙语中没有留下过多的非洲印记。非洲人的到来和劳动力的需求密切相关，需要他们在整个新大陆从事殖民地的劳务和开发。1505年至

1870年间共计有950万奴隶完成了从非洲西海岸（安哥拉、塞内加尔、刚果、几内亚）到美洲之间的航行。他们中大约16%的人的目的地是西班牙殖民地。当时大部分的人口贸易被葡萄牙人垄断，尽管也有英国人、法国人和荷兰人参与其中。

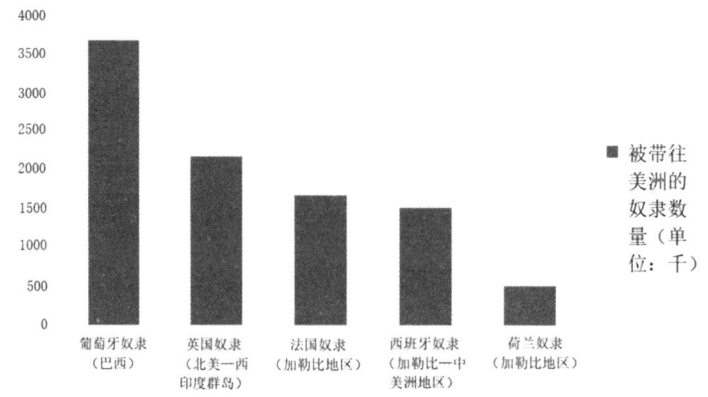

1505—1870年间的奴隶贸易，附贸易国和运送目的地

（来源：奥乔亚和史密斯，2009年）

源自非洲的奴隶的民族十分多样（富拉尼族、沃落夫族、曼丁嘎族、约鲁巴族、伊博族、班图族、姆邦杜族……），由于这些民族的语言各不相同，欧洲语言就更容易被接纳，这也对语言的发展产生了一定的影响。另外还形成了一些包含非洲元素的具有欧洲语言特点的方言，在此基础上出现了博萨尔语（bozal），因为起初对语言的认识不足，所以出现了这样一种经过了简化和融合的语言。随着非洲裔居民不断学习新的语言，博萨尔语渐渐退出历史舞台，但是也有一些方言在和欧洲语言的融合中浮现出来并最终成为一些民族的母语，例如以法语为基础的海地的克里奥尔语（cléole）、以西班牙语为基础的哥伦比亚的巴伦克罗语（palenquero）、以及以英语为基础的圣安德列斯和普罗维登西亚群岛的圣安德列斯语（sanandresano）。毫无疑问，非洲移民的语言和西班牙语的融合也使得西

班牙语中融入了少量的具有非洲特色的词语并最终成为通用词语：marimba（非洲鼓或拉丁美洲方言中的木琴）、conga（在安的列斯群岛方言中指孔加舞）、pachanga（帕昌加舞）、merengue（在多米尼加方言中指一种民间舞蹈，即梅伦盖舞）、mambo（古巴的一种舞蹈，即曼波舞）、cachimba（烟斗）、macaco（在拉丁美洲方言中意为丑陋的）、mamba（蛇）、vudú（源于非洲并在黑人中流行的一种宗教活动）、timba（赌场，口语中指赌局）、mandanga（冷漠）、mondongo（常用来指猪的内脏，肠肚）。

美洲殖民时期的三大主要种族——白人、印第安人、黑人，根据西班牙在美洲设立的经济和管理模式建立了他们之间的关系。从地理角度来说，总督领地的划分起着决定性作用。最早的总督领地是圣多明各，它将加勒比地区的社会生活联系起来；地域范围最大且成立时间最久（从16世纪到独立时期）的两个总督领地是新西班牙（墨西哥、美国和中美洲）和秘鲁，后来在18世纪从秘鲁总督领地分离出了新格拉纳达（哥伦比亚、委内瑞拉）和拉普拉塔河。比总督领地级别更低的主要是管辖区，这为以后各个独立国家的确立和地区之间语言的逐步分化奠定了基础。大多数管辖区建立于16世纪期间（圣多明各、新西班牙、巴拿马、利马、新格拉纳达、恰尔加斯、基多、智利），尽管在17世纪又分离出了其他的管辖区（布宜诺斯艾利斯、圣地亚哥），还有一些是18世纪分离出来（加拉加斯、库斯科、太子港）。

于是，殖民生活和美洲新的西班牙社区内部建立起来的民族、人种和阶级之间的社会关系带来的结果就是卡斯蒂利亚语被引入美洲各殖民地并在各地形成了特有的语言特点。为了更好地了解这一过程，让我们主要关注以下三个方面：向当地原住民传授西班牙语，将社会生活西班牙化，

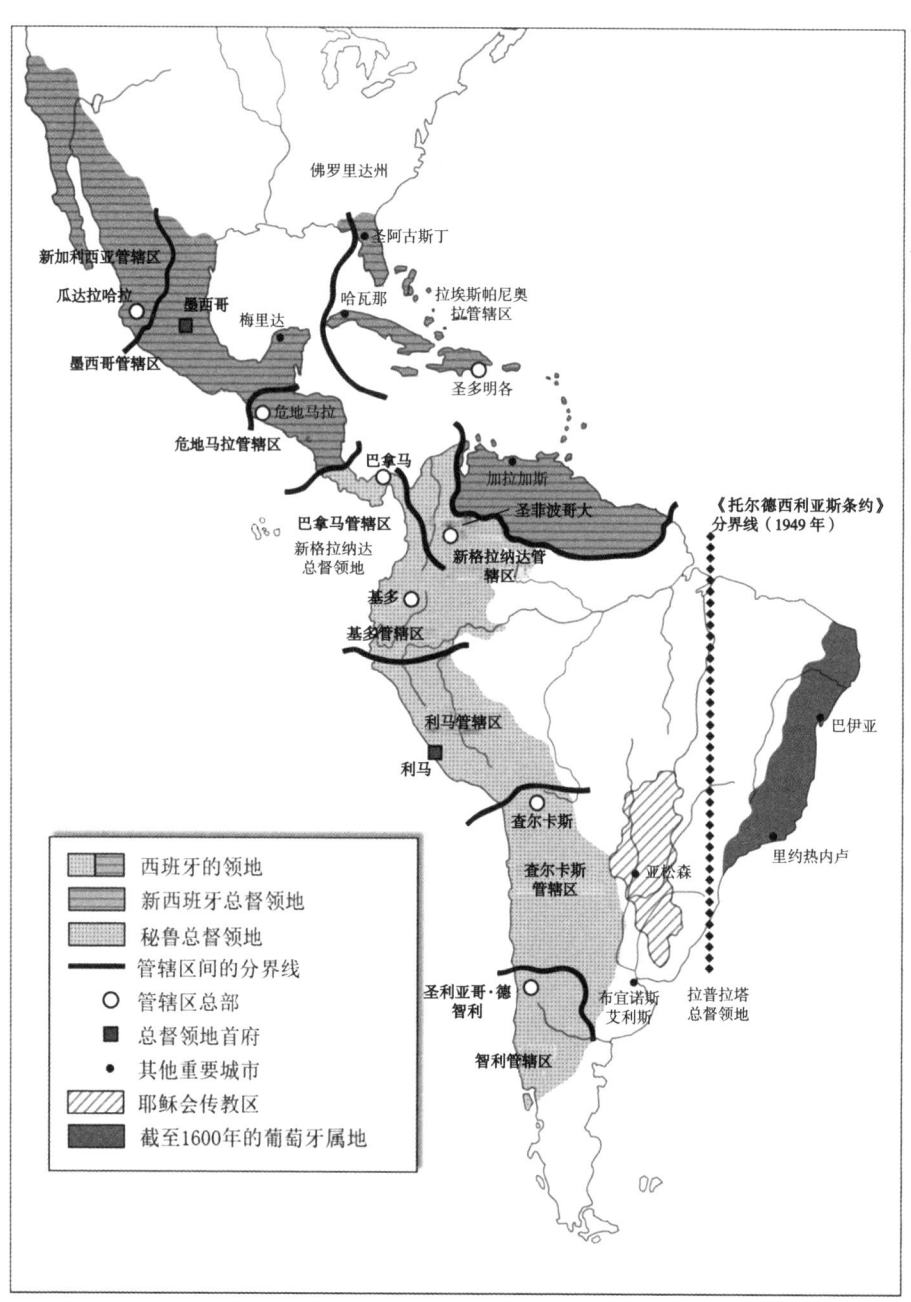

美洲的各管辖区（16世纪）

在每一个地理区域形成具有当地特点的美洲西班牙语。上述三点的形成以词汇学家路易斯·费尔南多·拉腊总结的西班牙殖民的特点为基础，相比之下，英国殖民和葡萄牙殖民的特点是：适应地域特点和土著人民的多样化，传教和加快城市化进程。

在将语言传授给美洲土生印第安人的过程中，经济开发模式和相应的城市体系都起到了作用。这两者都源于一个重要的现实：西班牙垦殖者的特权地位。这种权力地位来源于一种名为encomienda❶的土著村落体系的设立，同时费利佩二世从1573年授予所有垦殖者和他们的后代的名为"hidalguía"的贵族身份也巩固了他们的权力地位。垦殖者们的后代则化身成为可以以"don"（堂）❷称呼的贵族。这都为西班牙人掌控社会经济权力提供了可能，虽然他们只占总人口数的1%到5%。土著村落是一种具有保护性质的社会经济体系，村落的领主享受由土著酋长率领的一组印第安人的服务、劳力和纳贡，而村落领主则向他们传播天主教并向他们提供所谓的物质保障。这种体系在17世纪开始衰落，它通过向土著居民讲解教义保证了西班牙语的传播，与此同时西班牙语的尊贵地位得以确立，而众多印第安语言依然地位低下，虽然不同的印第安语的地位也各有不同：例如在墨西哥，当地土著居民之间的共识是纳华语的地位高于玛雅语和其他土著语言。

在这样的社会经济优势的条件下，殖民城市在它们的第一个发展阶段巩固了西班牙人的权力并保证了西班牙语的广泛使用和高贵地位，被称作克里奥尔人（los criollos）的西班牙人后代将这种形势延续下去，并进一步完成了美洲的西班牙化进程。另外，第一代移居美洲的西班牙人中几乎

---

❶ 土著村落，美洲殖民时期的一种社会经济体系，分给一位垦殖者一组印第安人作为劳力，他们的所有者则负责保护他们并向他们传教。
❷ 用于名字前的对男子的尊称。

没有女人，这也是印欧混血现象很快开始出现的原因。直到17世纪才对从西班牙抵达美洲的女人和孩子的数量有所记录，这一时期印欧混血人口的数量已经非常大了。印欧混血人讲西班牙语，西班牙人的特权地位促使他们学习西班牙语；除此之外，这些混血孩子的印第安母亲认为，语言是他们的混血子女融入社会并摆脱对印第安人的纳贡要求的有利渠道。起初，由于宗教原因，印欧混血人在社会中处于边缘地带，但是他们的地位日益提高，甚至成为新的社会中一个重要的群体。同样，在非洲黑人的主要聚居地，黑白混血人种的数量也在逐渐增加，联姻的可能性成倍增加，于是更多的黑白混血人后裔诞生。18世纪的墨西哥存在多个种族之间的混血可能：西班牙男人和印第安女人，梅斯蒂索人（印欧混血人）；西班牙男人和非洲黑人妇女，穆拉托人（黑白混血人）；穆拉托男人和西班牙女人，莫里斯科人；莫里斯科男人和西班牙女人，奇诺人；奇诺女人和印第安男人，萨尔塔-阿特拉斯人（salta atrás）；萨尔塔-阿特拉斯女人和穆拉托男人，罗博人（lobo）；罗博男人和奇诺女人，西瓦罗人（jíbaro）；可能性可多达53种。

1600年及1800年美洲的混血人口数估算（数据来源：奥乔亚和史密斯，2009年）

地理范围	年份	
	1600年（人）	1800年（人）
墨西哥	40000	60000
加勒比地区	100000	800000
中美洲	50000	100000
巴西	100000	800000
南美洲	100000	2000000

第二章　从帝国到革命

血统图览（匿名作者，18世纪，维尔雷纳托国家博物馆，墨西哥）

在语言方面，西班牙语在美洲延续了在西班牙和加那利群岛已经形成的特点，因此，把字母c和z读作s的现象，tú、vos和usted的用法，还有一些源于水手用语的词也一起来到美洲。于是，种族之间的不同、劳动分工的不同、克里奥尔人和刚刚抵达美洲的人之间的差距造成了非常有趣的内部差异：例如，在区分字母s和z（casa/caza）读音和不区分它们读音的人的较量中，以后者的胜利告终。上述差异取决于和宗主国之间的联系频率：离宗主国越近，如加勒比地区，就会更多地受到西班牙用法的影响；而远离宗主国的地区，如安第斯山区、智利或者拉普拉塔河流域，则更容易形成

129

独有的语言特点。

在这样的多语言和多文化环境下，由垦殖者们带来的西班牙语经历了一个必要的适应新的交际需求的过程。历史学家和方言学家马努埃尔·阿尔瓦尔指出，西班牙语抵达美洲之后被本土化了。在西班牙语美洲化的过程中，被称作"lenguas"的译员发挥了重要的作用。他们可以是会讲西班牙语的土著，也可以是会讲土著语言的西班牙人，尤其是修士们。在发音和语法层面，土著语言对西班牙语几乎没造成什么影响，而那些非常善于模仿其他语言的双语使用者则是例外。我们可以列举一些例子。在发音方面，墨西哥的西班牙语中更容易融入阿兹特克人的纳华语中"t+l"的组合，正是这个原因，单词atleta在美洲的分音节方法是"a-tle-ta"，而不是西班牙的"at-le-ta"。在语法层面，以来自纳华语中的后缀"-eco"的融入为代表[azteca（阿兹特克的）、yucateco（尤卡坦的）、guatemalteco（危地马拉的）]，然而这个后缀在距离墨西哥非常远的地方也有使用，这使它来源于土著语的假说的信服力被减弱。

在词汇方面，土著语对西班牙语的影响十分明显。新的语言交流中很快就出现了可以证明新词的产生的例证；事实上在《哥伦布日记》中就已经包含了西班牙语中最早的安的列斯群岛的词语：hamaca（吊床）、cacique（酋长）、tiburón（鲨鱼）。总的来说，对美洲词汇的接受经过了一个相对复杂的历程，这在西印度的纪事文学中有所体现。与此相关的最早记录是单词的适应现象。由于垦殖者们逐渐认识的美洲世界和他们已知的世界差别巨大，他们找不到更好的方法来命名新世界的事物，因此只能用他们自己的语言中的词语来命名。就这样他们开始用lagartos[1]来命名鳄

---

[1] 蜥蜴。

鱼，用leones❶来命名美洲豹，用peras❷来命名牛油果，用turmas❸来命名土豆，用piña al ananas sativum❹或vino❺来命名土著人做的奇恰酒❻。这些具有拉丁美洲特色的词语中，有些被沿用下来，有些没有。在一些情况下，需要用多个词语来进行描述或者类比，以此来保证西班牙语使用者可以更好地理解所指事物：因此，纪事文学作家贝尔纳尔·迪亚兹·德尔·卡斯蒂略把火鸡描述为"印第安人的公鸡"或者"当地贵族吃的母鸡"，哥伦布则用"棉质的网"来形容吊床。西班牙的旧词在美洲慢慢获得了新的含义，被用来指称那些全新的、令人眼花缭乱的事物。

美洲西班牙语中另一个常见的现象是单词的采纳。当一种语言中没有可以用来命名一个事物的词语的时候，最简单的就是采用另外一种语言中的词语；这就是我们通常所说的借用。人们发现一种新的事物且不知道如何给它命名的时候，就会听当地人怎么称呼它，然后用一个接近西班牙语的发音来给它起一个相同的名字。通过这种方式，数十个印第安词和拉丁美洲词被吸纳进西班牙语的词汇表中，既有通用的词，也有地域性强的词：阿拉瓦克语中融入西班牙语的单词有ají（辣味的青椒）和 iguana（鬣蜥）；纳华语中有guajolote（火鸡）、petate（凉席）、tomate（西红柿）；克丘亚语中有cancha（跑马场或者平坦宽敞的地方）、pampa（大草原）、poncho（斗篷）、cóndor（秃鹰）、papa（土豆）；瓜拉尼语中有mandioca（木薯）、tucán（巨嘴鸟）。

---

❶ 狮子。
❷ 梨。
❸ 地蘑。
❹ 种在地里的菠萝。
❺ 葡萄酒。
❻ 由玉米发酵制成，也指用其他东西发酵制成的饮料。

还有一个值得一提的语言现象，那就是新名词的创造。有时候是因为自己语言中的词语和从别的语言借用外来词都不适合，有时候是因为现实太令人惊叹且太过美妙，乃至人们觉得理应为它创造出一个新词，通过全新的组合或者新的衍生词来为新事物命名：fruta de pasión（西番莲果）、fruta bomba（番木瓜）、flor de ángel（金百合）、hoja capote（烟草叶）；还有almagarrote，指个子高但很笨的人（玻利维亚）；chichipato，指靠垃圾谋生的穷人（乌拉圭）；gallogallina，指优柔寡断的人或者胆小鬼（尼加拉瓜）。

总之，美洲西班牙语的漫长历史说明西班牙语的词汇根据不同的情况经历了不断适应、吸纳和创造的过程，并最终形成了每个主要的方言区独有的特点。这些方言区的语言都在词汇上或者语法上各有不同（例如用"你"称呼的地区和用"vos"代替"tú"的地区），主要的几个方言区有：加勒比地区、墨西哥中美洲地区、安第斯山区、智利地区和美洲南部地区。另外也有一些语言上的差别：说话语速快指的是加勒比地区的西班牙语会在音节末尾吞掉辅音的发音；墨西哥和秘鲁的区别在于辅音永远要发音。这反映出每个地区历史和社会的内部差异。然而，上述各种差异在西班牙语所分布的广阔区域上和谐共存，由此产生了历经岁月洗礼却依然延续至今的语言和文化共同体。

大人物、普通人和小人物

堂娜·玛丽娜

玛丽娜丽·特内帕特是位年轻的墨西哥女子，出生于墨西哥加勒比海岸附近，是当地酋长与来自另一个印第安部落的出众女子的女儿。他们给她取名为玛丽娜丽，意为一种弯曲生长的草类，后来又给她的名字后面加上了特内帕特，寓意为言语的主人。玛丽娜丽十分聪慧美丽，在与敌对部落的战争中，她被送给了尤卡坦的一个酋长。她的母语是纳华语，但与尤卡坦人的共同生活让她学会了玛雅语。之后，在她17岁那年，因为西班牙人埃尔南·科尔特斯和尤卡坦酋长之间在塔巴斯科所达成的协议，玛丽娜丽又作为女奴隶战利品被送到了征服者那里，于是她开始与西班牙人共同生活，还学习了他们的语言。很快，科尔特斯便深深迷恋上了她，事实上他们后来成了情人，还生了一个名叫马丁的儿子，是最早的一批墨西哥梅斯蒂索人之一，或者说，至少是最有名的梅斯蒂索人之一。玛丽娜丽在改名字时，选了玛丽娜这个名字，但不久之后人们都叫她马林切（Malinche），也许是因为印第安人称呼科尔特斯为"Malinallitzin"，意为"玛丽娜丽的先生"，也许是因为"马林钦（Malintzin）"是月亮女神的名字，是众星之中唯一的女性，就像玛丽娜丽作为唯一的女性在一个男人的世界中的存在一样。

因为她优秀的语言能力，玛丽娜丽很快便超过了著名的赫罗尼莫·德·阿吉拉尔，成了科尔特斯的私人译员。由于她的智慧和果断，玛丽娜丽很快赢得了这位首领以及他手下一干西班牙人的信任。讽刺的是，一个酋长的女儿，作为奴隶被两次送人，最终却变成了一位重要的军事首领的顾问，这为她赢得了西班牙人的钦佩和尊重，不久后西班牙人称呼她为堂娜·玛丽娜。这个年轻的女人，去世时不满27岁，但由于她精通三种语言以及她个人的聪明智慧，成为征服墨西哥的关键人物。她的形象在一些画像中比科尔特斯的还要大上几分，而科尔特斯也被称作玛丽娜的"huehue"，即玛丽娜的老头子。

从历史的角度来看，马林切是西语世界形成过程中的重要女性角色之一，但也因此成了一个颇受争议的人物。一些人称赞她优秀的品质、她作为中间者的能力、她的智慧以及她在一个伟大的西语国家的历史中的深远影响。但墨西哥革命后的言论却将她塑造成一个民族背叛者的形象，同时也认为她是战争环境中的牺牲品。还有一些人认为她是墨西哥混血的象征，是一个新的人种的缔造者。还有一小部分人，堂娜·玛丽娜对他们来说仅仅是一个语言和交际方面的天才，是一个在西方历史的关键时期沟通不同世界和文化的译者的代表人物。

安东·比鲁莱罗

1580年时，安东在宗教裁判所担任宗教法官的职务，尽管他认为自己既不是禁书方面也不是火刑方面的专家。事实上，他不是一个有着伟大光环的人，但他知道该如何履行自己的职责。因为受到一位多明我会的叔叔的影响，加之自己虔诚的天主教信仰，他在很年轻的时候就加入了宗教裁判所，但他并没有体会到这份工作的乐趣所在。一天，一位宗教法庭的检察官问他是否有兴趣以现在的职位去西印度，那时对秘鲁的征服已经完成，需要有人愿意前往并为宗教裁判所工作。于是，安东决定改变自己的生活，一方面是渴望了解新世界，另一方面是因为可以受到那位检察官的势力保护。

一到利马，他就得到了一个体面的职务并开始了自己的工作。令人意外的是，他常常会为那些受到宗教审判的人提供帮助，无论多么微不足道，他都会收到一笔刚刚从波托西银矿里开采出的银子作为人们对他慷慨的回报。当有人向他求助并且他认为可行的时候，他就会默默地施以援手；另外，他对待一些受审者也很和善。就这样，安东逐步积累了一笔财产，这激发了他对更好的生活的向往。后来他冒出了这样的想法：既然对工作的热情在慢慢消退，不如带着自己存下的银子回到日夜思念的西班牙。说做就做，几个月后安东辞去了自己的职务，从卡亚俄坐船到了巴拿马，在那里他又换乘了一艘去哈瓦那的船，最后又由古巴乘船抵达塞维利亚。

一开始，安东在其同胞中间并不引人注目，人们认为他不过是一个在西印度不得志而返回祖国的普通人。但当他的银子开始流转于不同人手、名字被口口相传时，一切都发生了改变。人们都叫他"安东·秘鲁莱罗"，因为peruleros专指那些从秘鲁来的人。安东很享受成为众人关注的焦点，他会主动给人们讲述自己在秘鲁的一些奇遇，说那里的鸟儿"长着人的眼睛和鱼的尾巴"，那里的猴子脸长在后面而尾巴长在前面。他的新生活与其个性完美契合：无忧无虑，在舒适的新家里有仆人的悉心照料，身边围绕着很多专心听故事的孩子。他在孩子中很受欢迎，因此他们玩游戏时都会唱着带有他名字的歌谣："安东，安东，安东·秘鲁莱罗，每个人，每个人都要专心做游戏。"

秘鲁莱罗这个绰号并不单指特定的某个人，在17世纪初，塞瓦斯蒂安·德·科瓦鲁比亚斯就解释过这个词意指"在西印度致富后回来的人"。后来，在1899年，西班牙皇家语言学院将这个词定义为"疏于经营自己的事业而分心做其他事的人"。最后，经过一系列的演变，"安东·秘鲁莱罗"或"比鲁莱罗"最终变成了孩子们在一种罚物游戏里所唱的谚语歌谣。

两个词语

独木舟 *canoa*

Canoa这个词来自阿拉瓦克语族，它的独特之处在于它是西班牙语中最古老的土著词和美洲词。该词最早的书面记录出现于哥伦布本人写于

1492年10月26日的日记中。很少有机会能这样准确地断定出一个新词出现在一种语言中的确切时间。同样有趣的是这个从其他语言借用而来的词语被普遍接受的过程。该词被用来命名一种西班牙人并不认识的船，在他们的经验中，与之类似的是一种在西班牙北部用来沿河顺流而下的，由绑在一起的树干做成的almadía（木筏）。因此，当哥伦布需要提及这种用中空的木头做成的船只时，他就用"canoa"替换了"almadía"。语言学家温贝托·洛佩斯·莫拉雷斯对两词之间的替代过程进行了详细的解释：在哥伦布10月13日的日记中，共使用"almadía"19次，而在12月7日的日记中，"canoa"一词获得了绝对的胜利，这时我们的远征军司令已经不再使用西班牙的词汇了。1495年，安东尼奥·德·内布里哈将canoa一词收入他的《西班牙语—拉丁语词典》中，这是该词首次被收录进词典。通过西班牙语，canoa一词得以传入其他的西方语言中：在意大利语中是canoa或canotto；在法语中是canot；在英语中是canoe；在德语中是Kanu。

可以预见的是，作为一个在西班牙语中长期存在的词语，canoa衍生了众多其他用法。在西班牙，它被用来指称其他类似船只。而在美洲，则被用来命名有凹槽的，或是与独木舟有着某些相似之处的事物，比如：瓦片、抽屉、剑鞘、木槽、盖子、管道等。在波多黎各，canoa则是一道菜的名字，这道菜用烤熟的香蕉做成，里面塞满了肉和奶酪。另外，这个词还用来组成一些固定的表达：在哥伦比亚，poner la canoa意为"找个不用自己花钱吃饭的地方"，而pedir canoa意为"寻求帮助"；在中美洲，mojársele a uno la canoa是说"一个男人表现出同性恋倾向"。

西班牙语中来自加勒比海地区的词不只canoa一个，与之同行的还有其他一些词，它们中多数来自阿拉瓦克语族的塔伊诺语以及加勒比方言。来自塔伊诺语的，除了canoa以外，还有cacique（酋长）、maíz（玉米）、

batata（甘薯）、carey（古巴锡叶藤）、enaguas（衬裙）、guacamayo（金刚鹦鹉）、tabaco（烟草）和yuca（木薯）。来自加勒比方言的，有caimán（凯门鳄）、caníbal（食人族）、piragua（独木舟）、butaca（扶手椅）和loro（鹦鹉）。这些是美洲西班牙语形成的第一阶段中被纳入其中的美洲词语，在此之后它们在美洲大陆的不同地区的西班牙语中演变形成了其他的变体。

西班牙移民 *gachupín*

Cachupín意指"在美洲定居的西班牙人"。在墨西哥、委内瑞拉、古巴以及玻利维亚，通常使用"gachupín"，有时还会用"gachupo"。该词在西班牙皇家语言学院的《权威辞典》中的定义是"前往西印度并在此定居的西班牙人"。然而，还应该在这个宽泛的含义上增加另一层含义，那就是美洲土生白人对刚刚抵达美洲的西班牙人的称呼，因为他们对美洲的事物一无所知，因此这个词就相当于"笨拙的、笨蛋"的代名词。1545年，诗人胡安·德拉·奎瓦称刚到墨西哥的西班牙人为cachopines；耶稣会教徒胡安·德·卡德纳斯在1591年说："刚从西班牙来的村里长大的人"❶；而1611年，诗人胡安·德·席格隆多写道："来吧，恭喜刚刚来到这里的西班牙人"❷。如今，在《美洲词汇词典》（2010年）中，该词被归为过时词，而西班牙皇家语言学院的辞典则把这个词归为具有贬义意味的词和口头用语。然而，路易斯·费尔南多·拉腊在他的《墨西哥通用西班牙语词典》里，将这个词定义为"来自西班牙的人，特别指生活在墨西哥的西班

---

❶ 译者注：原诗中用词为cachupín。
❷ 译者注：原诗中用词为cachupín。

牙人"。当地的土生白人和外来者之间的紧张关系也能从一些墨西哥谚语中显示出来："庄园里面的西班牙人总是挑事的那一方"，"西班牙人和土生白人之间就像雀鹰和雏鸡一样"。

关于cachupín或gachupín的词源的讨论由来已久，其中最令人信服的解释认为这个词源于半岛：在北部地区常用cachopo和cachopín来指"小东西"，也有"愚蠢的、笨拙的"的含义，或许还和gachupino（少年，儿童）有些联系。诗人路易斯·德·贡戈拉还用cachopino来指"新生儿"。此外，半岛假说还有迭斯·德·加梅斯（1431—1449年）的《胜利者》中出现的cachopo一词为证，这远早于西班牙语抵达美洲的时间，尽管它的意思并不明确。语言学家阿拉托雷则更倾向于另一种观点，即cachupín源自西班牙北部的一个家族姓氏Cachopín（卡乔宾），尽管我们并不知道，这些以傲慢著称的、被豪尔赫·德·蒙特马约尔和塞万提斯反复提起的姓卡乔宾的人在到达美洲时，他们的姓是否被赋予了新的含义，抑或是因为这些人在美洲致富后骄傲地回到西班牙时，他们的姓获得了一些新的含义。

无论如何，在移民过程中，用来定义外来者的词是很常见的。比如，在阿尔及利亚，人们称定居在这里的欧洲人为"pied-noir"（意为"黑脚"）。据记载，自16世纪中叶以来，新大陆的人们也经常使用chapetón一词指刚到美洲的西班牙人，尤其是在秘鲁地区。此外，在秘鲁，godo一词也有相同用处，加那利人称呼伊比利亚半岛的人也用这个词。在阿根廷，从20世纪以来，西班牙人被称作gallegos（加利西亚人），该词不仅表示"外邦人"，还具有贬义意味。移民潮常常会催生出这种对不同群体进行区分的现象，这种现象清晰地揭示出本地人和外来者、富人和穷人、工人和雇主之间激烈紧张的社会关系。而gachupín一词的发展历史在美洲和西班牙之间几经辗转，让人无法确定它确切的起源。

第三节
西班牙和美洲的文字、文学

哈布斯堡王朝时期的西班牙，政权建立在强大的官僚统治之上。国家的管理要求对全体人们的日常生活产生影响的事情的过程进行记录，这项事务由一大批公共职员负责完成。这些职员，上至皇室大臣，下至芝麻小吏，都必须满足一个必要条件：会写字。这样识字和书写的技能事实上变成了掌握权力和跻身上层的工具。这一现实是中世纪的社会文化生活的延续，中世纪的平民百姓很少接触到书面知识。

虽然和中世纪的情况有很多相似之处，在现代时期（Edad Moderna），国家通过全面的档案系统扩大了它的权力，另外，识字率逐渐提升，大众进行文化学习的机会也日渐增加。如果说教士和贵族阶层是中世纪时期除了犹太人以外仅有的两个文盲率为零的社会阶层，那么16世纪期间其他社会阶层的成员也加入到文化群体之中，他们主要是在重要城市做生意的手工业者和商人。于是，城市化身成为主要的扫盲地，这里也聚集着更多会识字和会写字的人。比起农村地区，城市里开办了更多的识字入门学校，更多人参加的宗教活动也在城市举行，城市里还建起了大学，创办了印刷厂。阿尔卡拉大学建立的1499年至塞尔韦拉加泰罗尼亚大学成立的1717年间，在西班牙成立的大学数量就超过24所。另外，16世纪初期就有20家印刷厂遍布西班牙各地。显然，书面知识的传播以不同的方式对西班牙语产生了影响：制定了书写的参考范本，丰富了文人的语言表达，增加了文学创作的数量和传播。

因为文学，西班牙语的历史在16、17世纪经历了它最辉煌的时期，这两个世纪的两百年被赋予"黄金世纪"的称号是不无道理的。如果说中世纪时期的史诗是卡斯蒂利亚语文学的第一个重要标志的话，其中以《熙德之歌》为最高代表，那么在现代时期，文学创作则经历了一场全新的变革，这场变革源于对意大利模式的借鉴。巴塞罗那人胡安·博斯坎的作品在变革中起到了重要的作用，因为在1528年翻译卡斯蒂廖内的《廷臣论》的时候，他不得不引入一些在西班牙语中罕见的论述形式和文体。同时，在按照意大利模式创作十四行诗和其他诗歌的时候，他向西班牙介绍了新的文学形式、文学韵律、文学主题，以及新颖的词汇和语言。博斯坎的朋友，加西拉索·德拉·维加也在诗歌创作中使用了上述新的元素。值得一提的是加西拉索的作品在表达爱情这一简单主题时所用的复杂的语句："布满荆棘的大山"❶，"不该被我看到的甜蜜的信物"，"我慢慢感到的幸福"，"你留我独自一人感受悲伤"❷。

黄金世纪期间还有另外一个文学语言的形式上的革新，即以科尔多瓦人路易斯·德·贡戈拉的作品为代表的革新。他的作品被列在"贡戈拉体"或者"夸饰文体"的类别之中。贡戈拉的文学创作试图摆脱第一次文艺复兴时期的经典模式，运用一种更加高雅复杂的语言。为了追求诗歌的完美性，他会直接运用拉丁语或者希腊语中的词，在词序上玩出很多花样（cuantas la Libia engendra fieras❸），模仿拉丁语的句型，运用大量的重音落在倒数第三个音节的单词，频繁使用希腊—罗马世界的意象。他对上

---

❶ 摘自加西拉索·德拉·维加的十四行诗*Soneto IV*。原诗句为"Romper un monte, que otro no rompiera, De mil inconvenientes muy espeso"。

❷ 以上三句均摘自加西拉索·德拉·维加的十四行诗*Soneto X*。

❸ 这句话中作者刻意将名词fieras和修饰它的形容词cuantas分开，分别置于句首和句尾。

述元素的使用达到了极致，由此招致了同时期其他作家的尖锐的批评。在《充满感激之情的批评》（1647年）中，洛佩·德·维加列出了一个词汇清单，并评论这些词语"看似高深莫测，实则乱用一气"；弗朗西斯科·德·克维多的批评则更具讽刺意味，他写了一首十四行诗来取笑贡戈拉的夸饰文体和他的用词。诗的第一节这样写道：

> 想要在一天之内成为文人雅士的人，
> 想必会学习以下词语：
> 光辉，收养，年轻，有预感的，
> 洁白，修建，韵律和谐❶。

在这首十四行诗以后，克维多还补充了以下诗句：

> 读过此文，
> 整个卡斯蒂利亚，
> 都会为浮夸风格的诗人感到害臊，
> 因为他们胡乱写着十四行诗；
> 在拉曼查，牧羊人和农民们，
> 他们满口粗话，
> 让夸饰文体的所谓优雅荡然无存。
>
> ——弗朗西斯科·德·克维多，
> "一日内创作《孤独》的方法"，1625年

---

❶ 以上词语的西语原文是：fulgores, arrogar, joven, presiente, candor, construye, métrica armonía。

不可否认，贡戈拉式的诗歌创作和当时西班牙的城市中人们所说的卡斯蒂利亚语格格不入，但是对于很多其他的创作者来说并非如此。贡戈拉式的诗歌对他们影响巨大，并为扩展语言的规范用法做出了贡献。贡戈拉使用的高雅晦涩的单词虽然起初让人觉得有些古怪，但是这些词后来不仅没有昙花一现，而是变成了通用词语的一部分，其中包括许多被洛佩·德·维加和克维多抨击过的词。Juventud（青年）、joven（年轻的）、proceloso（有风暴的）、excelso（崇高的）、inmóvil（静止的）、prodigioso（奇迹般的）、umbría（背阴处）、libar（吮吸；品尝）、conculcar（践踏；违反），这些贡戈拉式的高雅单词丰富了我们的语言并最终经受住了数个世纪时间的考验。在上述文雅单词的基础上，还有更多由其他作家引入的单词加入其中，我们今天很熟悉的动词aplicar（把……放在……之上）、ceñir（缠，绕）、convertir（使成为）、fatigar（使疲倦）、sujetar（征服；握住）则要归功于弗拉伊·路易斯·德·莱昂的作品。

然而，在黄金世纪期间，理想的写作风格恰恰不是繁复冗长。根据希腊人季米特里奥斯在公元前1世纪提出的四种风格（简洁、高深、优雅、批判），简洁的文风毫无疑问是主导西班牙语的风向标，无论是口头语言还是书面语言。当时的宗旨就是"像说话一样去写作"，说话的时候则要简洁明了。以胡安·德·巴尔德斯为代表的作家们都主张这样做并努力将这一思想贯彻到文学创作上。为了达到这一目标，有时还需要对作家进行培训。这种简洁的文风更加贴近读者和那些听别人大声为他们读书的人，同时也对文学语言和通俗语言之间的相互影响产生了巨大的作用，从而丰富了各个领域的语言。

在最受欢迎的作品中，16世纪被阅读和被听读最多的是豪尔赫·德·蒙特马约尔的《狄亚娜》（1559年）。这是一部在数十年间被再版和翻译多次的田园小说。17世纪最受欢迎的作品中,米盖尔·德·塞万提斯的《拉曼查奇思妙想的乡绅堂吉诃德》独树一帜(1605年、1615年)。《堂吉诃德》是一部汇聚了无数语言素材的小说,其中包含了当时的流行话语,还有反复出现的表现装模作样的说话方式和简洁明了的说话方式之间的反差的场景,例如考究的话语和通俗的话语之间的反差。请诸位想想堂吉诃德和文盲桑丘·潘萨之间的对话,桑丘·潘萨和文人桑松·卡拉斯科之间的对话,以及堂吉诃德和几个不识字的牧羊人之间的对话。不识字的人通常并不是很乐意接受文人对他们的纠正,但是就连桑丘·潘萨后来也纠正她的文盲妻子——特雷萨·潘萨,告诉她应该说"revuelto"而不是"resuelto"。

《堂吉诃德的游走地图》
(收录于由华金·伊瓦拉印刷出版的《堂吉诃德》中,出版时间为1780年。)

辉煌的西班牙文学注定要在殖民地掀起波澜。要知道,《堂吉诃德》的第一版在马德里上架之后仅一个月,就有一百册被装船运往西印度的卡塔赫那。有大量文献记录表示旅客在前往美洲的途中读了《堂吉诃德》,还记录了这些书在人们之间传阅的景象,以及这部小说在殖民地的作家和文人之间引起的轰动。可是直到19世纪，《堂吉诃德》才在西班牙语美洲当地印刷出版，但是和在西班牙一样，它的文风、语言和书中的价值观已经深深根植在一个识字率逐渐上升的群体的文化中，与此同时，这个群体也在创造着属于他们自己的语言形式。

西班牙本土的文学和文化模式所产生的巨大影响对西班牙语作为殖民地语言在美洲扎根起到了决定性的作用。但是我们必须提及美洲的一个关键因素，特别是在墨西哥和安第斯山区这样的印第安人聚居地显得尤为重要，即殖民地教育体系的建立，它涵盖了教育的各个阶段，从识字阶段到大学阶段。创办学校的主要目的是为土生白人提供受教育的机会，并且带有明确的传教性质，因为这些学校是在教会的指示下创办并管理的。然而，对印第安人的培训很早就开始受到了重视，特别是通过职业技术学校来培训印第安人，例如方济各会修士弗拉伊·佩德罗·德·甘特在1523年开办的"圣何塞·德洛斯·那图拉莱斯艺术和技术学校"。另外还有为印第安贵族及其后代开办的学校，如圣克鲁斯·德·特拉特洛尔科学校。这些学校不仅致力于帮助印第安土著群体融入社会，还会对一些自给自足的乌托邦式的印第安公社进行培训；所有这些举措的实施都和宣扬基督教教义联系在一起。这些学校培养出了大量的教师、译员、法官和总督。重要的是，很多教育项目是借助使用范围较广的印第安土著语言来开展的，直到1559年，一道皇室命令要求教士们教授卡斯蒂利亚语，一方面可以方便传教，另一方面更有利于当地居民适应西班牙人和土生白人的生活方式。

殖民地的教育体系中还包括大学的建立。因此，1538年在多米尼加共和国成立了圣托马斯·德·阿基诺皇家大学；1551年成立了利马圣马科斯大学和墨西哥皇家大学；1552年在玻利维亚成立了拉普拉塔皇家大学。如果我们知道日内瓦大学成立于1559年，美国最古老的大学——哈佛大学建于1636年，那么上述几所殖民地大学成立的年份之早便显得尤为令人瞩目，也因此更加意义非凡。在墨西哥和秘鲁这样遥远的地方建立大学必然需要开设印刷厂，人文科学、词典和教义就这样被带到美洲，同时被带到美洲的还有当时的科学和文学，这也是西班牙语在美洲扎根的重要保障。

西班牙殖民地特有的语言形势有利于至少三种语言在其教育体系中共存，这三种语言各自承担着他们的社会功能和交际功能。一方面，无论是基础教育还是大学教育都使用拉丁语，它在文化传播方面的至高地位毋庸置疑。在为土生白人、印第安人和混血人开设的学校里，学生们学习更具权威和影响力的语言。因此，除了拉丁语以外，学生们还学习西班牙语，包括口头和书面形式。另外还有认可度较高的土著语言经过罗马化以后的文字，例如纳华语。就这样，正如语言学家克劳迪娅·帕罗迪所说，美洲有文化的土著人和文人雅士或熟练或笨拙地说着或写着拉丁语、西班牙语和一种或更多种土著语言，还有很多人也从来自西班牙的教士那里学习上述语言。多语共存的状态构建出了一个语言金字塔，位于顶端的是拉丁语和西班牙语，拉丁语的地位在西班牙语之上，位于下部的是土著语言，使用人数多的土著语言地位在使用人数少的土著语言之上。

随着识字人口的增加，美洲土地上出现了一批文人雅士，他们中很快便涌现出了最早的一批用自己的语言进行创作的殖民地文学家。然而，在被我们看作过渡期的一段时间里，美洲西班牙语的高雅用法直接反映出西班牙最杰出的作家在美洲的影响力。作为范例，我们已经提到过《堂吉诃德》迅速在美洲获得了成功。1602年，墨西哥的一家剧院里先后上演洛佩·德·维加和卡尔德隆·德拉·巴尔卡的剧作。另外，包括西印度的纪事文学作家（贝尔纳尔·迪亚兹·德尔·卡斯蒂略、佩德罗·谢萨·德·莱昂）在内的最早在美洲用西班牙语写作的作家都在西班牙出生，如史诗《阿劳卡那》（1569—1589年）的作者——士兵阿隆索·德·埃尔西利亚，还有法学家兼神学家巴托洛梅·德拉斯·卡萨斯。

另一方面，无论是教徒还是俗人，也不管是什么种族，教师、笔译和口译工作者在殖民地的文化生活中发挥着日益重要的作用。墨西哥❶和利马分别作为新西班牙总督领地和秘鲁总督领地的首都，变成了各自管辖领地内的人文生活中心。土生白人和印欧混血人对知识的渴求程度之高，促使他们很快就出色地掌握了欧洲文学的精髓，且文学形式多样，如历史、抒情诗和戏剧。正是在这一领域涌现出了两个熠熠发光的名字：墨西哥人索尔·胡安娜·伊内斯·德拉·克鲁斯和印加·加西拉索·德拉·维加，后者恰巧和米盖尔·德·塞万提斯在同一天（1616年4月23日）去世。

秘鲁人印加·加西拉索·德拉·维加是一位西班牙将领和公主伊莎贝尔·琴布·奥克略的儿子。这位公主是尊贵的印加王图帕克·尤潘基的孙女。因此，印加·加西拉索·德拉·维加是一位有文化的印欧混血人，同时也享有优越的社会地位。这让他成了西班牙美洲第一位文化意义上而非生物学血统上的印欧混血人，他是两个世界的融合，是两种文化的共生体。他最突出的贡献是在《印加王室述评》（1609年）和《秘鲁通史》（1617年）两部书中讲述印加人历史和秘鲁被征服的过程。其中记录了一些美洲词语——有加勒比地区词语、墨西哥词语，还有一些克丘亚语词语，但是它们的权威性在语言的普遍应用中是被认可的，学术性的《权威辞典》（1726—1739年）中关于作者的注释可以证实这一点。

索尔·胡安娜·伊内斯·德拉·克鲁斯展现出了不同的文学类型和风格上的才华，包括宗教题材和通俗题材。她被认为是美洲巴洛克主义最

---

❶ 译者注：殖民时期，新西班牙总督领地的首都名称为墨西哥。

重要的作家，她的文笔可以和欧洲最好的作家相媲美。她的作品集结成三册于17世纪末出版：《唯一女诗人的缪斯洪流，第十个缪斯，索尔·胡安娜·伊内斯·德拉·克鲁斯》《索尔·胡安娜·伊内斯·德拉·克鲁斯之作第二部》《墨西哥凤凰的名望和身后作》。在这些作品中出现了印第安人、混血人和黑人的语言特点，但她的诗作更大程度上是因为用词文雅，质量上乘，语言精确而出众。

胡安娜·伊内斯是一个有着传奇经历的女孩。1651年，她出生在墨西哥内普兰塔的圣米盖尔小镇。她从小学习纳华语，8岁时创作出第一首诗，另外，在她还只有14岁时就因为博学、才能和聪慧在总督的宫殿中耀眼夺目。18岁时进入圣耶罗米修道院，这位年轻的修女声名远播，所以她的房间变成了诗人和皇室的文人聚会的场所，就连总督本人和著名的科尔多瓦诗人贡戈拉的亲戚卡洛斯·西古恩萨·伊·贡戈拉也会前往。也是在同样的房间里，胡安娜会做科学实验，练习弹奏几种乐器，她还藏有大量的哲学和文学书籍。索尔·胡安娜·伊内斯·德拉·克鲁斯的人文和文学形象是整个美洲巴洛克主义的异类。如果说身兼神职人员、作家、专职诗人、音乐家、女权捍卫者多重身份，同时通晓拉丁文并会用拉丁文写作，在任何一个时代这都是非比寻常的事情，那么在17世纪以一个女人的身份做到上述所有并不断积累相关知识则是一件毋庸置疑的异于常人的事情了。

大人物、普通人和小人物

胡安·德·萨里亚（子）

1605年初，阿尔卡拉·德埃纳雷斯的书商胡安·德·萨里亚（父）用驴子将一批61箱的书籍运往塞维利亚。这批书最终将被运往美洲，确切地说是要送到一个名叫米格尔·门德斯的利马书商手中，萨里亚和他保持着长久的贸易合作关系。这批书里包括了至少66册米格尔·德·塞万提斯最新出版的小说——《堂吉诃德》。载着书籍的货船于1605年3月从塞维利亚起航，随后在加那利群岛中转，于6月抵达大西洋彼岸。这艘名为"圣母罗萨里奥"的航船目的地是巴拿马的波托韦洛，在到达之前会在卡塔赫纳中转。

在美洲大陆上众多的接船人中，有一位二十来岁的青年，他正是那位阿尔卡拉书商的儿子，也叫胡安·萨里亚。在完成了繁杂又昂贵的海关手续后，年轻的萨里亚负责将书籍由陆路运往太平洋沿岸的巴拿马城。他们行进的道路崎岖狭窄，背上驮着书的骡子艰难前行，而且不可避免的是一些包裹在路上被浸湿了，因此，在到达巴拿马城时，萨里亚不得不拆开包裹，修复那些受损程度较小的书本并重新打包。幸运的是，那些作废的书中仅有一本是《堂吉诃德》。堂吉诃德和桑丘·潘萨一定想象不到他们会随着塞万提斯创造出的奇妙历险记，在驴背上完成穿越巴拿马地峡的旅程。

年轻的萨里亚知道，假如他们在巴拿马或秘鲁的卡亚俄如迷宫一般的码头和港口旅馆稍做耽搁，他就只能在1606年6月，也就是书从阿尔卡拉发货的一年半之后，才能成功地将书交付给买方。和书商米格尔·门德斯之间的图书交付被记录在一份经过公证的文件中，文件中证明货物里包含了72本《堂吉诃德》。欧文·阿尔伯特·伦纳德讲述了这个非同寻常的故事，他说，根据里卡多·帕尔玛的说法，美洲的第一本《堂吉诃德》是被秘鲁总督蒙特雷伯爵带到利马的那本，而不是萨里亚这批。但伦纳德的结论是："在没有确凿证据的情况下，根据真实的历史记录，我们所说的六十多本书就是第一批通过海运抵达美洲总督领地的《堂吉诃德》。"塞万提斯的经典作品的影响力，包括之后的《癞皮鹦鹉》（1816年）和豪尔赫·路易斯·博尔赫斯的文学创作都是文学史和西班牙语史的重要组成部分。

胡安娜·丘吉旦达

库西·奥克略住在秘鲁南部靠近阿亚库乔市的安第斯山上，人们都叫她胡安娜·丘吉旦达。胡安娜见证了西班牙人征服印加人领土的过程，但却从没和他们有过直接的往来。她就是"丘吉旦达"，是国王帕查库特克的孙女、印加帝国第十任国王图帕克·尤潘基的女儿。她的母语是克丘亚语，她的文化是由父及子代代传承下来的。她爱她的语言和文化，对其了解颇深，并且因为用了独特方式讲述与之相关的故事而受到人们的尊敬。胡安娜认为，她有责任将她所知道的一切传授于她的孩子们，特别是讲给瓦曼·波马和小基丘亚萨珉。这对她来说既是一种责任又是一种乐趣。每天傍晚，她便在篝火旁讲述老一辈印加人、乌林库斯科以及阿南库斯科所经历的战斗；还会给他们讲第一个国王塔万廷苏约的战斗，当然也少不了伟大的图帕克·尤潘基的战斗。

但她讲的并不都是战争和征服的故事，她还向孩子们讲世界之主维拉科查的故事，他是古秘鲁最古老的神灵，从水中而来创造了天空和大地，和他一起的还有熟知现在并能预知未来的因蒂鸟。胡安娜还给孩子们讲述亚卡娜[1]长着长长的脖子在天上的银河漫步的样子，它为了喝水和统治羊驼从天上下凡到人间。据说亚卡娜降落在一个男人身上，他的身上就长满了五颜六色如彩虹一般的羊驼毛。男人将羊毛拿来卖钱，用所得的收入买了一只公羊驼和一只母羊驼，由此繁衍出了数量多达3000只的羊驼群。胡安娜说亚卡娜之所

---

[1] 印加神话中的羊驼精灵。

以常常从天上下来喝海水，是因为如果它不这么做，世界将会被淹没。

瓦曼·波马和基丘亚萨珉很喜欢他们的妈妈讲的故事。长大后，他们一位混血的哥哥将他们带去了大城市，并让他们学习拉丁语和语法。他们二人还学会了用西班牙语写字。随着时间的推移，瓦曼·波马靠着自己的语言技能交了好运：他成长为法官的"口译员"和笔译员，最后甚至当上了公务员。而基丘亚萨珉的运气就没有这么好了，尽管他很喜欢新鲜事物和西语写作，但他还是觉得这种生活不是他真正想要的。因此，一天他决定回到阿亚库乔，留在母亲胡安娜身边，这回他自己的目标十分清晰：他要将他母亲讲给他们的印加神话用西班牙语写出来。所有生活在秘鲁的人，不管是印加人还是西班牙人，都应该知晓并了解这些故事。他做到了。有趣的是，他的兄弟瓦曼·波马也有同样的想法，他决定给西班牙国王写一封长信来讲述秘鲁的历史以及西班牙人在这里所做的事情。

两兄弟的创作在很多地方都有相同点：胡安娜给他们讲的故事，许多来源于克丘亚语的词语，以及写作时会在不同语言之间来回跳跃，而这种跳跃则反映了一个由不同民族组成的复合社会的活力。然而，两人作品的命运却大不相同。在一场摧毁了整座城市的地震中，基丘亚萨珉的著作湮灭在了灾难过后的瓦砾之间；而瓦曼·波马的主要作品《新编纪事和优秀政府》（1615—1616年），奇迹般地被完整保存至今，是西班牙语文化的一颗璀璨明珠。

两个词语

风格 *estilo*

西班牙黄金时代的文学表现出对风格的极大关注。这一现象在写作的可能性成倍增加的时代并不奇怪，与此同时经典的写作方式❶与每种语言的传统写作方式不断对抗。"Estilo"一词来自拉丁语"STILUS"，该词在拉丁语中具有多重含义。拉丁语中"STILUS"最主要的意思是"木桩"或"（植物的）干、茎、梗"，因为这个单词来自意为"扎、刺"的动词"STIGO"，从这个意思又引申出了"用来刻字的雕刀"的词义。雕刀是当时常用来在打过蜡的木板上刻字的工具，在刀的另一端装有小刮铲。用雕刀刻字就是用它在板面的涂蜡层上进行雕刻，如果刻错了就用刮铲把涂蜡层抹平，由此也引申出了经常在哲学研究领域使用的，带有象征意味的"tabula rasa"❷（白板）的概念。

此外，STILUS还有另外一个意思，与前一个词义有关，即"书写方式"也作"书写技艺"。从很早的时候起，STILUS的这些词义和希腊语中与之等同的单词联系在一起，于是就演变出了用希腊语中的"y"替代原单词中的"i"的写法：stylus。这一写法上的错误也解释了英语和法语中style一词的来源。尽管中世纪时期卡斯蒂利亚语中就用estelo一词来指木桩，但直到15世纪estilo一词才被纳入卡斯蒂利亚语，且直到16世纪才被广泛应用。诗人加西拉索·德拉·维加和其他的一些作家都使用了estilo这个词，例如胡安·德·巴尔德斯在其作品《语言的对话》（1535年）中大量使用该词："我们可以通过阅读来创作好的风格""卡斯蒂利亚风格""有时将风格捧到云端，有时却将它踩到地上""风格要和说话的人身份相吻合"。16世纪以来，在西班牙语中，人们从文化（拉丁风格、意大利风格、卡斯蒂利亚风格）、作者（这位或那位作者的风格）和语言（自然

---

❶ 译者注：此处"经典的写作方式"意指古希腊和古罗马时期的文学创作模式。

❷ 拉丁语。本义指尚未经过刀和笔刻写过的白蜡板，后来指尚未经过外界影响或刺激的心灵。

的、高雅的、充满感情的）的角度来谈论风格。之后这个词的意思不断增加，最终适用于人、艺术、时尚、生活方式及其他包含用法、风俗和表现方式的领域中。

当然该词还有其他许多用法。在阿根廷，estilo是一种用于吉他弹奏和吟唱的来自民间的带有忧郁气质的作曲风格；在萨尔瓦多，estilo指一种表情或态度，通常用来表示轻视；而coger estilo是波多黎各年轻人的用语，意为"改正错误"。除此之外还有一些衍生词，如：口语中的estiloso，用来形容一切极具独特性的事物；以及estilográfica，指一种书写工具，在美洲也叫作pluma fuente（水笔）或lapicera（钢笔）。为了避免歧义，多数西语国家都用同一单词指笔，即单独一个pluma，而笔的种类则是多种多样的。

冷盘 *entremés*

该词最常用的意思是指在一餐中除了主菜之外品尝到的其他菜品，也就是主菜与主菜之间的冷盘。该词的起源可以追溯到一个古老的法语复合词（entre-mès），指的是放在两个事物中间的东西，尤其指两道菜肴之间呈上的食物。在现代，entremeses（其复数形式的使用也很普遍）常用来指餐前小食，至少在西班牙是这样的，因为构成这个词的一部分"entre"作为"中间"的词义似乎已经消退了。除了这个意思以外，在中世纪时该词还被用来指一种"公开演出的剧目"，但直到16世纪才开始逐渐替代更为常用的paso一词，指在一场时间较长的正剧戏剧表演中穿插的诙谐短剧。罗克·巴尔西亚在《首部西班牙语通用词源大词典》（1880年）中解释说，entremés一词代表菜与菜之间的冷盘并不奇怪，因为古老的纪事文章中出现的宴会常常会持续六七个小时，人们需要这些来打发无聊的等待时间。

尽管entremés一词的来历十分清晰，但语言历史学家们并没有达成完一致观点。具体来说，科罗米那斯和帕斯夸尔认为，这个词来源于加泰罗尼亚语而不是法语，因为在加泰罗尼亚语中，这个单词的两个词义分别用于餐饮和文学领域。作为论据，他们认为在14世纪加泰罗尼亚语中就开始使用这个词，并由此传入卡斯蒂利亚语，同时他们还指出，加泰罗尼亚文学中戏剧的发展早于卡斯蒂利亚文学中戏剧的发展。无论如何，加泰罗尼亚语是从法语中引入的这一单词，因此这算不上是根本性的分歧。

最后，将这个单词的饮食含义的演变和文学含义的演变进行对比也是一件有趣的事情。在餐饮领域，entremeses已经不再指任何菜肴之间供应的食物；在文学领域也发生了意义上演变，即用entremés来指完全独立的剧目，而不是指穿插在较大体量的戏剧中间的幕间短剧。15世纪末，吉尔·维森特仍将entremeses作为次要的作品进行创作，但是到了16世纪，情况开始有所变化。塞瓦斯蒂安·德·奥罗斯科是第一部独立短剧的作者，随后出现了短剧的辉煌时期，代表剧作家有：洛佩·德·鲁埃达、洛佩·德·维加、米格尔·德·塞万提斯和卡尔德隆·德拉·巴尔卡。虽然一些短剧已经成为流行文化中的一部分，尤其是塞万提斯的作品，如《奇迹戏的演出》《吃醋的老汉》《萨拉曼卡的山洞》，但在18世纪，这种短剧却从舞台上消失了。

第四节
西班牙之于欧洲和欧洲之于西班牙语

西班牙在大西洋西岸的出现不仅仅意味着一场难以预料的社会经济冲击，还在西班牙社会内部产生了重大的影响。对于西班牙来说，抵达美洲不仅仅是发现几个未知的民族和地区，还是一次自我发现，是一次对自身个性和特点的发掘，这在和美洲的对比中显得尤为突出，茨韦坦·托多罗夫如是说。1492年，西班牙国内刚刚统一，卡斯蒂利亚王国和阿拉贡王国就将目光投向非洲北部并重点关注欧洲。然而，美洲让他们的注意力转向了一个新的世界，尽管这一事实直到很久以后才被清楚地认识到。至少在16世纪期间，欧洲和地中海地区的事务仍是西班牙皇室的头等大事：欧洲事务是出于政治利益；地中海地区的事务则是因为强大的土耳其帝国在地中海上的军事威胁，当时的地中海地区多方势力共存，充满纷争。

无论是西班牙的卡洛斯一世（别忘了他也是德意志王国的皇帝），还是费利佩二世，欧洲政治对他们都至关重要。在很多情况下他们二人都对这一点表露无遗，另外，他们也深知语言在国家事务方面的重要性。16世纪，西班牙完全算不上古老的欧洲大陆上的人口大国：如果当时的西班牙人口在600万至700万之间，法国和德国的人口数则是西班牙人口数的两倍有余；英国和荷兰的人口数则只有西班牙人口数的一半；而葡萄牙人口则不到150万。但是，人口数是一回事，政治和军事实力却是另一回事。政治和军事实力让西班牙在欧洲名列前茅。西班牙的政治影响力有助于提升西班牙语在欧洲的地位,同时推动了西班牙语吸收更多欧洲语言的元素。

关于西班牙语在欧洲的地位,有一个近乎传说的典故——卡洛斯国王本人于1536年4月17日在面对罗马教廷时的发言。在法国使节,也是马孔[1]主教、教皇,和西班牙国王的会面上,法国人打断了西班牙人的发言,因为他听不懂西班牙国王说的话,卡洛斯回答道:"主教大人,如果您愿意的话请您理解我,也请您不要期望我讲除了我的西班牙语以外的其他语言,西班牙语如此尊贵,所有的基督徒都应该掌握并听懂它。"梅嫩德斯·皮达尔将这次言语的交锋解释为国王宣布将西班牙语作为基督教徒通用语和外交官方用语。然而,这件被重复了一千遍的逸事,抹去了很多西班牙语在欧洲的地位的其他表现,在如此郑重的声明之前很长一段时间里,西班牙语的地位就已经被逐渐建立起来了。

16、17世纪,西班牙在欧洲的威望始于政治领域,终于时尚领域(立式翻领、斗篷、裤子、黑色),但是也不可避免地影响着语言。西班牙的影响力在英国、法国、意大利、荷兰、葡萄牙都显而易见。每个地方的影响程度略有不同,但是在所有地方都有一些共有的特点,表现在对西班牙语的重视上。很显然,单纯的对外来语言的兴趣不会对语言的历史和内在演变产生直接的影响,然而同样显而易见的是,被他人认可的地位会巩固语言自身的用法并有利于不同的人之间的语言交流。

---

[1] 法国城市名。

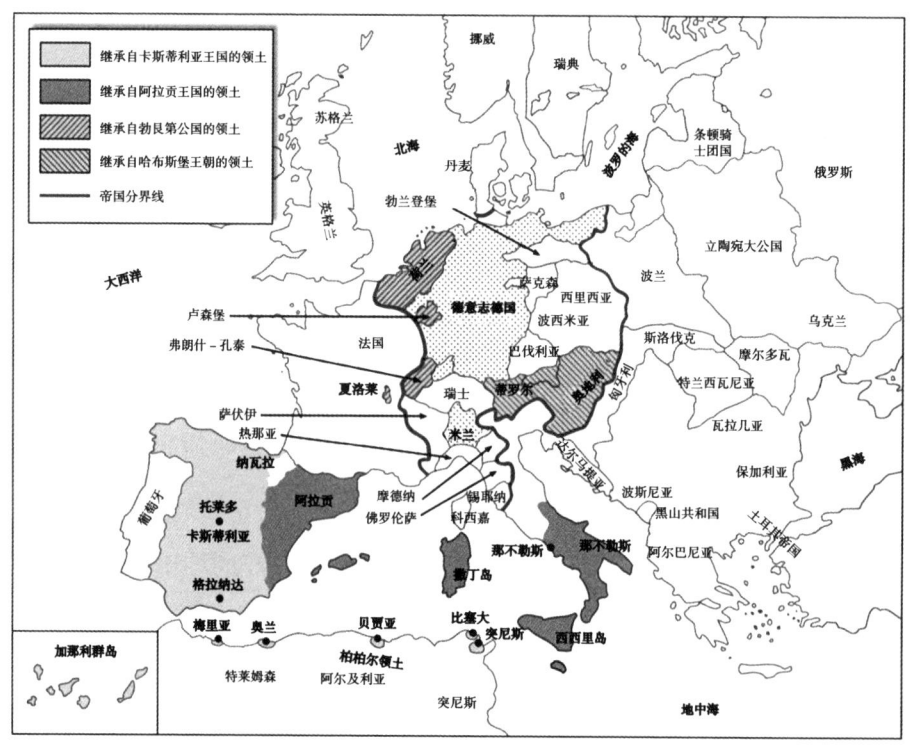

卡洛斯五世继承的领土（图片来源：CNICE❶，西班牙教育部）

众所周知，除了在费利佩二世和英国的玛丽一世短暂的联姻期间，16、17世纪期间西班牙和英国之间的关系既不友好，也不融洽。事实上，1585年至1604年间爆发了一场英西战争，其中掺杂了明显的宗教因素。这场战争中的关键时刻是1588年西班牙无敌舰队的溃败和1604年和平条约的签订。通过签订条约，国力被削弱的英国开始承认西班牙是欧洲的主要强国。实际上，1617年，英国国王詹姆斯一世在西班牙大使面前说道："诚然，论伟大程度，我知道西班牙国王比所有基督教王国的国王相加还要更

---

❶ 全称是：Centro Nacional de Información y Comunicación Educativa（国家信息和教育交流中心）。该机构现已更名为 Instituto Superior de Formación y Recursos en Red para el Profesorado（教师培训和网络资源高级学院）。

第二章　从帝国到革命

加伟大。"西班牙文化影响着英国人在文化方面的想象，在那个时代，法国文化也具有同样的影响力。关于这一点，美国教授罗伯特·斯波尔丁提到了戏剧家本·琼森在他的作品《炼金术士》（1610年）中的一些影射，比如西班牙人既优秀又有礼貌，又比如西班牙的马是最好的马，西班牙式的胡须修剪得最好，西班牙的立式翻领是最好的款式，西班牙的孔雀舞❶是最好的舞蹈。1612年，《堂吉诃德》首次被托马斯·谢尔顿译成英语一事也反映出西班牙文化在英国的影响力，紧接着，塞萨尔·乌丹于1614年将其译成法语，这两个语言的译本都早于《堂吉诃德》第二部的出版。

西班牙和法国之间的关系始终密切且延续不断，也曾有过紧张时期和互信阶段。从著名的西班牙语言文化学者塞萨尔·乌丹的话语中可以推测出16世纪期间，两国的关系有过一段紧张时期。据乌丹所说，他从事关于西班牙语的研究并不是因为热爱，而是为了让他的同胞们能够第一时间了解到西班牙在征服美洲期间的暴行，并帮助法国的将领们学到西班牙人的战术。然而，到了17世纪情况有所改变，这要特别归功于奥地利哈布斯堡王朝和法国皇室之间的国家联姻。费利佩二世和瓦卢瓦的伊丽莎白联姻；法国的路易斯八世和费利佩三世的女儿奥地利的安娜联姻；费利佩四世和波旁王朝的伊丽莎白联姻。想要孤立英国的意图巩固了西班牙和法国之间的关系，以至于17世纪很多法国人穿过比利牛斯山到西班牙从事各种各样的工作：商人、农民、牧民、卑微的手艺人以及身份地位没那么卑微的从业者。上述所有都促使西班牙语在法国流行起来，米格尔·德·塞万提斯死后出版的一部作品——《贝尔西雷斯和西希斯蒙达历险记》（1617年）中有些夸张地写道："在法国，不论男女都在不停地学着卡斯蒂利亚

---

❶ 西班牙古代的一种慢步舞蹈，风格严肃。

语。"重要的是这部作品同时在里斯本、巴黎和西班牙的多个城市出版。

西班牙和意大利之间的关系有着很深的历史渊源。其中的一个表现就是1364年开设在博洛尼亚大学里的西班牙圣克莱门特皇家学院，它是由红衣主教希尔·德·阿尔博尔诺斯提议开设的，目前依然在接收来自西班牙的学生。然而，双边关系从15世纪后半叶开始变得更加密切，当时祖籍瓦伦西亚的博尔贾家族中的亚历杭德罗·博尔贾成为教皇卡利斯托三世，随后的1492年，罗德里格·博尔贾成为教皇亚历杭德罗六世。另外，不能忽略的是很多西班牙犹太人最终在意大利落脚，他们在被驱逐之后在意大利受到庇护。于是，第一部完整的印刷版西班牙语圣经是《费拉拉圣经》（1553年）。可以说，从这个时期开始意大利的西班牙化和西班牙文化的意大利化变得更为深入。

在教廷以外，和西班牙关系最近的意大利地区毫无疑问是那不勒斯。16至18世纪期间那不勒斯是西班牙的一个省，总督以西班牙君主的名义行使着对该地区的掌管权力。这些历史事件自然而然地通过西班牙语影响着意大利半岛，特别是半岛南部的人们。比上文中塞万提斯描述法国情况的那句话早一些出现的胡安·德·巴尔德斯的句子也可以证明这一点："在意大利无论男女都认为会讲西班牙语是一件高雅的事情。"与此同时，越来越多的西班牙文人来到意大利追寻人文主义和文艺复兴思想的熏陶，在这一过程中也留下了他们的西班牙印记。

可见，我们谈及西班牙和欧洲之间的文化关联的时候，应该开辟专门的一个章节用于阐述西班牙和法国、意大利之间的来往和交流，二者都对西班牙语的历史非常重要。例如，西班牙文学的重要作品通常会被第一时间译为法语和意大利语，由此可见法国和意大利对西班牙语发展的重要性。不仅如此，法语和意大利语还为西班牙作品被译成其他欧洲语言发挥了桥梁作用，因为其他的欧洲国家没有可以直接从西班牙语进行翻译的译者。正是因为《塞莱斯蒂娜》被翻译成了意大利语，这枚西班牙文艺复兴时期瑰宝的影响力才得以到达英国和德国。学者卡洛斯·克拉韦里亚指出，著名的文艺复兴时期作家安东尼奥·格瓦拉的作品从意大利语译为德语，从拉丁语译为匈牙利语，从德语和法语译为荷兰语，从德语译为瑞典语，形成了一个相互交织的翻译链。

西班牙语对英国、法国和意大利的影响力主要表现在两个方面：首先，出版了一批用于西班牙语教学和西班牙语学习的书籍；其次，上述几个国家的语言都对西班牙语词汇广泛接受。意大利国内出现了一股编纂西班牙语学习书籍的潮流：一些书进行语言之间的对比，另一些是词典或语法书。法国的西班牙风潮的代表人物是塞萨尔·乌丹，他编著了主要的词典和语法书，这些书不仅多次再版，还被作为后来法国编纂西班牙语词典和语法书的参考和范本，其他的语言诸如德语和意大利语的相关书籍也会将他的书作为参考。另外，英国的这类书籍在出版数量上也毫不逊色，这一领域的杰出人物是理查德·珀西瓦尔和约翰·明舒。后者用双语出版了一些西班牙语学生喜欢的会话书，书的题目也清楚明了："适用于西班牙语学习者的同时其他读者也不会觉得无趣"。对话在一位贵妇和一位俊男之间展开，内容涉及早晨起床的场景、收债的场景、饭桌上聊天的场景以及去教堂礼拜的场景。对话的模式在当时的意大利和法国学生中间深受欢迎。

被引入其他欧洲语言的西班牙语词汇通常不会被认为是源于西班牙语，只需要列举几个很容易被辨认出来的在整个意大利（那不勒斯和卡拉布里亚这两个西班牙语地区除外）通用的词语就可以证明这一点：azienda（公司）、camarilla（奸党）、complimento（称赞）、disinvoltura（缓解）、flotta（舰队）、guerriglia（游击）、lindo（清洁）。法语中受到西班牙语影响的词语有algualzil（警官）、camarade（同志）、fanfaron（自吹自擂的人）、adjudan（军士）、guitare（吉他）、mantille（头巾）、caramel（焦糖）、disparate（不相称的）；融入英语的词语有booby（傻子）、cargo（货船）、desperado（亡命徒）、flotilla（小舰队）、mosquito（蚊子）、negro（黑人）、parade（阅兵）、cockroach（蟑螂）。另外，值得一提的是上述几种语言中很多源于西班牙语的词来自美洲的土著语言：意大利语中有caccao（可可）、cioccolata（巧克力）、patata（土豆）、tabacco（烟草）、vainiglia（香草）；法语中有cacao（可可）、chocolat（巧克力）、cigare（雪茄）、tabac（烟草）、tomete（西红柿）、vainille（香草）；英语中有cocoa（可可）、chocolate（巧克力）、potato（土豆）、tobacco（烟草）、tomato（西红柿）、vanilla（香草）。甚至在语句方面西班牙的影响也十分明显，例如一些句子在英语中的使用，其中一句是"去年的鸟巢中找不到今年的鸟"❶，这是《堂吉诃德》中出现的谚语中的最后一句。

不出所料，西班牙语和欧洲语言之间的影响并不是单方面的。当时人们所使用的语言之间相互影响，互相借用词句，互相适应彼此以便沟通。16、17世纪期间英语对西班牙语的影响并不是特别深远。诚然，有一些诸如"introvertido"（内向的）和"extravertido"（外向的）这样的词被直接从英语引入，但是大多数源于英语的词语则是通过法语传入西班牙语。例如franela（法兰绒）、carpeta（文件夹）、galerna（狂风）、francmasón（共济会成员）、antílope（羚羊）。法语对西班牙语的影响则

---

❶ 比喻时过境迁。这句谚语的英语表达和西语表达分别如下："there are no birds in last year nests"，"en los nidos de antaño, no hay pájaros hogaño"。

和英语不同。在西班牙的黄金世纪期间，法语的影响力表现在不同领域的词汇方面：例如，军事领域的词语有arcabuz（火枪）、trinchera（战壕）、tropa（军队）、bagaje（辎重）。航海领域的词语有babor（船的左舷）、estribor（船的右舷）、carlinga（桅座）、obenque（侧支索）。当然还有日常生活方面的词语，包括：居家生活，billete（票）、bufete（写字台）、taburete（凳子）、servilleta（餐巾纸）、dintel（门的过梁）、crema（奶油）、paquete（包裹）；服饰，chapeo（帽子）、pantufla（平底拖鞋）；以及食物，fresa（草莓）、clarete（淡色葡萄酒）。正如上文提到的，从意大利语借鉴的词语反映了两国之间的关系由来已久且交往密切。西班牙语词汇中吸收的意大利语词汇包括文化领域、军事领域、贸易领域、日常生活和其他领域。艺术领域吸收的意大利语单词有balcón（阳台）、diseño（设计）、estuco（灰浆）、fachada（建筑物或船只的面，侧）、festón（花环）、pedestal（柱子，塑像等的墩座）、pilastra（壁柱）。军事领域的单词有caporal（头领）、carromato（带篷大马车）、casamata（碉堡）、centinela（岗哨）、escolta（卫队）、explanada（开阔地）、parapeto（掩体）、terraplén（土台）。

在罗马语族的众多语言中，葡萄牙语和西班牙语之间不仅仅是相邻的关系，更因为双语使用者比较多的原因，表现出兄弟般的关系，无论是从具体的地理位置的角度，还是从更为抽象的文化角度都是如此。葡萄牙文化领域的主要人物在两种语言和这两种语言的书籍之间自由地切换。葡萄牙人希尔·维森特和豪尔赫·德·蒙特马约尔就是其中的典范，还有路易斯·瓦斯·德·卡蒙伊斯等人，他们用西班牙语写作。毫无疑问，西班牙和葡萄牙有着相同的文化背景，这为葡萄牙语和西班牙语之间的相互融合提供了便利条件。另外，葡萄牙人曾经认为他们的领土是和卡斯蒂利亚人、阿拉贡人及其他民族共同生活的"西班牙"（从整个半岛范围来看的西班牙）的一部分。

最后，值得一提的是西班牙和佛兰德斯之间关系的独特之处。这里的佛兰德斯指的是隶属于西班牙的低地地区，包括卢森堡在内共有17个省。这些地区和西班牙之间密切的关系主要体现在文化方面，例如1646年在安特卫普出版的匿名流浪汉小说《小艾斯特万·冈萨雷斯的生活和事迹》，书中的故事有一部分就发生在佛兰德斯。当天主教双王的女儿胡安娜嫁给美男子费利佩的时候，西班牙和佛兰德斯的联系达到了最高的政治高度。费利佩是佛兰德斯和勃艮第的所有者，同时还是马克西米连大帝的继承者。这份遗产后来又延续到卡洛斯一世手上，尽管他从很年轻的时候就住在西班牙，但仍然表现出对勃艮第的风俗习惯的喜欢。同时，佛兰德斯也对西班牙颇感兴趣，表现为16世纪期间在这里出版了两部西班牙语语法书。

1566年，由阿尔瓦公爵率领的军队在荷兰的出现改变了佛兰德斯军队面貌，其中包括可以预见的语言上的变化。公爵的部队里不光有西班牙人，还有除了瓦龙人和荷兰人以外的五国的士兵的加入：德国、勃艮第、英国、爱尔兰、意大利。每一个以国家为单位的分支都由负责协调各方行动的士官来统领，西班牙语是这些士官的通用语言，同时也是当地官方和西班牙官方处理事务时使用的语言。1570年，在给阿尔瓦公爵的一封信中，人文学家贝尼托·阿里亚斯·蒙塔诺说道：

> 佛兰德斯的很多人之所以会西班牙语，是因为他们知道无论在公共事务上还是交易上西班牙语都是必需的，正是这一点使得他们对西班牙语的重视程度比国王、王子和官员对西班牙语的重视程度高。

另外，佛兰德斯独特的多语现象出现在一片将法语和荷兰语以及这两种语言的变体作为通用语的土地上，因此，西班牙语吸纳了诸多从上述两种语言中借用而来的词。有一些词语就来自荷兰语，菲格罗亚兄弟写的一部喜剧中的一个片段就能说明这一点：

> 在佛兰德斯再没有，
> 学习祖国语言的地方了
> 战争限定了
> 语言的适用范围；
> 用pillaje来代替hurtar（扒窃），
> 用contradique来代替prensa（报纸），
> 用butuco来代替manteca（奶油），
> 用casamuro来代替almena（堞），
> 还有一些地名，Mastrique、
> Bulburque、Brujas、Dunquerque、
> Lovaina、Ostende、Malinas；
> 用colina来代替montañas（山）；
> 用onaberque来代替tapias（土坯）。
>
> ——迭戈和何塞·德·菲格罗亚·伊·科尔多瓦
> 《向一段时光说谎并靠近它》，1650年

但是，大部分从佛兰德斯吸收而来的军事词语均来自法语，它们中有很多直到今天还在使用：calibre（枪、炮的口径）、carabina（卡宾枪）、circunvalación（环城工事）、convoy（护送队）、patrulla（巡逻队）、

petardo（做军事用语是指炸药包）、recluta（招募）、víveres（口粮）。

最后，由于阿姆斯特丹的西班牙—葡萄牙犹太人群体数量庞大，所以葡萄牙人创建的犹太教堂将西班牙语作为宗教语言。西班牙—葡萄牙犹太人办文学学习班，组织话剧表演，进行翻译并用西班牙语进行文学创作；同时，16世纪到18世纪期间，用西班牙语写的作品被大量印刷出版，西班牙语因此变成了"第二个神圣的语言"。结合上述所有因素，很难想象还有什么比欧洲大陆上各个语言之间形成的关系更为密切和丰富的关系了。

大人物、普通人和小人物

安布罗西奥·德·萨拉萨尔

1572年，安布罗西奥·德·萨拉萨尔出生于穆尔西亚（西班牙），他是16、17世纪最具代表性的西班牙语教师之一，是西班牙在欧洲的优秀代言人。青年时期，萨拉萨尔渴望从军，并参加了西班牙在欧洲发动的半宗教半政治战争。就这样，命运之神将他带到了法国，内心对知识的渴望使他不仅在那里学会了法语，还掌握了高卢文化的精髓。当年轻时的热情退却之后，萨拉萨尔决定留在法国当一名西班牙语老师。就这样，他在上诺曼底大区的首府鲁昂定居了下来。

然而，萨拉萨尔不仅仅是一名教师，他还是一位学者、作家以及语法学家。他发表了众多文章并出版了许多书，其中最出色的是1614年出版于鲁昂的《对话中的语法概览》，这是一本针对西班牙语学习的双语著作，书中包含了许多故事并分为7个部分，以便学生每周7天进行语言学习。总标题之后的副标题将这本书的用途解释得清楚明了："通过一些诙谐有趣的故事达到完美地掌握卡斯蒂利亚语的目的"。因为这部作品,加上他作为老师的名望,萨拉萨尔当上了法国国王恩里克四世和路易十三的口译官,同时还是奥地利女王安娜的秘书官。这对在当时因战争穷困潦倒,不得不在学校里教西班牙语的萨拉萨尔来说,是从没想到过的机遇。

从1615年开始,萨拉萨尔的宫廷生涯为他带来了工作和财富。同时法西两国关系的缓和增加了法国对西班牙语的需求,因此,萨拉萨尔的工作量也随之增加,他这样说道:"之后巴黎会有三分之一的大臣会讲西班牙语,他们中的大部分是没有到过西班牙的。"这位杰出的穆尔西亚人的成功使他结识了许多当地的语法学家,其中包括著名的塞萨尔·乌丹,他们都觉得自己没有得到充分的认可和赏识。萨拉萨尔在教学方面的主要贡献在于会话实践和其他交流技能的锻炼。他一生中的30年都致力于西班牙语教学,在此期间,他在鲁昂、巴黎和布鲁塞尔等城市出版了众多关于语法、故事以及翻译方面的书。安布罗西奥·德·萨拉萨尔是黄金时期的一名知识分子,是许多背井离乡寻求生计并最终通过教授母语来谋生的外籍教师的绝佳代表。

玛丽亚·多·塞奥

17、18世纪之交,玛丽亚·多·塞奥是为数不多的、能将自己的名字列入西班牙语最重要的作家名单中的女性之一。她和她的姐姐伊莎贝尔都接受过人文主义教育,且都是诗人和戏剧家。引人注目的是,身为葡萄牙人,玛丽亚却因西语诗歌显耀文坛。更加与众不同的是,她一生都在同一个修道院即里斯本方济会希望圣母修道院里当修女。

玛丽亚·多·塞奥18岁起就在修道院做修女,并在这里度过了她的宗教和创作生涯。这是漫长的一生,因为索尔·玛丽亚活了近100岁。在修道院里，她做过见习修女、修女、老师、牧师、会计和院长，但最重要的是，在这里她成了一名能用葡萄牙语和西班牙语创作诗歌和散文的女作家。这两种语言不断为她提供文学养料，并且她在这两种语言的文坛中都闯出了一番天地，她的盛名翻过修道院的围墙和葡萄牙的国界，传到了西班牙和欧洲的其他地方。她的作品引起了巨大的轰动，为了防止已经获得的声望妨碍自己的修道生涯，她一部分作品用了笔名玛丽亚·克雷门西亚来署名。

据记载，署名为玛丽亚·多·塞奥的西班牙语作品包括一部田园小说、三部戏剧以及八篇警示寓言故事。此外，1748年，在马德里出版了一本《修女玛丽亚·多·塞奥作品精选集》。尽管我们可以肯定这本书是用卡斯蒂利亚语写的，书中出现了一些葡萄牙词语和一些"在里斯本没人会谴责，但在西班牙被认为是与潮流不符"的错误用法，但这部作品仍有一位"译者"。这充分证实了玛丽亚·多·塞奥真实的西班牙语水平以及葡萄牙对文学，尤其是对西班牙语戏剧的重视程度。总之，一位女性被视为17世纪西班牙文学的杰出作家的事实本身就是一种特例，但更为特别的是，作为一个从没离开过故土的葡萄牙人，玛丽亚·多·塞奥竟然能非常熟练地使用西班牙语。

两个词语

勇敢的，英武的 *bizarro*

关于欧洲不同语言之间的词语借用现象，bizarro是一个非常有趣的例子，因为有时候很难确定词语的起源。Bizarro一词最早的源头已经无法探究清楚了。有人认为和一个巴斯克语中的词根bizarr（下巴；络腮胡）有关，但是科罗米纳斯和帕斯夸尔更支持该词可能来源于一个创造性表达的说法。事实上，该词最早的记载是意大利语中的"bizarro"，在意大利语中，自13世纪起这个词的意思一直是"易怒的；暴躁的"。但丁·阿利基耶里就曾用"spiritu bizarre"这个词组来表示因生气和自大而产生的无用的愤怒。以这个词义为基础，该词又衍生出了"热烈的；精力充沛的"以及"活泼的；敏锐的"两个词义，又由这两个词义衍生了"精美的；洁净的"的词义，最后又因此衍生了"奇怪的，神奇的，任性的，反常的"这些词义。虽然这个词词义的演变链有些长，但这对于一门拥有百年历史的语言来说并不稀奇。

就西班牙语的历史而言，了解这个词何时、从何地被引入西班牙语，是件非常有趣的事。现存最早的文献记载非常具有代表性：它来自1528年弗朗西斯科·德尔加多的作品《精力充沛的安达卢西亚女人的肖像》，这部作品与意大利颇有渊源。西班牙作家采用了这个意大利语词，有时候用作"热烈的、勇敢的、无畏的、殷勤的"的含义，也会用作"干净的、精美的、耀眼的"的含义。诗人巴尔塔萨·德·阿尔卡萨尔在1550年写道："请赋予我勇敢炽热的灵魂吧"。洛佩·德·维加在1598年写下："他那勇敢的气概、坚毅的眼神和温柔的脸庞"。然而，1600年，路易斯·贝尔蒙特则写道："干净的长袍"。这一意大利语词1533年出现在法语中，即法语bizarre一词，意为"奇异的、神奇的"，后来该词才有了"勇敢的"这一词义，我们可以从当时的双语词典中推测得知，这是受到了西班牙语中"bizarro"的词义的影响。

但法语中较早的词义"奇异的、神奇的、奇特的"，似乎不曾在西班牙语中使用过。当然，弗兰乔西尼的于1620年汇总的"意大利语—西班牙语双语词汇表没有将这个词义收录进去"，18世纪的《权威辞典》也同样没有。西语中的"bizarre"一词可能是在波旁王朝初期受到法国影响的人们将其作为法语词口口相传留下的，然而事实上，这个词在西班牙语中作为"离奇的"的含义被大量使用则是从20世纪开始的，这是因为受到了英语的影响。17世纪中期，英语从法语中吸收了这个词，因此英语中的"bizarre"按法语发音方式发音。西班牙语中，根据皇家语言学院的《美洲词汇词典》的解释，"bizarre"一词在波多黎各、智利和阿根廷意指"奇怪的、罕见的、不寻常的事物"。这就是同一个单词的形式和意义在不同语言和不同民族的人民之间的演变过程。

橱窗 *escaparate*

在escaparate众多最为古老的书面记载中，有一个出自1605年出版的小说《女流浪汉胡斯蒂娜》，作者是弗朗西斯科·洛佩斯·德·乌韦达。这个词首次出现时的意思是"用来存放精美物品的带玻璃门的柜子"，在塞万提斯的作品中，escaparate也是同样的意思。然而到了1725年，这个词就已经衍生出了其他隐喻义，比如作家迭戈·德·托雷斯·比利亚罗埃尔曾用escaparate写道："我要在我大脑的橱窗里售卖我的梦想"。因为被广泛使用，该词于1732年被收录进《权威辞典》，词典中十分明确地写着："该词来源于条顿语（德语）。"

科罗米纳斯和帕斯夸尔提出 escaparate 的词源是古荷兰语中的"schaprade"，意为"柜子，特别指厨房里的柜子"，由"schapp"（架子，柜子）和"reeden"（准备）组合而成。Schaprade一词传入西班牙语得益于16、17世纪期间和佛兰德斯之间的往来，这个词既用来指有上述特征的柜子，也用来指装在船舰上的柜子。不管怎样，尽管在时间上稍晚了些，这个西语词又被传到了美洲，在古巴、多米尼加共和国、哥伦比亚和委内瑞拉用来指"存放衣物和其他个人用品的柜子"。在这些国家，该词的用法没再发生什么变化，然而在古巴，escaparate还曾用来指"非常高大健壮的人"。

　　基于它"带有玻璃门的衣柜"的含义，escaparate的词义得到了新的扩展，用来指"商店外面的、用玻璃封闭的、向公众展示商品的区域"。这也是如今这个词在西班牙最常见的用法。由于这个用法太过"西班牙"，美洲的西语母语者会觉得这个词听上去有些奇怪，因为他们更习惯用aparador（墨西哥）、mostrador（加勒比地区）、vidriera（古巴、波多黎各、中美洲、哥伦比亚、委内瑞拉）或者vitrina，即vidriera最常见的变体。Escaparate的另外两个词义"显眼的外表"和"让一些特点更加突出的地方"，也经常在西班牙使用。这样的词不仅显示了西班牙同其他欧洲国家之间密切的联系，也体现了多数情况下，每个西语国家的语言都有自己的方式去遵循各自的历史发展轨迹。

第五节
启蒙运动时期的语言

政治、文学和文化将西班牙语的认可度提高到了前所未有的高度。17世纪期间，西班牙语的国际声望达到顶点。西班牙语成为西班牙境内通用语的代名词之后，这种声望进一步提高了它在伊比利亚半岛的地位。毫无疑问，使用西班牙语的地区之多、分布之广对于西班牙语来说是一个有利因素，但是从根本上来讲，对它的认可还是来自卡斯蒂利亚人和构成统一的西班牙的其他民族以及葡萄牙。从很多文人撰写的赞颂西班牙语的文章中便可见一斑。我们选取了纪事文学作家拉斐尔·马丁·德·维西亚那所写的一段文字：

> 我曾经反复思考卡斯蒂利亚语比起其他语言的优秀程度，它太普及了，无论在哪里都有人讲卡斯蒂利亚语，人们都听得懂；它是一门有趣的语言，发音独特且融合了很多语言……有很多大型的人口众多的城市，那里的人们说着完美的卡斯蒂利亚语，高贵优雅又风趣幽默，全世界所有的王国和省份都对它高度赞赏，因为它简单明了，通俗易懂。
>
> ——拉斐尔·马丁·德·维西亚那，《对希伯来语、希腊语、拉丁语、卡斯蒂利亚语和瓦伦西亚语的赞美之书》，瓦伦西亚，1564年

这里还有另一段引自17世纪的文章,也足以说明问题:

> 我们的西班牙语已经有了鲜明的风格特点和无与伦比的价值,其他民族都无法企及。文字的力量犹如武器一般。我们的西班牙曾经经历过语言上的荒蛮时代,现在可以如此幸运地超越希腊人和罗马人最为繁盛的文化。
>
> ——弗拉伊·赫罗尼莫·德·圣何塞,
>
> 《历史的特点》,萨拉戈萨,1651年

这两段节选反映了一个普遍的态度:对自己的语言竭尽溢美之词。事实上,并不是只有西班牙人会称赞自己的语言,其他国家的人也会这么做,例如彼得罗·本博写的出版于1525年的《通俗语言散文》和若阿金·杜·贝莱在1549年写的《对法语的辩护和说明》都说明了这一点。卡斯蒂利亚语在西班牙的重要性不断地突显出来,将它和古典语言或者意大利语进行对比的行为就说明它被认为是文化语言。汉斯–马丁·高杰认为,在西班牙人看来,17世纪西班牙语的地位在法语和意大利语之上。

然而,如此高的声誉和褒奖很难长时间保持,要将16、17世纪期间杰出的作家们创造出的西班牙语文学盛况延续下去则更为不易。实际上,巴洛克风格因为它自身的特点,正在慢慢进入一个衰落的过程,也正在走向一个注重不必要的繁复形式却缺乏内容的阶段。这一现象在18世纪引发了大量的批判,伊斯拉神父用讽刺的口吻很好地描述了这些批判,通过他书中的著名人物弗拉伊·赫伦迪奥说出了下面一番话:

> ……在这项专业的造词事业中,您追求用词的新颖独特,并

对拉丁语词汇进行刻意雕琢，这点没人学得来；不过我还是记下了一些词语，好时不时地拿来用用，可以确定的是，只要我用那种方式说话，就会有人不停地来找我去教友会布道。我要做的就只是把大海说成salsuginiso elemento，把亚伦的杖说成aaronítica vara，把得到原罪说成traducir el forme del pecado，把创造亚当的法令说成Adán futurizado，把创造亚当的行为说成adamítico fundamento，把创造所有生灵说成universal opificio，把盲目的天性说成cecuciente natulareza，把炙热的欲望说成ígnitas alas del deseo。

——何塞·弗朗西斯科·德·伊斯拉，

《弗拉伊·赫伦迪奥·德·坎帕萨斯》，1758年，第三章

最终，巴洛克风格的文学、书面语言或朗诵语言开始远离大众，从而失去了对人们的日常用语的影响力。在文学层面，逐渐出现了一种简化风格，那就是新古典主义风格，它提倡追求拉丁和罗马的模式，重新以亚里士多德和理性主义为参考。伊格那西奥·卢桑通过他的作品《诗学》将其引入西班牙。巴洛克风格的特点是创作形式上过度自由，内容上过度虚幻，这使得人们希望进行冷静的反思，同时也激发了人们对它的批判，此外，人们追求真实的内容和直接的描写。另外，科技领域的不足也渐渐显露出来，而法国和英国从17世纪就已经开始深入发展科学技术。这种不足也表现在科技语言方面，那个时候西班牙语不具备必要的词汇和语言来表达科技方面的内容。所有这些促使人们开始逐渐将目光转向启蒙运动时期的法国。在西班牙也发生了一件推动这一转变的历史事件，它对西班牙的整个文化世界起到了决定性的作用：从1700年起，法国人费利佩·德·安

茹，即费利佩五世[1]和波旁王朝的到来。

在经历了王位继承战争和签订了一系列诸如《乌德勒支合约》的欧洲条约之后，波旁王朝在西班牙的统治得以稳固。上述条约的直接后果就是在政治、行政和军事方面，在荷兰、米兰公国、那不勒斯和撒丁岛这些地区，随着西班牙语威望的降低，它的统治地位被取代。作为西班牙的国王，费利佩五世一经被承认，便开始了一系列波旁王朝的改革。改革措施在1700至1807年间逐渐开展，费利佩五世和他的儿子卡洛斯三世是主要的改革推动者。总的来说，就是按照法国的方式建立君主制：实行集中且开明的制度。政治制度实行绝对的专制，思想领域实行开明的专制。费利佩五世的大臣何塞·坎皮略丝毫不加掩饰地表示，在君主制度下不需要所有的人都发表看法，也不需要所有人都才智超群，"因为需要实行统治的是少数人，他们才是需要至高荣耀的人"。如果从语言角度来理解这句话，就说明政府推崇的是一个只有少数人有文化且受过教育，而大多数普通人无法受到有益的、特定的训练的社会，所以，每个地区都有与之对应的通俗语言。另外，这些地区的不同语言又将贵族群体的用法作为参照依据，这些贵族并没有因为王朝的更迭丧失他们原有的地位，而大批的不识字的农村人口的生活也有赖于贵族群体。

具有重大意义的改革发生在行政、司法、经济和军事领域。因此，西班牙和美洲殖民地的日常生活明显受到了影响，甚至在不同时期爆发了抗议和暴乱，例如玻利维亚科恰班巴和秘鲁图帕克·阿马鲁的印第安人的反抗。然而，我们感兴趣的是那些能够以直观的方式影响到语言和语言使用者的生活改革。这些改革可以用米盖尔·安东尼奥·德·甘达拉的一句话来概括，

---

[1] 译者注：即安茹公爵腓力。

这句话出自他奉卡洛斯三世之命写的一部书。这句话这样写道：

>一位国王要实现统一就必须完成以下六个方面的统一：货币、法律、重量单位、长度单位、语言和宗教。
>
>——米盖尔·安东尼奥·德·甘达拉，
>《关于西班牙优缺点的笔记》，1762年

在上述这段简明扼要的话语中，虽然明确地提到了语言，但其他的几个因素也影响着西班牙语的社会角色。之所以这样是因为，货币、重量单位和长度单位的统一会扩大市场并方便不同地区的人们之间更加频繁地交往，由此便促进了语言要素的交流和语言在各方面的统一。至于法律，改革要求将西班牙语作为司法和高等教育的语言，这就彻底摒弃了将拉丁语作为教育语言的传统。另外，还按照启蒙运动的准则来选定教育的内容，这就要求引进诸如数学和生物这些学科的教材，并融入那个时代从法语译为西班牙语的启蒙思想。

在完成以上有关统一的改革的同时，18世纪期间西班牙还实施了其他的现代化举措，例如：取消过路费（通行费、过桥费、船运费）和国内海关（陆路港口）；拓展了一千公里以上的道路交通网络，路网依照以马德里为起点的放射状形式分布；修建大量桥梁和运河。所有这些举措都有利于人口的流动和语言的统一；军事生活也起到了相同的作用，因为数以万计的新兵会加入军队中，他们中有的通过征兵方式入伍（罪犯、流浪汉和失业者），有的按照五里抽一制度（每个辖区五分之一的人应该服兵役）参军。

总的来说，18世纪期间人口数量得到了显著增长，从1700年的800万

到1797年的1150万,其中农村人口占大多数。然而,需要指出的是,城市开始扮演着越来越重要的角色,那里生活着小资产阶级和中产阶级人群,这对西班牙语在西班牙各地区的普及起到了决定性的作用。18世纪,西班牙语已经在城市中有了稳固的根基,如瓦伦西亚、圣地亚哥·德孔波斯特拉、毕尔巴鄂和巴塞罗那。城市中聚集着贵族阶级、资产阶级、教士群体和大学教师群体。这些群体中,资产阶级的地位得到了进一步的巩固,教士群体的势力则被削弱,教士的数量在18世纪后半叶减少到了原有数量的一半以下,形成这种现象的原因有以下几点:一是启蒙思想的世俗化;二是人们更加注重世俗生活而非宗教生活;三是皇室的权力开始大于教会,教会各个方面(圣职、教学、宗教秩序)的影响力都有所下降。城市也是学校和文人志士聚集的地方,虽然18世纪末期普遍的受教育比例只有23%,且男女之间的受教育数量严重失衡:分别是46%的男孩和10%的女孩。

城市人口的组成反映出谁是引领语言发展的主力以及他们的数量。1787年的人口普查提供了一个有关西班牙的主要城市群体的有趣的数据,从中可以推断出识字的城市人口大约占总人口的35%,虽然是很低的比例,但也远远大于农村地区的识字人口比例。

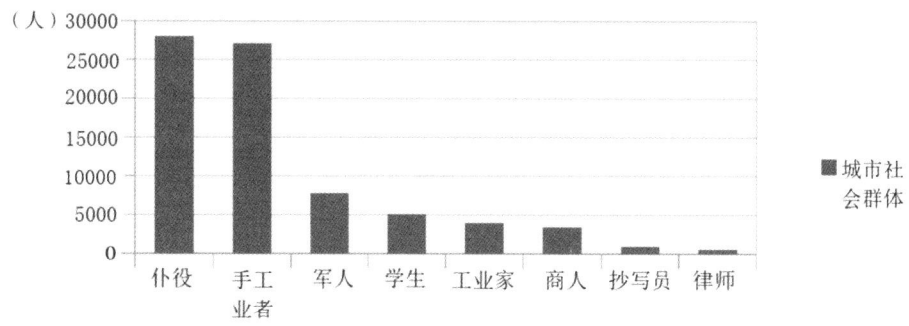

城市社会群体(图片来源:佛罗里达布兰卡人口普查,1787年)

18世纪城市的特点还包括医疗条件和安全程度的明显改善,从而促进了人口数量的增长，人们之间相处也更加和谐。在波旁王朝的推动下，修建了新的城市基础设施（下水道系统、照明系统、喷泉），制定了市民的行为准则和着装规范，这些要求并不总是被人们所接受：确实，禁止披长斗篷、戴宽檐帽的规定就成了一些骚乱的"借口"，例如埃斯基拉切骚乱，其目的是反对卡洛斯三世的大臣埃斯基拉切。另外，也正是从18世纪开始，马德里和巴塞罗那出现在政治、经济和贸易领域的竞争局势。那个时候，两个城市的人口都达到了十万以上。

波旁王朝的改革和制度也抵达了美洲并影响了那里的西班牙语。1750年，西班牙和葡萄牙的领土边界被最终划定，无论是在美洲还是在太平洋地区，西班牙语和葡萄牙语的统治范围也被确定下来。总的来说，波旁王朝改革政策的目的之一是更加有效地开发殖民地的资源以充足国库；另一个目的是保护西班牙的财富免受法国、英国和荷兰的抢夺，特别是在加勒比地区，这三个国家对西班牙的殖民势力威胁巨大。另外，波旁王朝允许法国对殖民地施以影响，表现在思想、文学和政治方面。启蒙运动意味着拉丁美洲拥有权力的群体，也就是那些土生白人的精英可以获得更好的教育，他们有机会接触到新古典主义和革命思想。就这样，一些受到启蒙思想影响的文学领地（基多、加拉加斯、波哥大）被一点点开辟出来，也摆脱了宗主国的文化垄断。

在当时的拉美社会，尽管只讲单一的西班牙语的土生白人是主要的统治阶层，土著群体仍然占据着很大的人口比例，这就要求土著居民在当时复杂的社会和语言环境下使用双语。或许是这个原因，在波旁王朝具有代表性的统一化思想的指引下，卡洛斯三世决定立法来确立西班牙语在教育领域的地位。直到1770年，西班牙语美洲才开始强制要求必须开设教授西班牙语的课程，这项举措是通过由墨西哥大主教弗朗西斯科·安东尼奥·洛伦萨那推行的一条敕令实施的，敕令的题目这样写道："为了消除不同语言之间的差异，要求各地将卡斯蒂利亚语作为唯一的通用语言"。然而，敕令发布不久后便兴起了独立运动，加之美洲巨大的地理跨度，敕令没有得到大规模的实施。

尽管王室下令对西班牙语进行全面合法化，但传教士们并不会完全摒弃他们所在地区的土著语言。最具有代表性的例子就是分布于阿根廷、巴拉圭和巴西三国的耶稣会传教区，主要语言是瓜拉尼语。在这些教区，重点的任务是教当地土著人群识字和写字，同时还会培训他们掌握不同的技能并了解科学知识。另外，还会在当地为小孩子创办小学，教他们西班牙语，教学过程中，瓜拉尼语的使用可以帮助孩子们更好地学习西班牙语。传教地区的老师会在自己的印刷厂里印刷他们用西班牙语和瓜拉尼语编写的书本，主要用于教授语法、词汇和教义。1767年，西班牙效仿葡萄牙和法国的做法颁布了在所有讲西班牙语的地区驱逐耶稣会教徒的诏书，从那以后，耶稣会传教区开始渐渐消失。

另一个关于宗教语言政策的代表性例证是美国领土上的加利福尼亚的方济各会教区，它们也参与了西班牙的殖民进程。在传教士们的推动下，建立了来自不同种族、讲不同语言的土著人的社区。他们用西班牙语教人们学习西班牙语，同时还传授其他的知识，但是在教学过程中也同样会用到土著语言。人数最多的教区居民数量可以达到2000人，居民们在那里学习农业、畜牧业和手艺以实现自给自足，虽然土著印第安人的学习效果并非总是令人满意。在众多教区中，第一个建立的是圣迭戈·德·阿尔卡拉教区（1769年），随后又沿海岸线向北建了另外20个教区，一直抵达圣弗朗西斯科。

总之，18世纪的西班牙社会开始在集权和统一的主导思想下接受新的教育模式和社会生活秩序。由此，无论是在殖民地还是在西班牙本土，各个民族之间的联结变得更为紧密，这种联结在通用的长度单位、通用货币、通用法律，特别是通用语言这些方面都有所体现。这种名为西班牙语或是卡斯蒂利亚语的语言获得了法律的保护，并得到了各项体制的支持，而这些体制的建立依据便是当时在政治和经济方面推行的专制制度。

大人物、普通人和小人物

欧亨尼奥·埃斯佩霍

谁也没想到，一个名叫丘西戈的印第安人与一个名叫阿尔达斯的被解放的黑白混血女奴隶的儿子会成为美洲安第斯山区的启蒙运动中最杰出的代表之一。他就是欧亨尼奥·埃斯佩霍，他的父亲随后也采用了和他一样的西班牙姓氏。1747年，埃斯佩霍出生于厄瓜多尔的基多。他15岁时就获得了圣格雷戈里奥耶稣学校的学士学位，刚满20岁就获得了圣马科斯大学的医学博士学位，并以不到25岁的年纪获得了民法和教会法的学位。因此，埃斯佩霍集律师、医生和科学家三重身份于一身，并在新闻、哲学和政治领域颇有建树。他是美洲启蒙运动的代表人物和厄瓜多尔独立运动的有力推动者。

通过阅读和翻译，埃斯佩霍的西班牙语受到众多作者的思想及风格的影响。他是法国数学家布莱士·帕斯卡的忠实读者，同时还阅读詹森主义神学家的作品和其他哲学大家（如孟德斯鸠、伏尔泰和卢梭）的著作。当然他也读过不少当时西班牙作家的作品，尤其是费霍的《总体批判战场》。而他本人的作品中，最为杰出的是《基多的新卢西亚诺或基多智者们的唤醒者》（1779年），书中表达了他对基多文化状况的看法，并分析了当时教育方法的应用。在他的众多功绩当中，值得一提的还有他在18世纪时的一个提议：建立基多的"友好人士爱国协会"，也被称为"康科迪亚协会"。

欧亨尼奥·埃斯佩霍之所以成为西班牙语史上的代表性人物，并不是因为他本人是一位杰出的作家，而是因为他是"有文化的混血人种"这一概念的完美象征。在波旁王朝的推动下，借助针对远离总督领地首府的地区实施的商业开放政策，启蒙运动得以到达西班牙语美洲。这使得那些受过教育的西语人士，无论是克里奥尔人还是梅斯蒂索人，都有机会接触到法国和西班牙的启蒙思潮。通过这种方式，新时期的术语、话语和概念得以融入所有美洲城市的西班牙语中。

玛丽亚·何塞法·阿方萨·皮门特尔

18世纪期间，诞生了一种新型的社交活动，仅限在当时富有的社会群体中展开。活动中，来自不同文化领域的人们相聚在一起交换信息和观点，还会针对当时启蒙社会中日益兴起的各种新颖话题展开辩论和探讨。这种聚会通常会在适合的地方进行，一般会选取一些可以用来交谈、进行学术交流以及闲聊的休闲式的大厅。这种活动产生于17世纪的法国，当时的朗布依埃侯爵夫人为了举办社交聚会，对自己的新家进行了精心设计，由此便产生了"沙龙"的概念并发起了"女才子"运动。原则上，这种聚会由女性来组织，其中多数为贵族，她们反对肉体之爱，追求精神愉悦。事实上，沙龙也吸引了众多杰出的启蒙运动知识分子，还有那个时代最有才华、最具天分、最有影响力的政治家、作家、科学家、老师、哲学家、音乐学家以及艺术家。

在西班牙，由玛丽亚·何塞法·阿方萨·皮门特尔组织的沙龙最为著名，她是贝纳文特公爵夫人和奥苏纳伯爵夫人。玛丽亚被认为是西班牙18世纪最为重要的女性，因为在她身上，我们既可以看到优秀的文化品质、智慧、对科学的好奇心和对语言的运用，又可以看到高贵迷人的个人魅力和待人的真挚。她有着强烈的求知欲和好奇心，在83岁高龄还想方设法买到了一个望远镜。尽管当时的经济形势由盛转衰，玛丽亚依然会在马德里开设一个可以举办音乐会的沙龙。所有这些都是极少数人才能享受到的特权，但是贵族身份却意味着一个可以让一位女性在修道院禅房之外获得一席之地的机会。

出席贝纳文特公爵夫人沙龙的均是西班牙启蒙运动时期非常重要的人物，如作家拉蒙·德拉·科鲁斯、莱安德罗·费尔南德斯·德·莫拉廷以及一些优秀的外国人士，比如德国自然科学家亚历山大·冯·洪堡和美国作家华盛顿·欧文。

公爵夫人的家中有一个藏书丰富的图书馆，其中收藏着很多音乐类的书，她的家中建有庭院和小河，可以乘舟驶入。或许，这些社交活动对地位低下的人群所使用的语言没有产生太大的影响，因为他们中的大多数人或是在贵族所有的土地上劳作，或是在人口增长中的城市里经营小型的手工作坊和生意。然而，这种社交形式对于语言发展的其他机制的运作具有决定性作用，比如接受新鲜词、翻译从其他语言而来的概念、传播新的表达需求所催生的词语和语法或话语元素并将一些由法国引入的语言元素推而广之。

两个词语

假发 *peluca*

当我们仔细观察18世纪法国和西班牙著名人物的肖像时，其中的一个特点会格外引人注意：他们都戴着蓬松茂密的假发。那么西语中的peluca一词从何而来呢？它源于法语，更确切地说是来自perruque这个词。西语中首次出现"假发"一词时对应的是perruca（出现于1607年）。直到1721年，由于受到pelo（头发）一词的影响，才出现了peluca，并从1727年开始被更频繁地使用，据记载，那时用来表示假发的词有peluca和peluquín。而现在，问题的有趣之处在于法语单词perruque。

Perruque一词的词源并不明确，但存在一些主流的且较为合理的资料，或许可以来解答这一疑问。Perruque来源于古法语词perruquet，意指"鹦鹉"，它还是15世纪法国的司法官员的绰号。据科罗米纳斯和帕斯夸尔解释，这"幽默地暗示了官员们在法庭上喋喋不休地演讲，并将他们卷曲的假发或头发比作鹦鹉头顶的羽毛"。从用作官员绰号开始，perruque逐渐被用来指官员们极具代表性的假发，当然有时也指他们的真头发。于是，我们就得到了这样一个演变公式：

法语词perruquet（鹦鹉）→法语词perruque（假发）→西语词peluca

除了西班牙语，其他欧洲语言中的"假发"一词也同样借鉴了法语词perruque，如：加泰罗尼亚语的perruca；意大利语的parrucca；德语的

Perücke；英语的peruke或periwig，后来直接缩写成wig。现在，事情开始变得奇妙又有趣，因为，要解释古法语词perruquet（鹦鹉）的来源，我们需要把目光转向一个西班牙语词：periquito，即perico的指小词。而perico则是Pedro（佩德罗）或Pero（佩罗）的常用形式，于是，我们的演变公式就变成了：

西语词pedro→pero→perico→periquito→法语词perruquet

这样一来，我们的难题就在于如何解释古法语为什么会借助一个西语中的专有名词，即periquito来创造出意指"鹦鹉"的perruquet。在历史的浩瀚星河中，并不是第一次出现这种用人名来指动物的情况：如martín pescador（翠鸟）、santateresa（薄翅螳螂）、mariquita（七星瓢虫）、marica（喜鹊），Marica和Mariquita都是Maria这个名字的变体。此外，还有不少将动物名称用作人名的情况（如Paloma意为"鸽子"、León意为"狮子"、Delfín意为"海豚"）。直到17世纪，人们才开始用perico或periquito来命名鹦鹉。

鲁莽的人；挥霍无度的人 *botarate*

加那利群岛的语言在西班牙语历史上占据着一席之地。它作为连接半岛西语和美洲西语的纽带，在向大西洋两岸提供自己的语言特点的同时，还受到了两者的影响，并将其融合于自身。据文字记载，botarate一词于18世纪出现在半岛西语中，意为"愚蠢的、疯狂的"，确切地说是记录在皇家语言学院的《权威辞典》中。这表明该词在17世纪时就已经开始被使用。《卡斯蒂利亚语和西班牙语词源词典》指出，该词可能源于两个词的结合，一个是古卡斯蒂利亚语中的boto，意为"愚蠢、笨拙"，另一个是葡萄牙语词patarata，意为"谎话连篇的、爱慕虚荣的"。这两个词的结合产生了botarata和botarate两种变体，主要用于加勒比海和中美洲地区，意为"冲动的、不理智的人"。

加那利群岛的西班牙语也吸收了这个词，但是在这里，botarate的词义发生了变化，意为"挥霍的、浪费的、大手大脚的"。这种用法很可能是由于当时人们将其与botar（投掷）一词的"挥霍金钱"的词义相联系：botar是一个传入美洲的具有加那利西班牙语特点的航海词。因此，botarate被用来指"随意花钱的人"。1889年，这一词义首次被巴尔多梅罗·里沃多的《卡斯蒂利亚语新词汇》收录，此后，该词在文献和词典中大量出现。就这样，作为一个词语结合的产物，botarate在加那利群岛吸收了新的词义之后，化身成了一个半岛西班牙语词。

Botarate一词在加那利群岛被赋予了新的含义，此后便开启了一段全新的旅程，于18世纪传入美洲的西班牙语。在玻利维亚、智利、哥伦比亚、古巴、萨尔瓦多、危地马拉、洪都拉斯、墨西哥、尼加拉瓜、巴拿马、多米尼加共和国和委内瑞拉，意指"浪费的、挥霍无度的，乱花钱的"，尤其多用于乡村语言中。在这些国家，人们常将其与manisuelto互换使用。另外，据记载，botarate在美国也有使用人群，比如路易斯安那州的西班牙语里就包含这个词，1780年前后加那利群岛的居民将它带到了这里。总之，botarate一词作为半岛词语，以"傻瓜"的意思到达了加那利群岛，又以"浪费的、挥霍无度的"词义作为加那利词来到了美洲。该词的演变轨迹是证明加那利群岛在西班牙语历史中扮演的中间角色的绝佳案例。

第六节
科学与人文

在18、19世纪的欧洲，法语被认为是适用于高端用途的语言。法语是当时处于分裂状态的德国资产阶级使用的语言，德国最伟大的思想家莱布尼茨就用法语和拉丁语写作。法语也是俄国沙皇、贵族和权势阶层的语言，他们使用法语的熟练程度和母语相当。形成这一现象的原因有以下四点：法国的政治影响力；革新的思想，代表思想家有勒内·笛卡儿和让-雅克·卢梭；文化上的权威性，以编纂百科全书为代表；当然还有令人向往的法式生活和法国时尚。波旁王朝的统治不仅仅局限于法国，因此，法国的影响力也扩散到了西班牙，并不可避免地在西班牙语的发展进程上留下了印记。法语对西班牙语的冲击并不是毫无阻力的，但它的影响力依然深入到了最为传统的领域。

法语词汇对日常用语的影响非常明显，包括服饰、饮食、家庭社会生活和文化。法语对作家例如托马斯·德·伊利亚特、何塞·卡达尔索、弗朗西斯科·尼波等的写作也产生了巨大的影响。在一篇1764年发表于马德里的题为《保护西班牙免受法国思想家及其追随者影响》的文章中，尼波指出，当时正在涌入一股风潮：

> 出现了一些混合着奇怪词语的表达，例如"buen tono"（高

雅的品位）、"buena compañía"（好的搭配）、"rizado en ala de pichón"（雏鸽翅膀形状的卷发）、"peluquín escarchado"（一种男式假发）、"color de pompadour"（蓬巴杜式的颜色）、"sopa a la reina"（女王汤）、"ragut"（法式蔬菜炖肉）、"cabriolet"（敞篷车）、"desobligante"（轻蔑）以及那些赶时髦的人使用的所有稀奇古怪、晦涩难懂的词。

——弗朗西斯科·尼波，
《保护西班牙免受法国思想家及其追随者影响》，1764年

尽管这些来自法国的词语中有一些在今天的西班牙语中听起来很正常，但它们对18世纪的西班牙读者形成了很大的冲击。这样的情况也发生在伊利亚特身上，他在一部题为《文学家在四旬斋》的作品中写道：

我所听到的训诫词和喜剧（或悲剧）台词都过于法语化；我想用一种近似于卡斯蒂利亚语的语言来写作；但是人们会用到一些词语，例如……这样的例子太多了我不知道该从何说起……用detalle（细节）而不用pormenor……用rango（阶级；等级）来代替clase、esfera、jerarquía、condición、calidad、estados，用el fondo del corazón（内心深处）而不用íntimo del corazón，用celo *por* el bien público（对公益的热情）和amor *por* la patria（对祖国的热爱）来分别代替 celo *del* bien público和amor *a* la patria。

——托马斯·德·伊利亚特，《文学家在四旬斋》，1773年

不断引发"惊喜"（sorpresa，本身就是一个法语词）的法式用法并不

仅仅体现在词汇方面，在语法方面也会有所表现："se pone *su* sombrero en *su* cabeza❶"（他把帽子戴在头上），"era allí que❷ solía descansar"（这里就是他时常休息的地方），"oyó una frase *tratando* del mismo tema❸"（他听到了一句话，讲的是同一个话题）。同样的，被引入西班牙语的还有称呼语"papá"（爸爸）和"mamá"（妈妈），传统的称呼语"padre"和"madre"以及常用的"papa"和"mama"开始被取代，然而关于这一称呼语的争议今天仍在继续。语音方面也随处可见对法语的模仿：参照法语中argent的发音，西语也开始把"钱"读作archant，参照jaquette，把"夹克"读作chaqué或saqué，参照pigeon，把"鸽子"读作pichón。如果一个人在说话的时候具有以上罗列的所有特点，他就会被冠以"公子哥"的代称，专门用来代指那些做作的、有些娘娘腔的，且因为家境优越而游手好闲的年轻人。除了娘娘腔以外，如果一个人还追随法国的流行时尚的话，就会被认为是亲法派，这种现象在小资产阶级和中产阶级中屡见不鲜。所有这些影响最终在拿破仑统治下的西班牙社会起到了重要的作用，并促进了社会改革的实施。

从某种程度上说，早期的中产阶级中出现的法国化风潮是一种现代化萌芽的象征，而更加深刻的社会变革恰恰是在中产阶级中发生的。在这种情况下，出现了一种崇尚本土和传统的运动，对源于乡村的事物更为推崇。本土主义就是这样诞生的。它主张一切都应该保持纯正和地道，在语言表达上也应如此，这一主张被贵族阶层广泛接受。然而，这场运动并不排斥来自法国的各方面的影响，正如加斯帕尔·梅尔乔·德·豪维亚诺斯

---

❶ 用物主形容词代替定冠词。在西班牙语语法中应该用定冠词。
❷ 用que代替donde。在西班牙语语法中，强调句若强调地点，应该用donde引导从句。
❸ 用副动词tratando代替了从句 que trata de ...。在西班牙语语法中常用形容词从句。

所说，他欣赏法国的理性主义，但他在私人信件中也会毫不犹豫地使用他的家乡奥地利的常用词语。大众化的本土主义既表现在讲话方式上，也表现在穿衣、舞蹈和用餐方面。另外，在每个地区也有其独特的表现方式，例如在马德里，本土主义的表现是一种名为majismo的穿衣方式，即平民男女身穿传统衣裙和马甲，头戴头巾；在安达卢西亚的表现名为flamenquismo，人们喜爱弗拉门戈式的装束，讲安达卢西亚方言，热爱斗牛和舞蹈。19世纪，安达卢西亚本土主义的影响力则转向文学领域，由此出现了大量的安达卢西亚式的词语和表达，还包括民歌和民谣。

18世纪的大众语言的另一个特点是具有民族特色和行业特色的语言表达的形成，以吉卜赛语为代表，主要集中在安达卢西亚地区。当时，仅住在塞维利亚城的吉卜赛人就有一万余人。和吉卜赛人的混居有助于吉卜赛语中的词汇和语句融入安达卢西亚方言中，如：canguelo（害怕）、chipén（极好的）、churumbel（小孩；婴儿）、gachó（男人）、menda（我）、parné（钱）、piño（牙齿）、pinrel（脚）。同时，吉卜赛语还和黑话、犯罪行为的行话关系密切，它们之间的词语也会互相融合。实际上，其中的一些黑话和行话传入了安达卢西亚地区的西班牙语，并通过安达卢西亚方言的普及最终进入大众语言。

胡安·伊达尔戈将罪犯们的行话收录在他的《黑话词典》（1779年）中。其中记录的词语有acorralar（包围）、birlar（一棍子或一枪打死，打倒）、cuatrero（偷牲畜的人）、greñas（纠缠不清的事）、fornido（健壮的）、piltra（床）、soba（棍击）、trena（监狱）。有一些词源于最古老的行话，如revesado现象，即改变单词的音节顺序或者发音以迷惑他人，如：chepo（pecho胸部）、lepar（pelar抢光某人的钱）、trigo（grito叫喊声）。美洲西班牙语行话的源头也可以在这部词典里找到：如墨西哥和中美洲的caló、玻利维亚的coba、智利的coa和拉普拉塔河流域的lunfardo[1]。除了这些行话，还有一些行业专用术语以方便不同行业的人进行内部交流，石匠、脚夫、编筐篮的人和砖瓦厂工人之间都有自己的专用语。对黑人语言和印第安人语言的模仿则是另一回事，在西班牙和美洲的传统戏剧中，通过模仿他们的语言来制造滑稽的效果。

我们正在见证总共仅有700个词的西班牙语如何通过各种各样的途径不断壮大并最终满足源于社会进步和自身社会特点的表达需要。西班牙语词的数量增长之快使得语言学家何塞·安东尼奥·帕斯夸尔认为，西班牙语词汇中的80%都源于18世纪。要理解这一说法就必须要研究与启蒙运动时期出现的事物相关的词语。这些词语的出现是为了满足当时对科学技术知识的表达需求。我们不要忘了，在18世纪，莱布尼茨推动了数学的巨大进步，拉普拉斯和拉瓦锡分别在物理和化学领域做出了巨大贡献。从科学领域引进的词语多达几十个，如：aerostática（空气静力学的）、barómetro（气压计）、electricidad（电）、inoculación（接种疫苗）、mecanismo（机械）、microscopio（显微镜）、papila（乳头状突起）、retina（视网膜）、telescopio（望远镜）、termómetro（温度计）；另外还有数十个来自哲学、社会学和政治学领域的词语，如：criterio（标准；观点）、fanatismo（狂热）、fenómeno（现象）、filantropía（博爱）、ilustrar（启蒙）、inmoralidad（不道德）、materialismo（唯物主义）、misantropía（厌世）、patriotismo（爱国主义）、público（公众）、tolerancia（宽容）。

根据启蒙运动的准则进行改革后的教育体系起到了传播和普及这些

---

[1] 这句话中的caló、coba、coa、lunfardo四个词的意思均为黑话、行话的意思。在不同的国家和地区叫法不同。

词语的作用。然而，无论是在正式教育中，还是在新开设的博物馆、植物园以及科学考察中，科学技术领域的新语言都开始成为通用语。值得一提的是，以亚历杭德罗·马拉斯皮纳和塞莱斯蒂诺·穆蒂斯的科考队为代表的科学考察对人们认识世界做出了卓越的贡献。科学技术领域的新语言也推动军事学校和职业学校开设了专业课程。也正是这种新语言将新出现的"全国经济之友协会"联系在一起。西班牙和美洲各省都创办了这种协会，在那里会举办一些思想家、宗教界人士和科学家们的聚会。在西班牙，创办于1765年的巴斯克皇家协会是第一家"全国经济之友协会"。另外，全新的知识和与之相关的词一起被收录进百科全书或者科学术语词典中。其中，巴斯克耶稣会教徒埃斯特万·特雷罗斯编写的《卡斯蒂利亚语词典，包含科学艺术词汇及其法语、拉丁语、意大利语三语对照表》（1786—1788年），是西班牙语词典中的权威。

说到优秀的词典，那个时代最重要的词典就是1726—1739年间出版的《卡斯蒂利亚语辞典》，它的另一个名字是《权威辞典》，由西班牙皇家语言学院负责编纂。西班牙皇家语言学院成立于1713年，是在波旁王朝的文化制度下建立的独立机构之一。这一类的机构还有1712年成立的皇家图书馆和1738年成立的皇家历史学院。西班牙皇家语言学院逐渐成为集权和统一的政治体系的一部分，这样的政治体系按照法国模式在经济、社会和军队领域对君主专制制度加以引导。在这样的政治体系中，语言扮演着决定性的角色。历史学家鲁伊斯·托雷斯认为："以国王为中心的政治社会中应该只有一种语言，并且应该为了国家的至高荣耀来精心打造这一语言。"这样的理念并不仅仅存在于西班牙和法国，在英国和德国也是如此。然而，从皇家语言学院成立之初，它就不需要完全遵从王室的文化政策，自然也与皇家语言学院今天所具备的职能和运作模式不完全一致。

18世纪初，比耶那侯爵胡安·马努埃尔·费尔南德斯·帕切科在他藏书丰富的图书馆里发起了一场文化人和革新派参加的茶话会活动，这恰好符合当时将艺术、科学、文化、思想领域的活跃人士组建成一个团体的需求。当时马德里人文学科领域的一些杰出人士相约在茶话会上见面。他们的兴趣点不在语言规则上，而是在和艺术、科学相关的更为广泛的事情上，并明显地偏向文学问题的讨论。事实上，正如语言学家维克多·加西亚·德拉·孔查在讲述学院历史的时候所说，费尔南德斯·帕切科的茶话会活动为大学的创办奠定了基础。无论是组织茶话会的想法还是专门进行人文和科学研究的想法都有着悠久的历史渊源。文艺复兴思潮就曾经推动了一批文学学院的成立，它们的灵感来源于柏拉图建立的"学院"，这些学院在人文主义盛行的欧洲遍地开花。在西班牙的不同城市都建有学院：17世纪期间，萨拉戈萨有"充满渴望的人的学院"，瓦伦西亚有"夜猫子学院"，这些学院的创办主要是为文学家们提供一个聚会的场所，但是他们所谈论的话题也离不开数学、自然科学、音乐、艺术、医学乃至语言的规范性。

另外，费尔南德斯·帕切科非常了解其他的欧洲学院，这为他不断发展壮大他的茶话会事业提供了灵感。其中一个就是佛罗伦萨的秕糠学会，其成立于1583年，主要致力于保持佛罗伦萨通俗语言的纯正性，并从语言和风格层面剔除杂质。1612年，在但丁所使用的创作语言的基础上，这所学院出版了《秕糠学会辞典》。在法国，有成立于1634年的法兰西学院，创始人是红衣主教黎塞留。1694年，学院出版了第一版《法兰西学院辞典》。黎塞留是第一个认识到一所学院在皇室统治下的政治重要性的人，皇室的权威可以让一门语言成为它的官方语言，为专制制度下的国家服务。就这样，一所文学学院化身成为规范和完善法语的官方机构。

我们看到，西班牙和欧洲的先驱们为关心时代问题的文人们提出了不同的疏解担忧的方案。同时，西班牙的文人们十分担心西班牙文学的萧条状态和笔头语言的烦冗啰唆，这都预示着西班牙语在欧洲权威地位的丧失。正是在这种情况下他们决定创办一所学院来确立语言形式并规范语言的正确使用和教学。法兰西学院的模式，加之费尔南德斯本人及早期茶话会成员和皇室之间的亲密关系使得他们得到了皇室的支持，最后通过1714年10月3日颁布的敕令准许成立皇家语言学院。

由于缺少一部可以和《秕糠学会辞典》或者和法语的《法兰西学院辞典》相媲美的西班牙语词典，皇家语言学院成立之时就秉着"编纂一部词语量丰富，收集最优秀的作家的语句为例句，解释清晰，使用便捷的词典"的宗旨。这一宗旨出现在以《权威辞典》这一名称而为人所知的词典前言中，之所以称其为"权威"是因为其中摘录了最优秀的作家的语句来解释每一个词目。词典的编写参照了塞瓦斯蒂安·德·科瓦卢比亚斯编写的《西班牙语或卡斯蒂利亚语的瑰宝》，但也实现了很多新的突破。为了实现让词典更加实用并对第一版的一些决定进行验证的双重目的，1780年出版了《卡斯蒂利亚语词典》，人们更熟悉它的另一个名字——《实用词典》，这部词典去掉了《权威辞典》中的例句❶，增加了西班牙12个地区的地方性词汇，由此"provincialismo（方言，土语）"的概念从很早期就被纳入皇家语言学院的词汇体系中。

作为编纂词典的前期工作，新成立的皇家语言学院不得不面临一项看似容易，实则异常繁复的挑战，即制定一套正字法以便一些最基本的工作得以开展，例如词典中单词的排列顺序问题。正字法的确立依照以下三个

---

❶ 《实用词典》是《权威辞典》的简明版。

准则：单词的来源、单词的发音和单词的书面用法。就这样，皇家语言学院编写了学院派的《正字法》，最终于1741年出版，其中的主要准则在现代书面用语中仍被沿用。例如：词源准则要求尽管在发音上没有差别，但是在书面形式上应该区分辅音b和v；语音准则确保了书面语和口语之间的对应性，其精确度远大于英语与法语的书面语和口语之间的对应性；用法准则确保了一些约定俗成的习惯用法得以保留。

为了编写1771年出版的《卡斯蒂利亚语语法》，皇家语言学院以"权威"用法为参考，这也是词典编纂工作的重要依据；另外，37位不同领域的作家也参与了《卡斯蒂利亚语语法》的编纂工作。在规划这部书的总体结构时，必须要用到安东尼奥·德·内布里哈的语法体系，因为他编写的不仅是第一部西班牙语语法书，还是在《卡斯蒂利亚语语法》出版之前普及度最高的语法书。然而，让学院版语法书成为一部有益于教学的工具书的愿望，以及理性思考和语法表达之间存在内在联系的观点促使西班牙语语法规则的制定依照了法国已有的语法规则，法语语法的特点是逻辑性强。伊格纳西奥·卢桑为《卡斯蒂利亚语语法》的最终定版起到了关键的作用，他的观点是应该制定一套规则简明的语法。

18世纪期间，西班牙皇家语言学院首先投入大量的人力物力规范他们的工作目标和工作模式，其次着重致力于制定编写重要作品时应该遵守的标准和模式。在那个时期，西班牙语的词典编纂历史还不够悠久，西班牙人在除拉丁语以外的正字法的编纂工作和针对年轻人学习的语法书的编写方面也经验不足。然而，这几部工具书产生了广泛且立竿见影的影响力，并且为它们在不同的历史时期实现相应的社会功能奠定了基础。口头西班牙语的历史，尤其是18世纪口头西班牙语的演变历程，并不取决于发生在皇家语言学院的事情。但是，书面西班牙语的发展却离不开西班牙皇家语言学院在正字法、语法和词典领域的贡献。

《西班牙皇家语言学院章程》封面（1715年）

第一部《正字法》封面（西班牙皇家语言学院，1741年）

大人物、普通人和小人物

格雷戈里奥·马扬斯

启蒙运动时期的西班牙文人并非都认同同一种思想模式，但他们的共同特点是支持理性主义、博学且具有批判精神。第一批受启蒙思想影响的人，大多为思想家、科学家及人文主义者，被称作novatores，即革新派，瓦伦西亚人格雷戈里奥·马扬斯·伊·西斯卡尔就是其中一员。他出生于1699年，即西班牙哈布斯堡王朝覆亡的前一年，1781年去世，即卡洛斯三世逝世前几年❶。马扬斯在耶稣会学校学习，主修哲学和法律。不满25岁时就获得了博士学位并在瓦伦西亚大学担任法律专业的教授。瓦伦西亚大学对马扬斯来说意义非凡，同时，这里也培育出了他非常崇拜的另一位人文主义者胡安·路易斯·比韦斯。

在大学度过几年时光之后，加之教学中频繁的论战，马扬斯移居到了马德里，并在那里担任几年前由费利佩五世主持建立的皇家图书馆管理员。在他担任图书管理员的几年中，马扬斯开展了大量的人文和图书学研究，以此在欧洲人文主义者中赢得了良好的声誉。在他退休回到瓦伦西亚后，依旧坚持不懈地进行研究和文化创新，这促使他在1742年创建了瓦伦西亚学院，并对所有与西班牙当时应有的人文高度不匹配的事物进行批判。伴其一生的批判精神为他招致了许多学者和组织的敌意，如贝尼托·费霍和历史与语言学院。但他和皇家语言学院的创始人及其家人一直保持着良好的关系，认为学院编纂的词典值得称赞。然而，出于一些私人

---

❶ 卡洛斯三世逝世于1788年。

恩怨，不久后他又批评这部词典滥用资料，且词典的编纂者明显对拉丁语一无所知，缺乏经验。

毫无疑问，马扬斯的主要成就在于展现其博学多才的作品，特别是《西班牙语起源：多名作者合著》（出版于1873年，后文中简称《起源》）以及《米格尔·德·塞万提斯·萨维德拉生平》（1737年），后者是第一部关于塞万提斯的传记。《起源》一书中包含了胡安·德·巴尔德斯写于1535年的《语言的对话》一书，这部重要的作品首次由马扬斯编辑出版。另外，《起源》一书中还包含了马扬斯的一本书，名为《关于劝诫遵循西班牙语真实含义的箴言》，其中他严厉批评了巴洛克风格对西班牙语的影响：

> 整个欧洲都在鄙视，甚至嘲笑如今几乎所有西班牙人都在使用的古怪的写作方式。几乎没有任何我们语言的作品被翻译成其他语言，这清楚地表明我们的思维方式、教学方式和语言表达形式已经不被认可；与此同时，野心勃勃的法国正在培育出最好的作家来丰富他们的语言，并成功地让世界不再记得我们的存在。
>
> ——格雷戈里奥·马扬斯，
> 《关于劝诫遵循西班牙语真实含义的箴言》，1873年

他的文章完美地反映了针对西班牙启蒙运动时期的语言和风格的观点。马扬斯主张对最好的西班牙语进行宣传，他所推崇的作家有：弗拉伊·路易斯·德·莱昂、克维多，当然还包括塞万提斯。

阿尔卡拉的女博士

贵族之女玛丽亚·伊西德拉·德·古斯曼·伊·德拉·塞尔达，1768

年出生于马德里,是西班牙第一位获得博士学位的女性。在完成了大学学业并事先获得了国王的特许后,年仅16岁的玛丽亚在阿尔卡拉大学完成了博士学业。但她的学术生涯并未就此止步,后来,玛丽亚在人文与艺术学院担任教师并被评为修辞学教授。在社交生活方面,玛丽亚和当时贵族出身的女士一样拥有应得的认可和成就。也许正是这个原因,她的博士学位授予典礼变成了一场隆重的仪式,马德里所有知名人士以及皇室中最尊贵的人都现身参加。这场仪式规模宏大,甚至于在大学里无法找到合适的举办场地,因此将举办地设在了阿尔卡拉的大主教宫中。仪式还设有冷餐会,但学生们不在受邀之列。愤怒的学生们在冷餐会中途肆无忌惮地闯入,瓜分了那些为尊贵的客人们准备的甜品和蜜饯。

玛丽亚·德·古斯曼具备令人钦佩的知识储备,她最杰出的才能是精通拉丁语、希腊语、法语和意大利语并熟练掌握物理学和数学知识。她的学识加之她本人的学术及贵族头衔,让玛丽亚成为西班牙皇家语言学院的"会员",在那里她发表了题为《致谢辞》(1784年)的演讲。演讲中,玛丽亚·德·古斯曼对接纳她成为"会员"的皇家语言学院大加赞赏:

> 请诸位接受一个年轻的西班牙女孩所面临的痛苦,她将自己的闲暇时光都用于研读诸位的词典:它们和贵学院刚刚出版的词典一样经典。其中都包含精美、纯正、华丽的词汇和精心挑选的优美语句;还有无穷无尽、丰富多样且诙谐幽默的谚语供我们参考。
>
> ——玛丽亚·伊西德拉·德·古斯曼,《致谢辞》,1784年

毫无疑问,身为贵族,获得高等教育的捷径多种多样,然而女性并不会因为她的贵族身份而轻而易举地进入由男性主导的学术界。事实上,直

到一个世纪以后的1882年，再也没有其他的西班牙女性获得博士学位。对于只有通过教育才能接触到的高雅的书面语言的普及，女性扫盲和女性的大学入学率起着决定性的作用。

两个词语

方言 *dialecto*

首次对dialecto这一术语有记录的欧洲本土语言是法语。根据《法语的瑰宝》记载，在龙萨所著的《颂歌集》（1550年）写给读者的前言中，第一次提到dialecto。该词主要被用来指某个特定地方的语言，之后被用来指法语的不同变体。此外，1565年，龙萨用dialectos一词来指称希腊语的各种变体，这是dialecto一词在各种语言中最初的含义。而在西班牙语中，迄今为止所知的关于dialecto最早的记录可以追溯到1580年，出自费尔南多·德·埃雷拉之手。在提及dialecto的文献记载中，其中有一些用来指一个地区的人们的说话方式，包括两个含义：一个含义用来特指卡斯蒂利亚语的不同变体；另一个含义用来表示卡斯蒂利亚语以外的其他语言。

在历史上，西班牙语中dialecto的词义主要有以下四个：第一，作为一个地方或一个群体特有的语言，如"los sujetos...de semejante ascendencia...no usan de otro dialecto que el castellano（同一祖先的人们只使用卡斯蒂利亚语而不用别的语言）"（匿名，1771年，西班牙）；第二，作为一种语言或交流体系，如"el humano dialecto（人类语言）"（费尔南多·卡尔德隆，1842年，墨西哥）；第三，指用于特定地区或演变自另一语言的语言变体，如"en Corrientes los campesinos usan un dialecto español muy gracioso

（科连特斯的农民们使用一种非常有趣的西班牙方言）"（多明戈·福斯蒂诺·萨米恩托，1845—1874年，阿根廷）；第四，指一种说话方式，如"yo soy esquisito en el dialecto（我的讲话方式非常优雅）"（阿隆索·德·卡斯蒂略·索洛萨诺，1637年，西班牙）。

除了这四个基本词义外，该词其他一些较少使用的含义，指带有特定的社会或职业特色的群体的讲话方式，如"dialecto jácaro（流氓无赖们的习惯用语）""dialecto gitano（吉卜赛语）""dialecto filosófico（哲学用语）""dialecto artístico（艺术语言）"。这些例子中的dialecto指的是人文学科中不同领域的"风格"。总之，人们认为方言是语言的变体，是不规范的语言。然而，可以肯定的是，西班牙语正是由数十种这样的语言变体组成的，是它们塑造并丰富了西班牙语。

疫苗 *vacuna*

Vacuna一词的词源非常简单：由"vaca（牛）"衍生而来。该词的本义是"属于牛的、与牛相关的"。自15世纪以来，文献中出现的vacuna都是这个意思，例如"las vacunas reses pacen muy desparramadas（牛在吃草的时候是分散开来的）"，这句话用以描写牛的习性。然而，在18、19世纪交接之时，vacuna一词开始被用作名词并具有了新的含义。首先是何塞·塞莱斯蒂诺·穆迪斯在1802年提及"hallazgo de la vacuna（疫苗的发现）"；之后的1806年，诗人曼努埃尔·何塞·金塔纳为西班牙探险队创作了诗句用以在美洲推广疫苗；1816年，胡安·德·迪奥斯·德·阿亚拉在哥斯达黎加说："疫苗在所有居民间得到了广泛的推广。"一种有助于消除疾病的物质诞生了。那么为什么选择vacuna这个词呢？

疫苗接种技术可能源于东方，于1721年被引入欧洲。当时，沃特利·蒙塔古夫人模仿一种在土耳其学习的方法，为了预防天花提前让女儿感染了天花病毒。后来，在1796年天花疫情大范围暴发的时候，英国医生爱德华·詹纳观察到，那些挤牛奶的女工都会得一种叫"牛痘"的疾病，但却没有染上天花。由此他受到启发，将从一位挤奶女工身上采集的牛痘样本注射到了一个小男孩的手臂上。果然，小男孩得了牛痘，但在康复之后再次被注射人工天花病毒后，却没有染上天花，这是因为他已经得过了牛痘。因此，"接种疫苗"最开始的意思是"注射牛痘"，由此vacuna一词有了疫苗的含义。法语单词"vaccine（疫苗）"于1799年出现在文献记载中，随后从法语传到英语和西班牙语中，西班牙语中的"疫苗"便由vaca衍生而来。

用于表示科学发现和科学创新的新词的造词方法十分简单，比如由一个普通名词演变而来（如由vaca衍生出vacuna），但也有其他的造词法。18世纪涌现出许多科技新词，它们的创造有些是源于古典语言，尤其是希腊语，如：barómetro（气压计）、hidrometría（水文测定）、oxígeno（氧气）、telescopio（望远镜）。还有一些从既有词衍生而来，如：deglución（吞、咽）、ductibilidad（延展性）、vitrificación（玻璃化）等。从那时起，人们就开始有意识地划分科技词汇和通用词汇了。但"疫苗"和"病毒"这类词可以被归为科技术语吗？现在，这些词已经不仅仅是某个领域的专家的财富，而是平等地成了所有语言使用者的共有财富。

第三章

从独立运动到
21世纪

Chapter 3

第一节
语言国家的建立

对于西班牙统治下的领土和西班牙语的发展来说，19世纪的开启是一个转折点。1808年之后，西班牙将会走上一条全新的政治道路，而美洲的总督领地也会开始一段独立、创建共和国的征程。每个地区的历史进程因多方面因素的影响而不同，但是拿破仑·波拿巴对欧洲、西班牙、美洲的政治局势的影响加速了整个历史的进程。曾经的西班牙因为害怕受到革命思想的冲击封锁了和法国的边界，却在之后和拿破仑结盟。1807年，拿破仑借着入侵葡萄牙的借口对西班牙实行了军事占领，当时的葡萄牙站在英国一边。在卡洛斯四世将王位传给斐迪南王子之后，拿破仑迫使斐迪南七世逊位，并立他的哥哥约瑟夫为西班牙国王。这样一方面促进了王室最大程度的法国化，另一方面激发了民众对法国统治的反抗并引发了1808—1814年的独立战争。

在西班牙身处战争和混乱的大背景下，以土生白人精英为首领的美洲各地找到了摆脱宗主国的最佳时机。尽管在开放的人文和商业环境下，殖民地的社会生活有所改善，但是社会经济方面的问题积蓄已久，波旁王朝也没能缓解这些问题。1740—1807年，美洲各地（加拉加斯、墨西哥、基多、智利圣地亚哥、恰尔卡斯）开始通过起义的方式摆脱殖民统治，1808—1830年通过宣布独立的方式，脱离宗主国的浪潮达到顶峰。西班牙美洲的独立进程漫长且各地情况有所不同：1810年，拉普拉塔辖区的省份选出了第一届政府委员会，墨西哥的独立战争打响，智利的第一个政府委员会成立。反叛、抗议和起义在将军与显贵们的领导下喷涌而起，此起彼伏，很多领导人都是土生白人，如西蒙·玻利瓦尔、米格尔·伊达尔哥、何塞·德·圣马丁、何塞·苏克雷、贝尔纳多·奥希金斯、何塞·马蒂、何塞·阿尔迪加斯等等。除了以上列举的代表人物，因其政治和文化上的影响而成为重要标志的事件有：大哥伦比亚共和国（委内瑞拉、哥伦比亚和厄瓜多尔）的成立（1819年），阿古斯汀·德·伊图尔维德宣布成为墨西哥皇帝（1822年）和西蒙·玻利瓦尔的死亡（1830年）。就这样，在19世纪中叶，美洲西班牙语的政治和语言版图已经成型。最终，在西班牙于1898年丧失对古巴、波多黎各和菲律宾的殖民统治之后，1902年古巴共和国建立，1903年巴拿马从哥伦比亚独立。

我们应该从人口构成的角度来看待各个美洲共和国的诞生和它所带来的语言上的影响。18世纪期间，西班牙移民的数量不超过10万人，当时在美洲的西班牙人数量还不及西班牙美洲总人口数的1%。独立运动的谋划是在非西班牙裔人中进行的。实际上，19世纪初期美洲民族的大致构成是：20%的白人、25%的混血人种、45%的土著人口和10%的黑人。这样的人口分布比例并不能代表整个美洲的人口构成，因为白人和混血人种主要集中在城市。由于不同的社会、经济和思想方面的原因，独立运动均由土生白人、白人和混血人种领导，身居城市的他们有条件接触到一种更加包容的文化和那个时期最具影响力的政治、军事思想。这也就意味着这些独立运动的主导语言是西班牙语。混血人种身处他们父辈所在的社会文化环境中，他们的父辈均为西班牙裔或者土生白人，西班牙语是他们在政治上的统治语言。胡安·安东尼奥·弗拉戈指出，"土生白人"更多的是一个语言和文化意义上而不是种族意义上的概念，美洲人自己也这样认为。

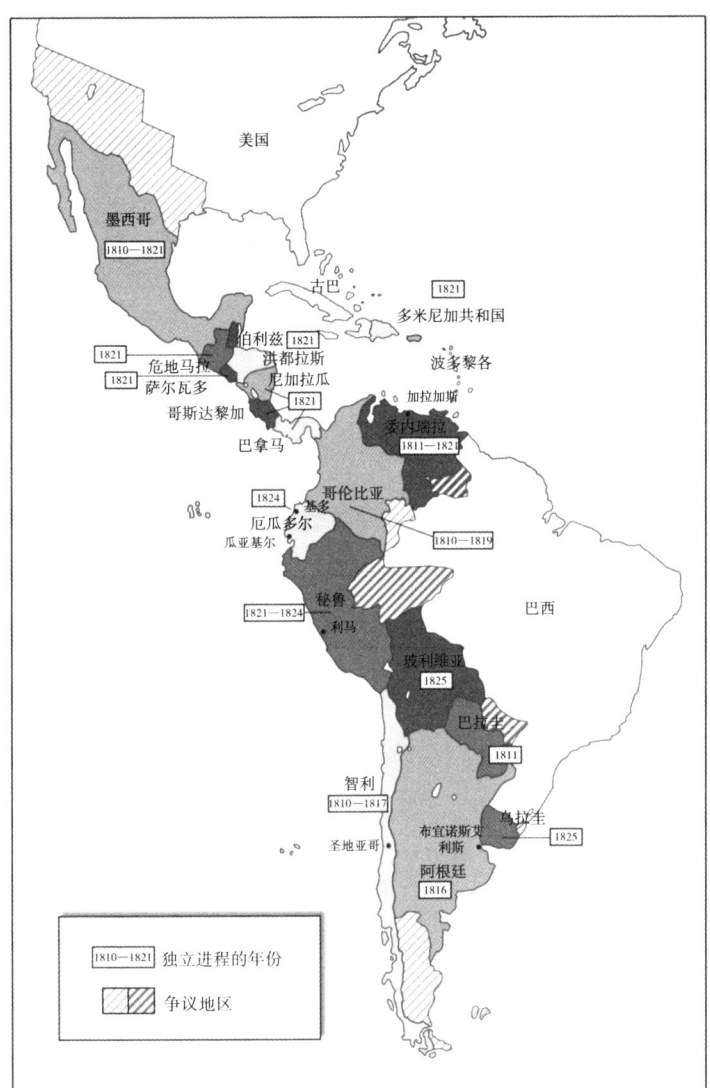

美洲共和国的独立进程（1810—1830年）

新成立的共和国的西班牙语有两个主要特点。一方面，美洲各地之间的交流沟通和殖民时期并无二致，仍然处在很不乐观的状态下。从交流的角度来看，每个获得政治自主的新国家都忙于制定国内宪法并确立自己的体制，不会对其他国家特别地关注，在这种情况下，各个地区之间的交流就会更少。每个地区语言的差异更是减少了各个国家之间的往来并强化了每个国家在新的历史时期的自身特征。另外，占据美洲人口大多数的农村人口和土著人口使得各地区特有的西班牙语的表达方式得以保留，同时被保存下来的还有远离城市生活的各种土著语言。

另一方面，新成立的国家都将西班牙语作为它们进行社会建设和政治建设的工具。根据18世纪末的革命精神和传到西班牙的自由主义精神，国家的独立需要建立政治制度、司法制度、教育制度、社会制度和军事制度。对于新成立的国家来说，要完成这些任务，唯一适合的语言就是西班牙语，同时，西班牙语也是解放者们的语言。事实上，在墨西哥和秘鲁确实有大批的土著人口，但是他们讲多种语言，另外，他们也没有要求新的共和国在制定政治制度的时候考虑到对他们的语言身份的认同。共和国的土生白人领袖用西班牙语表达自己的观点，所有制度的建立都将西班牙语作为国家的代言工具。每个国家都有自己的一套建设蓝图，这也解释了为什么它们的政治和体制方面的词汇既不同于西班牙，也不同于其他兄弟国家。因此，就出现了在一些地方用ministerios（政府的不同部门），在另一些地方用secretaría的情况；一些国家用secretarios de Estado（部长），在另一些国家用viceministros；在南美被称作intendentes（市长、镇长等）的官员在西班牙则被叫作alcaldes，而在墨西哥intendentes用来指政府代表或者政府官员；西班牙的concejales（市政议员）在委内瑞拉和哥伦比亚被叫作cabildantes，在秘鲁、墨西哥和多米尼加共和国又被叫作regidores；一些国家的procuradores（检察官）在另一些国家被叫作fiscales。

独立运动时期，语言是每个地区内部的黏合剂，无论是土生白人还是印欧混血人、黑白混血人抑或黑人，都在努力让他们的说话方式看起来和其他人相一致，当时的西班牙语就是大多数人的语言，因为所有人都觉得自己是理性的人。"理性的人"这个说法在墨西哥仍在沿用，在弗朗西斯科·J.桑塔玛丽亚编写的《美洲词汇大词典》中给出的解释是"指讲西班牙语的人，以便和土著人区别开来"。以墨西哥为例，人类学家弗里达·比利亚维森西奥认为，19世纪西班牙语替代土著语言的进程急剧加快。西班牙语最终占据了社会生活的各个领域，并且成为司法和行政管理，以及教育领域的通用语言。有两个迹象可以有力证明这一事实：人口数量和西班牙语在社会交往的不同领域中的使用。实际上，1895年的人口普查显示，墨西哥的人口主要分为三大类：讲西班牙语的人、讲土著语言的人和讲外语的人。其中讲西班牙语的人口比例达到73%，只有17%的人承认自己是某种土著语言的使用者。

在19世纪初期发生的众多大事件中，有一件在西班牙和美洲都产生了深远的影响，那就是加的斯议会的组建和《1812年西班牙宪法》（又名《加的斯宪法》）的颁布。由于宪法颁布当天正值3月19日圣何塞日，所以这部宪法又被称为"贝芭"。这是在西班牙颁布的第一部宪法，这不仅标志着一次政治思想的提出，也标志着一种司法语言体系的形成。关于宪法的内容我们主要关注两点，一是它对语言产生的直接影响，二是它呈现西班牙和美洲关系的方式。关于第二点，《加的斯宪法》明确指出西班牙和美洲之间的关系不应该被理解为一种不平等的关系，它们之间应该是名为"国家"的政体下的平等关系。美洲各地被视作和西班牙各省一样有着相同权利的省份。因此，在召集国会议员的时候，政令中既包括了"西班牙和附属岛屿"的选举制度，也包括了"海外诸省"的选举制度。在前者的选举中成立了西班牙各省的后备议会；在后者的选举中，下令成立了各地的议会，包括墨西哥、瓜达拉哈拉、危地马拉、梅里达、蒙特雷、杜兰戈、哈瓦那、圣多明各、波哥大、加拉加斯、利马、圣地亚哥、布宜诺斯艾利斯和马尼拉（菲律宾）。议员的数量应该根据各省人口数而定，每7万名居民就有推选一名议员的资格。最终，西班牙本土议员和美洲议员各自所占的比例并不均等，主要问题在于人口普查的实施。然而1813年的议会成员中就有来自美洲的代表，这是一个标志性的事件，这代表了自由主义派的西班牙人对美洲领土的认可。所有人——无论是西班牙和其附属岛屿的公民，还是美洲公民，都面临一个共同的问题，那就是《加的斯宪法》很快就被废止了。1814年，国王斐迪南七世恢复了专制统治。之后《加的斯宪法》两次被重新启动（1820—1823年和1836—1837年），然而这对于当时逐渐脱离西班牙统治的一些美洲地区来说已经为时过晚。

《加的斯宪法》封面（1812年3月19日），因为在何塞日颁布而被称作"贝芭"

对西班牙语来说，加的斯议会和《加的斯宪法》的主要贡献在于社会政治领域的语言革新，这也是对思想和意识形态领域的重大革新的补充，另外，《加的斯宪法》在法国和年轻的美国也产生了巨大的影响。在欧洲，议会成了进行思想论战的主要场所之一——在那里提出了确立议会主权的同时保留君主的体制，摒弃了将宗教作为国家正义的思想，确立了国家的首要任务是为人民谋福祉的理念。所有这些建立在自由主义基础上的思想体系，是当时西方政治思想的先锋。加的斯还确立了国家统治应该立足于人民的原则。正是在这一原则的指引下，在西班牙、西班牙美洲、欧洲和北美洲爆发了数不清的起义和暴动。在上述各地的议会和国会上，"国家"的概念和"语言"的概念紧密联系在一起，国家的建立离不开官方语言的确立。

这样的思想体系和论战带来的直接影响就是一系列新的政治和历史概念的确立。从18世纪下半叶开始，这些概念就已经被逐渐确立。通过《加的斯宪法》，这些概念在西班牙语中的用法被逐渐确定下来，如：ciudadano（市民；公民）、gobierno（政府）、nación（国家）、soberanía（国家主权）、territorio（领土）。这里所说的并不是形式上的新词语，而是指新的政治背景下这些词语被赋予新的含义。在《权威辞典》（1726年）中，"liberal"这个词的释义是"慷慨的，不仅仅指对贫穷的人乐善好施，也指对那些生活还过得去的人的慷慨解囊"；19世纪初，这个词用来指"支持政治自由的人"，这一释义在萨尔瓦编纂的词典（1846年）和皇家语言学院1852年版的词典中被确定下来。"Patria"一词也获得了新的含义：在《权威辞典》中只是单纯地被定义为一个人出生的地方、城市或国家；但是1925年版的《权威辞典》中，它的含义被拓展了，它的第一个释义是"我们自己的祖国，它是联结爱国主义者情感的一切物质的、非物质的，过去的、现在的和将来的事物的总和"。19世纪中期，下列词语已经得到了广泛的普及：francesismo（法式风格）、jacobinismo（雅各宾主义）、jansenismo（詹森主义，这个词的历史较其他词较为久远）、masonismo（共济会派）、pronunciamiento（起义，暴动）。还有其他的一些全新词语：guerrilla（游击战）一词被传到世界上的其他语言中，指的是一种抵抗拿破仑军队的西班牙的作战方式；bienestar（安逸，富足）出现在《加的斯宪法》中（在宪法中是分开写的），并从那时起成为一个政治名词，直到今天我们还会说"福利国家或福利制度"；terrorismo（恐怖主义）1825年第一次被收录进词典；progreso（进步）在18世纪末被列入词典，数十年之后progresar（进步）成为常用词。以下是语言学家帕斯·巴塔内尔列出的19世纪政治和社会领域的词汇表。

asalariado 领工资的	huelguista 罢工者
asonada 骚乱	intransigente 不让步的，不妥协的
autoritario 有权威的	manifestación 示威，游行
barricada 街垒	obrero 工人
cesante 失业的	patriotero 有爱国狂的人
clase medio 中产阶级	proletario 无产阶级
coalición 联盟	radical 激进的
comuna 公社	radicalismo 激进主义
comunismo 共产主义	separatista 分离主义者
descentralizar 分散	socialismo 社会主义
huelga 罢工	socialista 社会主义者

然而，思想和政治领域的变化对语言的影响力并不仅仅局限在词汇层面，19世纪催生了一种新类型的"语言"：现代政治语言。关于这一点，语言学家佩德罗·阿尔瓦雷斯·德·米兰达和玛丽亚·帕斯·巴塔内尔进行了详尽的研究。他们的研究说明了其他的语言元素是如何与新的词语一起普及开来的，比如一些特定的前缀［anti-: antifascista（反法西斯的）、antimonárquico（反君主制的）、antiespañol（反西班牙的）］、后缀［-ismo和-ista: extremismo（极端主义）、extremista（极端主义者）、posibilismo（可能论）、posibilista（可能论派人士）；-izar: monarquizar（建立君主制）］和复合形式［anarcosindicalista（无政府工团主义者）、radicalsocialista（激进社会主义者）］的使用。表示颜色的词语（白色、黄色、红色、蓝色）也被赋予了新的政治含义，以及一些用来表示幽默和政治讽刺的比喻，还有一些词语带有辱骂的含义：cavernícola（观念落后的人）、troglodita（粗鄙的人）。

这种新的政治语言和社会语言以惊人的速度传播开来。诚然，大多数人都无法接受教育，也无法了解到高层的政治，但是语言的变化却很快得到了普及，这很大程度上要归功于新闻业的发展和报纸的普及。无论是在西班牙，还是在美洲各个新成立的共和国，特别是在富人阶层中间，对于我们正在讨论的政治语言而言，报纸对它们的产生、发展和传播功不可没。通常认为，西班牙的新闻业诞生于1661年，以《马德里报》的创立为标志。在美洲，《墨西哥报》创立于1722年，《圣达菲报》创立于1785年。19世纪的前30年里，西班牙报业最主要的领先者是《环球报》《检察官》《公正报》，它们是自由主义的代表；还有一些其他的类型，《经贸及博闻消息日报》（1758—1918年）和各种浪漫派和风俗派的刊物，如马里亚诺·何塞·德·拉腊的《可怜的讲述者》（1828年）和何塞·德·埃斯普龙塞达参与创办的《阿尔罕布拉宫》（1839年）。在美洲出现了一批具有反叛精神的报纸，由此成立了许多优秀的报刊，也促进了很多报刊的思想转变，如《加拉加斯报》（1808年）、《智利曙光报》（1810年）和《电报时讯》（玻利维亚，1811年）。后来又成立了一批致力于行政事务和思想文化事务的报纸，如玻利瓦尔创建的《奥里诺科邮报》（1818年）以及安德烈斯·贝略创建于1830年的《阿劳加人》。1826年，在有着3800万人口的西班牙语美洲，各类报纸的数量已经达到近1000种。

《经贸及博闻消息日报》第一期（1758年1月1日），1788年开始更名为《马德里日报》并持续出版至1808年5月

现代新闻业不仅是传播新的政治语言的媒介，它还持续地向所有人介绍了随着时代的发展而不断出现的知识和科技变革所产生的新词

汇。例如，经济领域的词汇早在18世纪就开始出现，在19世纪得到普及：balanza（平衡）、bolsa（证券交易所）、bursátil（证券交易的）、efectivo（现金）、déficit（赤字）、desfalco（侵吞；贪污）、empresa（企业）、empresario（企业家）、exportar（出口）、monopolizar（垄断）、presupuesto（预算）、reembolso（退款）、superávit（盈余）。当时的创造发明也促进了铁路［rail（铁轨）、tranvía（有轨电车）、túnel（隧道）］、通信［cable（电缆）、telegrama（电报）］和勘探［submarino（海底的）］领域的词汇的发明，科技领域新出现的专业词语则更是不胜枚举。19世纪期间，所有这一切都在急速传播开来，这都要归功于1801年就已经发明出来的商业电报机。总而言之，对于西班牙语来说，时代正在发生着巨变。

大人物、普通人和小人物

赫特鲁迪斯·戈麦斯·德·阿韦利亚内达

阿韦利亚内达既不属于贵族阶层，也不是一位必须在修道院才能展现其文学才能的女性，正是这个原因，她在西班牙文化史中占据了特殊的位置。此外，她还代表了西班牙和西语美洲之间互相影响的优良交流传统。1814年，阿韦利亚内达出生于古巴的卡马圭，1873年逝世于马德里。她的父亲是西班牙人，母亲是古巴人，因此我们有理由认为她同时是古巴文学和西班牙文学的杰出代表。

戈麦斯·德·阿韦利亚内达主要创作诗歌和戏剧，但在散文、短篇小说和长篇小说上也有不俗表现。其作品中所表达的深沉而又真实的感情使她成为浪漫主义流派中最杰出的作家之一，这些都源自她波折的情感生活。阿韦利亚内达18岁时，全家从古巴迁居至西班牙，这赋予了她创作诗歌的灵感；25岁时，她经历了一场充满激情和付出却不得回报的冒险；32岁时，她结婚不久后丧偶，于是，阿韦利亚内达决定在修道院服丧，后来她再次结婚并丧偶。所有的这些爱情、激情、痛苦和忧郁与她的诗歌和戏剧作品带给她的成功交织在一起。然而，她的浪漫主义风格并没有妨碍她在作品中使用不同风格的写作技巧，这些技巧的运用充分展现了她对古典文学和文艺复兴时期文学作品的熟悉和对不同主题的涉猎，其中既包括奴隶制话题，也包括宗教主题。

戈麦斯·德·阿韦利亚内达善于社交，她和当时西班牙文学界多位杰出的作家——埃斯普龙塞达、索里利亚、博尔·德·法贝尔结为了好友。阿韦利亚内达还是19世纪欧洲最优秀的几位作家（如拜伦勋爵、拉马丁和维克多·雨果等）的翻译之一。在西班牙和古巴公众的支持下，她得以进入最精英的社交圈，并被认为是当时最出色的女作家。然而，她的作品和文学成就并没有帮助她实现愿望：在西班牙皇家语言学院获得属于自己的座椅。阿韦利亚内达是女权思想的先驱，除了想要实现个人抱负，她认为在皇家语言学院获得一个席位是证明19世纪社会中的女性地位的方式之一。她的努力并没有促成一次应有的选举过程，因为此前通过了一项决议，其中规定女性不能占有皇家语言学院的座椅席位。于是，直到一个世纪后的1979年，女作家卡门·孔德才在皇家语言学院获得了属于自己的一把座椅。

何塞·马蒂

毫无疑问，古巴历史上最受喜爱的诗人和政治家是何塞·马蒂，他也被称为"独立运动的先驱"及"大师"。何塞·马蒂生于古巴，死于古巴。年少时，他被流放到西班牙，在那里完成了哲学与文学和民法专业的学习。后来他从西班牙到巴黎、纽约、墨西哥、危地马拉和其他国家及地区进行游历，其间间歇在古巴居住。他在美国居住的时间最久，在那里他通过报纸宣传自己的思想，建立了支持古巴独立的社团和组织。何塞·马蒂是古巴革命党和为该党发声的报纸——《祖国报》的创始人。1895年，马蒂在一场独立战争中中枪后死于古巴。

何塞·马蒂不仅是政治家，还是老师、翻译家和作家。他出版了儿童报纸《黄金时代》，还发表了一些杂文、报刊评论、短篇小说以及一部长篇小说和多部戏剧、诗歌。他的诗歌收录在《伊斯马埃利约》（1882年）和《纯朴的诗》（1891年）两本诗集中，它们被评为现代主义的先驱。《纯朴的诗》创作于纽约，但透过诗歌所表现出的个人风格、自由的信念和对故土的眷恋让我们得以拥有一部具有西班牙美洲音乐性的流传至全世界的诗集。无论是对讲西班牙语的人还是对不讲西班牙语的人来说，《关塔纳梅拉》❶都是流行歌曲的代表，它的歌词被人不断传诵：

> 我是个真诚的男人
> 来自棕榈树海滩
> 临走前我有个心愿
> 歌颂心中的诗篇

---

❶ 译者注：《关塔纳梅拉》是古巴爱国歌曲，歌词采用何塞·马蒂的诗集《纯朴的诗》中的诗句。

他在诗歌方面的成就丝毫没有掩盖他的杂文和报刊评论文章的光彩。在这些文章中，他不仅表达了自己对独立的渴望和对古巴与美洲的赞美，还警示了美国大肆进行经济剥削和掠夺的危险性。

诚然，马蒂的一生（42年）虽然短暂，但他的作品有着强大的影响力。他思想的精华凝结在他的作品中，作品中的句子已经成为古巴民族的情感和文化的一部分："无知会杀死民众""颜色有界限；话语生于唇畔；音乐飘荡于天空中""教育就是将一个人的水平提升至符合其时代的要求""自负的村民认为他的村庄就是整个世界""一只蜂鸟的翅膀里装得下最简单的真理""学会阅读就是学会走路，而学会写作就是学会前进""宁可站着一分钟，也不跪着一辈子"。何塞·马蒂的思想极大地推动了所有西语地区的集体意识的形成。

两个词语

座位 *escaño*

长久以来，escaño一词仅用来指可以坐的地方。它来自拉丁语中的"SCAMNUM"，意指"有靠背的木椅子"。从10世纪起，伊比利亚半岛上属于罗马语族的不同语言中就出现了该词的相关记载，在每种语言中的写法各有不同（如escanno），且在词义上也有细微差别，除了指座位，还可以用来指担架、轿子、脚凳、石制长凳、两个犁沟之间的隆起，甚至可以用来指作为人们最后的安息之地的棺材。此外，作为一个常用词，自然会出现一些escaño的衍生词和指小词，比如escañero（市政会议或市政府的椅子保管员）、escañil（小板凳）、escanillo（小抽屉，用于加那利群岛）

以及escanilla（摇篮，用于卡斯蒂利亚）。可以看到，escaño与来源于caña（气管）的动词escañarse之间没有任何关系，后者在阿拉贡地区的意思是"窒息"。

皇家语言学院的词典将该词定义为"可坐三人或更多人的有靠背的长椅"，事实上这只是它在西班牙、智利和中美洲一些地区的用法。在其他一些地方，escaño意指用来挤奶或是为了坐在火炉旁而使用的没有靠背的木制矮凳；还有一些地方，例如拉曼查，人们不用escaño，而是用banca或是更常用的banco来指多人坐长椅。皇家语言学院还给出了escaño的另一个词义，即"议会中议员的席位、座位"。它的词义是如何从不起眼的家用小板凳发展到用来表示议员们如此正式的座席的呢？其原因可能在于该词也曾被用来指"剧院的座位"，这个词义自其拉丁语时期起就已存在。作为公共场所的座椅，其在政治辩论场合的应用更容易理解，因为在很多地方政治辩论的场所布局曾经——现在也是一样——和剧院的布局一样。

为了理解escaño现在的用法，它的词义变化可以用如下的关系来解释：从用来指"座位"变成用来指"由某人占据的席位或位置"。如此一来，一个政党所占的席位数就代表它相应的议员数。随着新鲜事物的出现，许多古老的词会被注入新的生机。对于escaño这个词而言，从"座位"到"席位"的词义变化过程并不是一个例外，还有cátedras（从词源上讲是"座位"的意思），后来被用来指称"大学教授"；当我们评论一个体育队的"椅子长度有限"的时候，并不是说椅子上只能坐很少的人，而是说这个队的替补阵容因为数量不够或水平欠佳而无法为球队做出更多贡献。

乡下人 *guajiro*

美洲的新国家陆续独立，与此同时，许多美洲语言现象的用法被固定下来。另外，城市语言和乡村语言之间的差距不断加大，这是由于乡村语言对政治新词的产生影响甚微，而城市和报刊是新词的主要诞生地和传播者。因此，城市人会带着迁就、同情和鄙夷的感情色彩看待乡下人。在古巴，乡下人被称为guajiros。

"Guajiro"主要在古巴和波多黎各使用，其具有三个彼此相关的基本词义："生活在乡下或来自农村的人""举止行为土里土气的人""害羞的人"。所有的词义都可以用来表达说话人的轻蔑语气：¡No seas guajiro!（你别这么土里土气的！）在古巴，当一个乡下人表现得粗鲁土气时，就会被称为"guajiro macho"或"guajiro ñongo"。当然，这些用法不同于用来表示籍贯的guajiro，指的是瓜希拉（Guajira）的当地人，在委内瑞拉和哥伦比亚各有一个名叫瓜希拉的省份。

然而，最有趣的是关于guajiro的词源的不同观点。何塞·胡安·阿罗姆认为该词源于阿拉瓦克语，意为"领主，有权势的人"，皇家语言学院也支持这一观点。塞尔希奥·巴尔德斯则认为，该词用于表示古巴的一个民族内部的社会等级。还有一种较为流行的词源说则认为该词来源于美国士兵们对在1898年之前的战争中与西班牙人对战的古巴农民的称呼："war hero（战争中的英雄）"，它在英语中的发音为guajiro。这一说法的问题在于，1840年之前，西里洛·巴尔韦德早已写下："为了结婚……她和一个农村小伙❶私奔了。"同样，诗人胡安·克里斯托瓦尔·纳波莱斯·法哈多在1852年之前写过这样的诗句，尽管诗的质量欠佳，但至少可用作我们研究相关词语的书面资料。

---

❶ 原文中用guajiro一词来表示乡下人或农村人。

在繁花似锦的海岸上……骄阳似火，

炙热的大地和美丽的天空，

丛林、山脉和草地之间，一位乡下人，

骑着一匹母马徐徐经过。

不可否认，关于guajiro源于英语的说法也十分耐人寻味，然而书面资料显示该词在美国人到来之前就已经存在，所以它不可能来源于英语。语法学家和藏书家维森特·萨尔瓦在他1846年的词典中收录了该词。埃斯特班·皮查多在他著名的极具先驱性的《古巴地方词典》的第二版中也记录了guajiro一词。因此，关于guajiro的词源，我们更支持它源于土著语言的观点。

第二节
语言和风俗

19世纪,西班牙的社会地理格局进一步形成;与此同时,美洲国家的独立进程不断推进,这都有利于各地区特有的语言用法的保持,在偏远地区和文化程度低、远离城市文明的人群中更是如此。因此,西班牙语自身的差异性不仅和每个国家的文盲率密切相关,还和它的民族构成和社会结构有关,另外,每个国家的城市化程度也是一个重要的决定因素。

1841年,西班牙既识字又会写字的人口比例为10%:男性中有17%的人识字和会写字,女性只有2%;在所有非文盲的人口中,只识字但不会写字的人口比例为15%。1860年,西班牙进行了第一次全国人口普查,只识字的人口比例降到了10%,既识字又会写字的人口比例上升到20%,比之前翻了一番。然而,要想有效传播语言的正规用法,这样的人口比例是远远不够的,而语言的正规用法可以及时体现出语言中不断出现的新现象。1838年制定的西班牙初级教育办学条例中规定,学生从受教育伊始就要学习识字和写字;随后,1857年实行的《公共教育法》保证了教育制度的稳定运行,然而所有这一切的积极效果并没有立刻显现出来。1877年,西班牙全国的文盲率仍然高达66%:男性文盲人口比例为55%,女性为77%。事实上,直到20世纪30年代,西班牙的非文盲人口数量都没有出现实质性的增长。

美洲各国的情况和西班牙并没有太多不同,尽管和西班牙相比,美洲和西班牙最大的差别就在于它的土著人口。1820年,墨西哥讲土著语言的人口比例为60%,1889年这一比例降到了38%。这说明19世纪期间讲西班牙语的非文盲人口实际上只占到墨西哥总人口的一半。阿根廷作为一个原住民人口少于墨西哥的国家,1869年它的文盲率为77%,尽管25年后这一比例降低到了53%。哥伦比亚在1900年的文盲率仍然高达66%。美洲各国的教育制度大多参照法国的教育模式,然而每个新国家教育事业的发展却各不相同。这是因为,从19世纪中叶开始,西班牙语美洲教育制度的实施就受到了各个地区社会和经济环境的制约。带着各自的困难,美洲各国渐渐形成了它们的中产阶级,教育事业也缓慢地不断拓展。在这一过程中,公共服务、尊重法制、国家象征以及对语言的重视等公民价值观的重要性日益凸显。

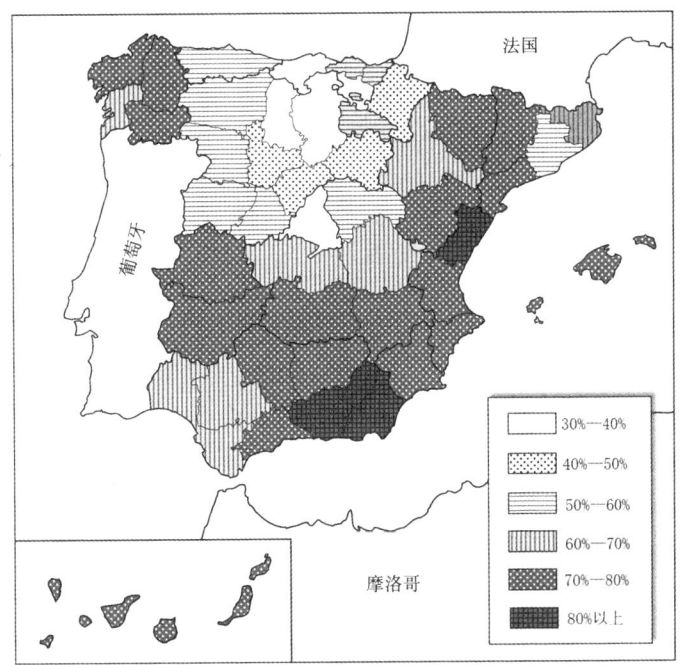

1877年前后西班牙各省的文盲率(图片来源:G.埃斯比加多·托西诺,《西班牙的文盲率统计,通过1877年人口普查进行的研究》。杂志名 *Trocadero*,1990年第二期,第173—192页)

就是在这样一个贫乏的社会和教育环境下，具有地域特点和地方特色的西班牙语的表达方式进一步得到了巩固，但是也出现了其他一些不能仅用有趣来形容的现象。首先，值得一提的是，因为具有灵活性与趣味性强、价格低廉的优势，报刊在语言和文化的传播上发挥了重要的作用，这在城市中表现得尤为明显。无论是和印刷书籍相比，还是和少数精英阶层和富人群体才能享受的中高等教育相比，报纸都更贴近中产阶级。其次，报纸也是刊登文学节选的主要媒介，其中反映了社会风俗和大众的生活方式；它还是传播风俗主义文学的主要途径，人们的日常生活与传统习俗的场景和特点通过风俗主义文学得到展现。这种发表在报纸上或者以书本形式出版的描写风俗民情的文学作品让文人阶层和中产阶级之间的联系更加紧密。很显然，文学是有文化、会写字的人群特有的资源，但是文学也会对受教育程度不高的人群产生影响。特别是当文学作品的主题和它的创作语言贴近乡村生活的时候，文学对平民大众的影响力就更加深远。以上就是19世纪期间在西班牙和美洲发生的事，风俗主义文学和一些它的分支流派也在其间应运而生。

风俗主义是一种文学艺术流派，它的起源和浪漫主义关系密切。在风俗主义的影响下，中产阶级对社会现实和语言现状有了明确的认知，另外，他们对各地或各国的风俗习惯和传统观念也有了新的认识。每个地方促进风俗主义成功的因素各不相同。在美洲，独立运动唤醒了人们对不同地区的民俗风情和有特色的生活方式的兴趣。与此同时，西班牙和美洲的城市资产阶级身处一个充满社会变革和科技革新的世界，他们将目光投向普通平淡的社会生活，投向传统的价值观念，投向社会群体中的农村人口。这种艺术流派表现大众习俗的方式不是进行分析或者批判，而是如实描绘人物和社会现实，从而用写意化的笔触再现不同地区最具特色的生活图景。这种展现人民生活和风俗民情的艺术形式包括对服饰、劳作、社会关系、游戏和语言的记录与描写。

风俗主义文学汇集了每一个群体的通俗语言，生动地再现了各地常用的、富有地方特色的口语化表达，特别是那些罕见的或者传统的用语，还包括一些非正式的口语表达，如：*to* 'todo'（全部，所有），*na* 'nada'（没有），*pa* 'para'（为了），*usté* 'usted'（您），*sordao* 'soldado'（士兵），*comel* 'comer（吃），*güeno* 'bueno'（好，好的），*m'ha dicho* 'me ha dicho'（他跟我说了），*mie* 'mire'（您看），*pos* 'pues'（那么），*probe* 'pobre'（贫穷的，可怜的），*esamen* 'examen'（考试，检查），*andara* 'anduviera'（走路），*haiga* 'haya'（有），*puédanos* 'podamos（我们能够），*dijistes* 'dijiste'（你说过），*me se ocurre* 'se me ocurre'（我想起来）。一首当时流行的歌谣这样形容马德里的方言：

在马德里，首都所在地，

人们这样说话

hespital y pirroquia ['hospital（医院）y parroquia（教区）']

hespecio y juente. ['hospicio（孤儿院）y fuente（喷泉）']

风俗主义文学中还会包含粗俗下流的词语、方言词语、地方土话和古语；这些用语很难在现代城市中听到，在报纸上也不多见，除非某个风俗主义报纸刻意使用这些词语。很显然，尽管在文学化的过程中有所消解，这类词语和它们的变体最纯正的来源地就是广大乡村地区。作家们对通俗语言进行再创造，生活在乡村的人们也对此表示认可，就这样，文学作品中的语言和现实中的乡村语言不断地相互影响着。正是通过这样的方式，风俗主义文学在下里巴人阶层和阳春白雪阶层之间架起了一座沟通的桥梁，从而改变着这两个社会阶层的语言表达。

风俗主义是一种文化现象，几乎在所有的西语国家都有所表现。在西班牙，马里亚诺·何塞·拉腊和拉蒙·德·梅索内罗·罗马诺斯的名字享誉全国，他们的作品忠实地反映了19世纪的马德里。他们的作品也对美洲的年轻人产生了影响，他们的创作意图、写作技巧和写作风格一度成为美洲风俗主义文学创作的标杆。然而美洲的风俗主义很快就在每个国家形成了自己独有的特色和各自的流派。在阿根廷，胡安·巴蒂斯塔·阿尔贝蒂和多明戈·福斯蒂诺·萨米恩托将风俗主义融入他们的一些作品中。玻利维亚的小说鼻祖之一的阿尔西德斯·阿格达斯创作了风俗主义作品。早在19世纪之前，哥伦比亚就出现了风俗主义作品，代表作家有何塞·马努埃尔·格鲁特和豪尔赫·伊萨克斯。墨西哥的代表作家是何塞·华金·费尔南德斯·德·利萨尔迪，他是《癞皮鹦鹉》（1816年）的作者。这部作品受到了西班牙流浪汉小说的影响，被认为是西班牙语美洲的第一部小说。小说中有一些精彩的片段呈现了每个场景下特有的语言表达，例如下面这一段中癞皮鹦鹉被告知应该怎样在赌场上暗中做手脚：

> 要想入这行并能干出点儿模样来，必须要学会一些门道。骗、打、搅、抓，下套、笼络、溜须拍马、自吹自擂，还有许多诸如此类的既狡诈又有趣的事儿。虽然你现在还什么都不懂，但没关系。
>
> ——何塞·华金·费尔南德斯·德·利萨尔迪，
>
> 《癞皮鹦鹉》，1816年，第二卷第二章

说到秘鲁，必须要提及马努埃尔·阿森西奥·塞古拉，他被称作"秘鲁的戏剧之父"；还要提及里卡多·帕尔马，他为秘鲁文学和秘鲁的传统文化做出了巨大的贡献。上述所有的作家都为他们各自国家的西班牙语的发展和形成贡献了自己的力量。

风俗主义的巨大魅力和它最具代表性的作品在大众中取得的成就促进了它的演变并由此衍生出了新的文学流派，从一些共同特点就可以看出它们和风俗主义之间的联系。其中最重要的一个文学流派就是现实主义，在绘画领域也出现了现实主义流派。风俗主义也是如此，在文学和绘画上都有所表现。虽然现实主义文学作为对浪漫主义的回应在19世纪中叶诞生于法国，它在西班牙的出现则和风俗主义密切相关。在法国，最杰出的现实主义作家当数奥诺雷·德·巴尔扎克，在西班牙，最优秀的现实主义作家是贝尼托·佩雷斯·加尔多斯，然而，这两位作家的作品质量足以让我们抛却一切文学流派的限制而给予他们最高的赞誉。仅从语言形式就可以看出现实主义文学的特点：对场景、人物和感受进行大段细致入微的描写；重点关注日常生活的方方面面、人物行为和静物，还特意对这些进行了命名；符合人物社会身份和地域特色的性格描写，以桑坦德作家何塞·玛丽亚·德·佩雷达描写的一个片段为例：

我从内鲁科那里知道您在那儿；所以说，您大概是图那边儿的空气好，还可能是因为他说过些什么话……再或者是因为有什么别的小心思，大概您是有的吧……孩子，我真是太高兴了！……啊呀，啊呀！那可怜的堂·塞尔索现在怎么样？……我猜呀，八成是不好，内鲁科给我们说过的……内鲁科可真是个好人啊，他那么……怎么说呢，他那么关心您和您的家人，做什么都是尽心尽力的，您也让他留意一下罗巴西奥啊……哎呀，咱们堵在门口聊了个啥劲儿哟？

——何塞·玛丽亚·德·佩雷达，《沿山而上》，1894年，第七章

另外，风俗主义和现实主义都是非常接地气的流派，所以，在它们盛行的地方自然会出现一些独特的表现形式。在西班牙就涌现出了如画主义和自然主义。前者多见于绘画作品中，主要反映远离现代生活的纯正的农村生活场景；后者受到法国的影响，追求纪实性的描写，忠实反映事实和事物原有的样貌，如实展现人物和他们的语言，无论他们的语言是高雅还是粗俗的。很多大作家都创作了自然主义的作品，如佩雷斯·加尔多斯、莱奥波尔多·阿拉斯、维森特·布拉斯科·伊瓦涅斯；而外国旅行作家则偏爱创作如画主义的作品来进行艺术交流。现代斗牛也在这一时期得到了发展，并在通俗语言中留下了印记。例如，crecerse con el castigo（吃一堑，长一智），echar un capote（搭把手），ver los toros desde la barrera（事不关己高高挂起），cortarse la coleta（放弃），salir a hombros（胜利）。

在美洲，自然主义流派的代表作家有秘鲁的克罗林达·马托·德·图内尔和墨西哥的费德里科·甘博亚。然而，美洲的自然主义也有其更具特色的表现形式，如阿根廷的高乔文学，它的最高代表就是《马丁·费耶罗》，这是一部由何塞·埃尔南德斯创作并发表于1879年的叙事体诗歌。这部作品想要对阿根廷潘帕斯草原上的高乔人的生活和说话方式进行重现；它也成功做到了这一点，并由此成为阿根廷民族特质的象征。诗中呈现了远离城市的耕种生活和畜牧生活中的习俗和场景，其中也夹杂着一

些社会批判的内容。高乔人的发音也呈现出一些口语化的特点：把fuego（火）读作juego，把veía（ver的过去未完成时第一或第三人称变位）读作vía，把apuntados（apuntar的过去分词的阳性复数形式）读作apuntaos。此外，还包括一些通俗用语和土著词语：atorrante（懒惰的；冷漠的）、bodrio（不可食用的汤）、engayolar（押送囚犯）、bagual（未经驯化的马）、chiripá（干净的男式短裤）。另外，还产生了大量反映乡村生活的谚语和习语，这是通俗语言发展过程中十分普遍的现象，例如：

认准奶头的猪崽才有奶吃。

喝醉酒之前先竖好栅栏。

反刍多的奶牛会产出更好的牛奶。

很多高乔人的表达依然作为民间用语在南锥体国家沿用。在南锥体国家还流行着一些源于阿根廷的其他方言的词汇和语句，这些方言是19世纪和20世纪初的移民运动的产物。1853年，阿根廷通过宪法制定了推动欧洲移民的政策，其中规定不得"通过税收限制或者阻碍外国人入境，国家引入大量移民的目的在于耕种土地、改进工业、引进并传授科学技术和人文知识"。这项政策也确实是这样执行的。1876年通过了《移民和垦殖法》，这对于吸引大量的各国移民起到了决定性的作用，这些移民更倾向于在沿海地区和大城市定居。移民的到来促进了人口的增长，人口数从1869年的不足200万增长到1914年的近800万。19世纪末，将近四分之三的阿根廷人口都是外国人。

新的阿根廷人口来自世界各地，但主要的来源地有两个：西班牙和意大利。大多数西班牙移民来自加利西亚，因此阿根廷的西班牙人又被称作加利西亚人（gallegos）；起初，意大利移民中的大多数是皮埃蒙特人和热那亚人。1857—1940年间，45%的移民来自意大利，32%的移民来自西班牙。如此大规模的移民运动必然会引发独特的语言现象。然而西班牙语，抑或是卡斯蒂利亚语作为阿根廷社会内部的交流工具和主流语言，并没有被意大利语替代。意大利移民所占的巨大比例完全可以引发一场始于布宜诺斯艾利斯和沿海地区的语言替代进程，因为大多数的意大利人定居在城市和沿海地区，而西班牙人则大多居住在阿根廷的内陆地区。正如所有复杂的进程中所发生的一样，意大利语没能取代西班牙语的原因是多方面的。首先，作为国家体制运转的官方语言，同时也是掌握着经济和政治利益的家族语言和个人语言，西班牙语有着稳固的基础；换句话说，象征着权力和地位的语言是西班牙语，而不是那些为了生计来到阿根廷的穷苦的移民的语言。其次，新来的移民的国籍多元化使得西班牙语作为所有人交流时使用的通用语，也成为不同的移民群体之间真正的交流工具。最后，意大利移民中的很多人都是没文化的人，由于意大利各地语言的差异性，他们所讲的语言也各不相同。所有这些都有助于西班牙维持其原有的地位。

阿根廷的移民潮对语言造成的另一个显著影响是语言的混用和替换现象的出现，当外来移民不会讲他们的居住地的语言时，就会出现上述两种现象。就这样出现了cocoliche语，它是西班牙语和意大利语的双语混合体，曾经一度在移民潮鼎盛时期流行过数十年，甚至还吸引了通俗文学和戏剧创作者的注意。事实上，cocoliche这个单词取自一个滑稽人物的名字。Cocoliche语中的单词有birra（啤酒）、capo（首领）、chau（告别）、chin-chin（干杯时的用语）、facha（外观）、gambetear（躲避，回避）、groso（大的）、laburar（工作，耕作）、yeta（倒霉）。这些意大利语单词中有一些也被半岛西班牙语所接受，但是它们在南美地区获得了新的生命力。

移民潮时期最具代表性的一种语言是lunfardo，是地痞流氓和布宜诺斯艾利斯的社会边缘群体所使用的"黑话"。这种黑话在形成过程中融合了不同的元素，例如从意大利语、法语或葡萄牙语中借用单词，或者把西班牙语中的单词融入这几种语言中去，其中包括一些源自西班牙本土的黑话中的名词。1878年《布宜诺斯艾利斯日报》将lunfardo称为"小偷的方言"，然而时间却慢慢地将这种黑话中的一些单词和表达通过探戈带到了下层阶级和中产阶级中间，同时也让它们融入了文化和音乐领域。Lunfardo黑话中的单词有：bacán（有钱的，外表优雅的人）、engrupir（欺骗）、vichar（窥探，侦察）、pucho（剩余物）、tira（警察）。拉普拉塔河流域的西班牙语至今留存着移民潮带来的语言印记，它们是经过时间雕琢的宝贵财富。

大人物、普通人和小人物

埃尔比利斯

黎明时分，埃尔比利斯将货物装车，一个接一个地将骡子套上车，再将两只猎狗拴在车辕上，便出发前往瓦伦西亚。货物中，除了一些用具——比如秤杆、谷量器、驮鞍、锄头、篮子和驮筐以外，还有大蒜、藏红花、鳕鱼、鹰嘴豆、奶酪、盐腌沙丁鱼、巧克力和葡萄酒。猎狗让他的旅途不那么孤单，但更重要的是，当骡子在斜坡上的行进速度变慢时，犬吠可以防止盗贼偷窃车上的货物。在拉曼查的托莱多市一个名为金塔纳尔-德拉奥登的小镇上，像他一样的脚夫至少有50个。每年的葡萄采摘季后，这些脚夫便会踏上旅途，靠在路上卖东西谋生。当时已经是19世纪后半叶，哈维尔·德·布尔戈斯❶已经开始对西班牙进行行省的划分，金塔纳尔作为商品分销中心的地位得到了进一步加强。

按照当时同行之间的惯例，金塔纳尔的脚夫之间也有外行人无法理解的行话，名为caló。在他们的行话中，已有的单词被赋予了新的含义，同时会使用一些巧妙的隐喻，另外还会用到大量具有地方特色的专有名词。他们之间常常这样交流：

la de ariepa de hoy me invita a jalar chipola con andújar y pedroñeras.
（今天的菜单里有油蒜羊肉。）
el tolimo de la mesada peor que un senador.
（那个男人的脑子比驴还蠢。）
aculla birris y no conoce a la tía jacinta.
（他喝多了，开始发酒疯了。）

确实，Birris也有"喝醉的"意思。因为这个可怜的男人喜欢在辛苦的劳作之后泡在小酒馆里，于是，他的同乡们便用行话里的词来称呼他。埃尔比利斯也对金塔纳尔行话的形成做出了贡献：比如将"棺材"称为"pijama（睡衣）"，将"驴"称为"senadores（议员）"，将"药剂师"称为"banderillas（小旗子）"，将"山羊"称为"trepadora（爬蔓）"。埃尔比利斯喜欢和他的朋友们一起在行话中寻找乐趣。

---

❶ 哈维尔·德·布尔戈斯（Javier de Burgos，1778—1848年），西班牙政治家、记者、剧作家、翻译家。

18、19世纪期间,西班牙行话数量增长最快的地区是加利西亚、阿斯图里亚斯和莱昂。在那里,各行各业的人——瓦工、石匠、泥瓦匠、磨刀工、伞匠、篮筐匠、香客、水手等,都创造了专属于他们的交流代码。在位于西班牙中部的塞戈维亚,一种流行在制造打谷器的工匠之间的行话十分有名,人们称之为gacería。所有这些独特的说话方式都是语言历史的组成部分,但这些行话的命运和某个特定人群或某种独有的生活方式紧密相连,当这类人群消散之后或者当某个行业不复存在之时,行话也会被完全忘却。这也是众多行话的最终归宿,被淹没在20世纪新鲜事物的洪流之中,金塔纳尔-德拉奥登的脚夫们的行话caló也不例外。

堂娜·卡梅丽塔——草药夫人

墨西哥瓦哈卡的市场里一个不起眼的摊位上,茂盛的树冠挡住了阳光,草药夫人堂娜·卡梅丽塔小心翼翼地将草药放在一张小桌子上。每天都会有顾客前来购买草药:可以用来开胃的马郁兰、调经的艾蒿、舒缓胆囊的牛至、帮助排气的茴香、有净化功效的龙胆。草药夫人对所有病症都有解决方法,于是人们纷纷前来向她倾诉病情,或者只是听听这位老太太明智的建议。在圣多明各修道院附近,草药夫人还开有一家小商店,男女老少都会带着他们或大或小的身体困扰前来咨询,人人都认真听取她的建议,谨遵她的医嘱。

1870年的一天,一个肥胖的、眼里闪着狡猾光芒的外国记者来到了她的小店铺里。他正在四处打听一种特殊蘑菇的名字,只有印第安人才知道这种蘑菇的奥秘,且吃过它的人会疯掉。草药夫人直截了当地回答道:

"Teyhuinti[1]。"记者并不满意她的答案。老太太又说道:"这种蘑菇很苦,但会让人开心,会让人在不想笑的时候发笑。请问您要它做什么?"记者回答:"没什么,我只是想确认一个信息。据说与奥地利大公一起从欧洲来的墨西哥皇后卡洛塔,就是因为这种蘑菇死于疯癫。据说皇后为了怀孕四处寻找灵丹妙药,城中的一个女草药师把这种蘑菇卖给了她。"这时草药夫人含糊道:"任何一个热爱祖国的人都会想办法把它送到外国皇帝那里的。"

草药夫人堂娜·卡梅丽塔似乎知晓一切事情。事实上,和她交往的人中间,既有为她供货的土著印第安人和混血人,也有来自各个社会阶层的客人,这让她享有其他人都无法企及的社会地位。她可以和各种人谈笑风生,从他们那里获取信息并给他们以指点。因此,她的商店和摊位成为社交中心和语言变化的集散地也就不足为奇。草药夫人堂娜·卡梅丽塔是一位值得信任的女士,她来自普通人民,具有浓厚的墨西哥民族情怀,还会讲纯正的瓦哈卡语。

两个词语

高乔人 *gaucho*

皇家语言学院的《美洲词汇词典》这样定义gaucho:"从事传统的畜牧劳作的乡下人,特指潘帕斯草原上的畜牧劳作",它的另一个释义是"精通畜牧劳作的游牧骑手"。在拉普拉塔河流域的文学和阿根廷、乌拉圭、

---

[1] 一种蘑菇的名字,吃过后会让人感到愉悦,并会让人不由自主地发笑。

巴拉圭三国的乡村传统中，高乔文化的重要性催生了其词义的扩展，所有的词义都和这一特定人群的特点有关：在阿根廷和乌拉圭，gaucho和gaucha被用作形容词，来形容一个人"高贵、慷慨、团结他人"；在巴拉圭gaucho意指"情人或好色之徒，征服者"；在智利和玻利维亚gaucho意为"与阿根廷有关的事物"。该词的引申含义以及感情色彩也解释了许多由它衍生而来的西语词，如：gauchada意为"恩惠、帮助；通俗故事；高乔人群体"；gauchaje指"高乔人群体"；gauchar指"流窜、流浪"；gauchesco指"与高乔人有关的事物"。

根据科罗米纳斯和帕斯夸尔的研究，gaucho一词最早的文字记载始于1782年。据皇家语言学院的《全新历史词典语料库》记载，1790年，费利克斯·德·阿萨拉提到了拉普拉塔河流域以及巴西境内的一些被称作changadores或gauchos的人。事实上，从1845年起，gaucho一词才开始被普遍使用。从那时起，关于这个极具象征意味的词语起源的讨论便层出不穷。对于一些通常缺乏足够的语言学素养的学者来说，词源学领域的研究要足够吸引人们的眼球。于是便出现了下面五花八门的观点：认为gaucho源于法语词gauche（左撇子的；笨拙的），或者拉丁语中的gaudeo（开心的），又或者阿拉伯词语chaouch（赶动物用的鞭子）；还有观点认为其源于葡萄牙语中的gauderio（路上的小偷或流窜的强盗），或是行话中的gachó（外国的；男人；情人），又或者阿劳科语中的cauchu（聪明狡猾的人）。一个词的词源的可能性越多，就越难找到它确切的源头。

关于guacho的词源，也存在一些假说，其中证据最为充足的假说认为该词的词源与一个克丘亚语词有关，即wacha或wakch，意为"贫穷的，贫困的；无父无母的"。由此衍生出gaucho在安第斯山区现有的用法，意为"儿童，婴儿"，而guaucho和后来的gaucho又从这个用法演变而来。这个假说的事实依据是，在哥伦比亚，guaucho是"孤儿；没有母亲的小牛"的意思，另外，在考卡谷地和哥伦比亚南部的省份，gaucho意为"弃婴，孤儿"。在巴西南部的南里奥格兰德州，gaucho的u上多了重音符号变为gaúcho。巴西词典通常将它归为拉普拉塔河流域的词，用来指来自那个地区的人；这个词还用来指南里奥格兰德州的当地人，或是那些专职饲养牛马的人；也可意指没有主人的动物或事物。无论如何，关于gaucho的词源的种种谜团增添了这个拉普拉塔河流域的代表性词语的神秘色彩。

幼鲸 *ballenato*

对于一个普通的讲西班牙语的人来说，ballenato的意思很简单，它指的是鲸鱼的幼崽，单词的构成方式是在ballena的基础上加后缀-ato，这个后缀通常用来指动物的幼崽，如cervato意为"幼鹿"，chivato意为"山羊羔"。和其他的许多词一样，ballena源于拉丁语中的BALLAENA。然而，词汇演变的历史总是充满惊喜且不同寻常，它向人们证明了一个事实：一个看似简单的单词也有可能包含着一些与其起源毫无关联的含义。Ballenato就是这样的一个词。19世纪以前，它常被用来指那些"出生在马德里的人"，如今这一释义在西班牙人中已不再常用。

Ballenato用来指马德里人的用法源于16、17世纪文学界的一则逸事。传说有一天，马德里全城都流传着一则消息：从曼萨纳雷斯河顺流而下出现了一头鲸鱼。而这件事的奇怪之处在于曼萨纳雷斯河既不通海也没有足够大的水流量，正是出于这个原因，弗朗西斯科·德·克维多把曼萨纳雷斯河称为"河流的小溪学徒"。这样一个令人惊愕的奇异事件引发了人们的担忧，于是大家拿着棍棒和长矛，快速奔向河岸边，打算杀掉这头迷失方向的鲸鱼。但出人意料的是，发出"鲸鱼来了"的警报消息的不过是一个绝望的酒窖管理人，因为看到一只装满红酒的木桶掉到河里被冲走，他不由自主地喊道"Va llena, va llena"，意思是"满满的一桶酒没有了"❶。因此，人们认为马德里人和鲸鱼有关联，而鲸鱼的幼崽被称作ballenato，两者之间的联系就这样确立下来了。在黄金世纪时期的故事版本中，被冲走的不是一个酒桶，而是一个驴鞍，但故事效果相同。

现在，ballenato更常用来指另一事物。皇家语言学院的《美洲词汇词典》对它的定义是"用手风琴配乐的歌曲或流行舞蹈，是哥伦比亚北部地区的地方特色"。事实上，现在日益常见的表演形式是在跳这种舞蹈或者演奏这种音乐的同时融入其他的西语美洲知名的音乐类型：萨尔萨、昆比亚、巴恰塔、梅伦盖。那么，这个名字究竟源于何处呢？要找到答案，我们还需查阅同一本词典，但要查阅以"v"开头的单词vallenato，它被标注为哥伦比亚词语并且定义如下："巴耶杜帕尔当地的特色民间舞"。这个哥伦比亚北部城市的名字是由三个词合成的，即"Valle de Upar"意为"乌帕尔谷地"，人们常常用简短的"el Valle"来指称这一地区。住在这里的当地人被外地人称作"vallenato"，带有一些贬义的色彩，因此，还有一个更被认可的对当地人的称呼"valduparense"，用来代替"vallenato"。然而，vallenato后来被用来命名这个城市最流行且最具特色的音乐，在单词的书写上，不论是用"b"开头还是用"v"开头，都用来专指这种音乐。

---

❶ 在西班牙语中"Va llena"的发音和鲸鱼"ballena"的发音相同。

第三节
西班牙语的规则

18世纪末到19世纪初期间,西班牙皇家语言学院的内部运转机制得以巩固,同时也获得了外界的认可。在正字法方面,皇家语言学院的提议在逐步细化,从一开始就秉承着遵照既定的总原则的思想,并顺应简化的趋势:1754年删掉了辅音ph的用法(不再使用pharaón,而是faraón)并确立了重读规则;1763年去掉了两个"s"并用的写法(不再使用processo,而是proceso);1803年收录了双字母辅音"ch"和"ll";1815年规定了辅音"q"的用法,确定了"x"的用法(由dijo代替dixo,但在examen中仍使用"x")并认定"y"为辅音,在词尾或单独使用时发元音"i"的音(ley,rey,y)。正字法的规则不断在调整,与此同时,这些规则也逐渐被纳入西语使用者的书写和教育当中。在西班牙,从1780年开始,皇家语言学院语法就成为学校的必修课,另外,由克劳迪奥·莫亚诺主持实施的《基本法》确立了皇家语言学院所有著作的优先话语权。

在美洲,虽然西班牙语是新的共和国的体制基础之一,但也不代表它在毫无争议和反对的情况下被接受。原则上,美洲各国的宪法并没有认定西班牙语为官方语言,如墨西哥1857年颁布的宪法;西班牙本土的西班牙语和皇家语言学院的规范在美洲各国被视作有效。但这依然无法避免各国的表达方式之间的差异,以下现象便可说明:美洲的著作若要同时在西班牙出版发行，便要在书中列出一个专用术语词汇表。另外，在摆脱殖民统治的进程中，确立自己的特点是很重要的，例如明确地保持和宗主国的语言之间的距离感。那么，应该如何诠释新的美洲西班牙语和旧的宗主国的西班牙语之间的关系？很显然，语言还是同一种语言，只是历史的变迁使得西班牙语处于不断的变化之中；但是，美洲的西班牙语和西班牙本土的西班牙语之间的差别也是显而易见的。我们应该怎么办？采用西班牙本土特有的用法，还是尽可能地疏远西班牙的西班牙语？应该继续保持还是打破和西班牙之间的文化纽带？在为教学和语言的正统用法确立一个规范的时候，这个问题变得尤为棘手。这个规范应该源自何处？应该由谁来制定？怎样制定？

在独立美洲的知识分子之间，分化出两种完全不同的对待西班牙的态度：分离派和统一派。这两种态度直接影响着西班牙语，尽管每种态度并没有绝对化。分离派思潮开始于阿根廷，以"37一代"[1]为代表，主张在语言和文化上完全独立于西班牙。这种独立意味着不仅仅要确立半岛西班牙语和美洲西班牙语之间的口头用法的区别，还要在语言规范和书面表达上有所区别。这就引发了正字法改革的提议，例如多明戈·福斯蒂诺·萨米恩托的提议，通过如下论述进行阐释：

> 为了学会发出西班牙人的"z"，我们发"s"的时候要更用力一些，这样我们的"s"才能像他们的"z"，这不仅很难实现，还

---

[1] 译者注：19世纪中期在阿根廷兴起的一场知识分子运动，主要参与者是一批阿根廷青年作家和思想家，因1837年成立"文学沙龙"而被称为"37一代"。他们主张摒弃从西班牙殖民地继承的君主制，建立能够保障公民权利的民主制度。主要代表人物有多明戈·福斯蒂诺·萨米恩托、胡安·玛丽亚·古铁雷斯、胡安·巴蒂斯塔·阿尔贝蒂等。

很可笑；即便是我们花费了很大的力气让一个年轻人荒唐地按照西班牙人的方式去读书，但是只要他开始说话，他就会回归自己国家的发音方式，这是他从出生就被赋予的发音方式。

——多明戈·福斯蒂诺·萨米恩托《美洲正字法备忘录》，1843年

萨米恩托提议不再使用字母"z"和"v"。不过，他赋予了那些合乎情理的论据另一种理由："我们（向美洲）宣布，我们要统一正字法，这是经过深思熟虑后做出的决定，2100万美洲人终将向我们致意，因为我们帮助他们在这仅剩的一场西班牙强加给我们的战争中获得了胜利。"实际上，语言一直就被视作战争手段和一种必须完成的独立的象征。对于胡安·巴蒂斯塔·阿尔贝蒂来说，这样的独立只能通过一种途径获得：放弃将西班牙本土的西班牙语或者卡斯蒂利亚语作为母语，而采用另一种不同的形式。这项提议在1828年出现，当时同为阿根廷人的胡安·克鲁兹·巴雷拉引入了"民族语言"的概念，并由卢西亚诺·阿贝耶在他的著作《阿根廷人的民族语言》（1900年）中沿用，其影响一直延续至今。

关于立场的选择，语言的命名事宜至关重要。19世纪发生的事情恰好印证了这一点。例如，从阿根廷的语法书的官方命名上就能看得出来：1855年名为《西班牙语法》，1865年名为《卡斯蒂利亚语法》，1884年名为《民族语言》，1891年名为《卡斯蒂利亚语》，1901年又变为《国家语言》。目前，美洲南部地区更倾向于把西班牙语称作卡斯蒂利亚语（castellano），因为西班牙语（español）被视作西班牙独有并独具西班牙特点的语言，尽管在美洲和欧洲，每个地区都对这两种名称有着各自的解释。另外，19世纪中叶的数十年间，曾经在玻利维亚建了一所"美洲语言学院"（1826年），在墨西哥成立了"墨西哥语言学院"（1835年），另

外还要算上在马德里成立的"初级教育教师的文学和科学学院",这所学院在1843年成功发布了正字法改革的教育方案。总之,在那个时期,分离派的各项事业方兴未艾。

和分离派思潮相对的是统一派思潮。显而易见,统一派支持西班牙语应该保持一致性,尽管各地的西班牙语各有不同,仍然应该把它们视作同一种语言,因此,西班牙语应该只有一套规范,包括正字法。在《美洲卡斯蒂利亚语语法》的序言中,委内瑞拉人安德烈斯·贝略表达了统一西班牙语的代表性观点:

> 我认为应该尽可能地保持祖辈的语言的纯洁性,这是很重要的。西班牙语是最为合适的交流语言,也是联系两个大陆上有着相同西班牙血缘的兄弟国家之间的纽带。
>
> ——安德烈斯·贝略,《美洲卡斯蒂利亚语语法》,1832年

这段话的重要意义不止于此,因为贝略曾经是提出正字法改革的众多知识分子中的一员,他们修订的正字法在1844年和1927年间作为官方正字法在智利实行,同一时期内,阿根廷、哥伦比亚、厄瓜多尔、尼加拉瓜和委内瑞拉都认可并使用这套正字法。贝略的提议和分离派人士的提议之间的不同之处在于,贝略寻求的是一套方便学校教学的具有合理性的正字法,而不是不惜代价地从思想上独立于西班牙。事实上,为了促进交流并加强西语国家之间的兄弟情谊,贝略最终撤销了他的正字法。

统一派的思想深深地根植于西语国家的大部分地区,形成这一思想的基础是集体意识、保护传统的想法和避免各地语言弱化的愿望。这样的愿望和它的思想基础落实在两项举措上:首先,对语言进行分类,将纯正

的语言和杂糅的语言区别开，将正统的语言和通俗语言区别开，并承认在和语言相关的事务上，西班牙在所有讲西班牙语的国家中具有优先权；其次，在语法书、词典和正字法字典的辅助下，开展语言的规范化教学，旨在尽最大可能保持语言的纯正性。从那之后的数十年间，西语国家的很多教育机构都将语法规则的学习和书面表达能力训练的重要性置于语言交际能力和口头表达能力训练之上。19世纪出版的语法书和词典中，最为熠熠生辉的当数上文提到过的安德烈斯·贝略的语法书和瓦伦西亚人维森特·萨尔瓦的语法书（1827年），尽管他们编书的指导思想各不相同。

在经历了无数的国家变革之后，美洲各国形成了相近的思想理念和政治体制，在国家建立过程中发生了很多根本性变革，加之多民族社会因素的影响，所有事件的发展以一个统一、稳固的语言共同体为结局，这可以称得上是一个奇迹。西语世界有一股向心力、一种相互认可的思想和一份求同存异的共识，所有这些在数个世纪里将它凝聚成一个集体，但是无论是西班牙、墨西哥、阿根廷、哥伦比亚、秘鲁还是其他任何一个国家，都不会舍弃本国的西班牙语独有的特点。这样一来，那些没有受过教育的语言使用者通常比专家和学者更加务实也更加具有远见，虽然我们也从不缺乏支持语言统一的知识分子们，他们肩负着所有西语国家的使命，如阿根廷的埃斯特万·埃切瓦里亚、哥伦比亚的鲁菲诺·何塞·奎尔沃以及乌拉圭的何塞·恩里克·罗多。

关于西班牙语的规范，西班牙皇家语言学院的核心影响力从成立之日起就显而易见，但是这并不妨碍人们随着每个时代的思想变化关注语言的多样性。在皇家语言学院编纂的第一部词典——《权威辞典》中，清楚地体现出对地方性词语的认可并承认它们在语言中应有的地位。这一思想通过制定一份词汇"总表"的意愿表现出来，与之形成对比的是法国和意大利的语言学院优先收录高雅的语言。另外，辞典中的词条对应的例文也不全是文学文本，这有助于提高地方性词语的出现频率。总之，他们想要做的是一次词汇的收录工作，正如辞典的序言中所说："尽最大可能收集最为丰富的词汇。"第一部辞典中就收入了诸如canoa（独木舟）、iguana（鬣蜥）和tabaco（烟草）这样的美洲词语，另外还引用了印加·加西拉索·德拉·维加及美洲多个纪事文学作家的笔记。但是这还不够。

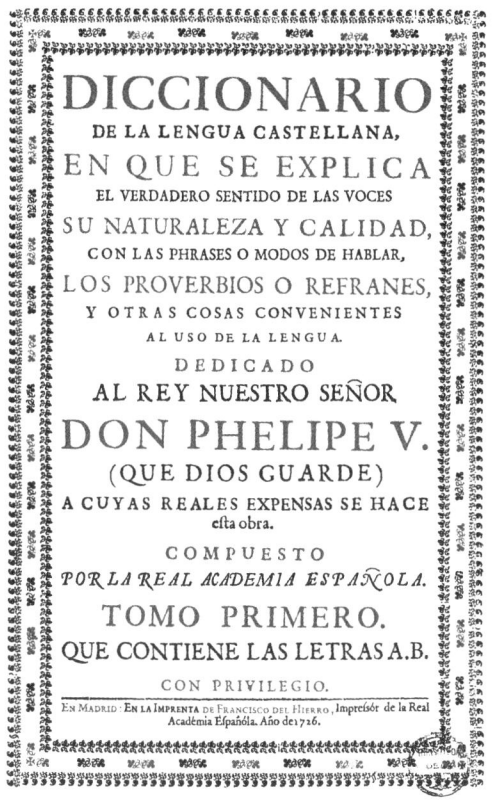

《权威辞典》第一卷封面（西班牙皇家语言学院，1726年）

在1780年版的皇家语言学院辞典中收录了来自西班牙本土12个地区的地方性词汇。事实上，收录地方性词汇的工作没有规律可循，这是因为它并不取决于科学的理论，而是多方面因素共同作用的结果，其中一个条件就是在各地拥有可以保障充足的地方性词语量供应的合作者。正是这个原因，西班牙皇家语言学院很快和美洲学者们建立了联系，他们中的一些人被任命为通讯院士，安德烈斯·贝略为带头人。不久以后，大家一致认为应该建立一个语言学院体系并最终成立了多个通讯学院，和西班牙皇家语言学院保持一定的附属关系，不带有任何政治意图且独立于各自国家的政府自主运营。就这样，1871年，哥伦比亚语言学院成立，之后厄瓜多尔语言学院（1874年）、墨西哥语言学院（1875年）和其他西语国家的语言学院陆续成立，还包括菲律宾语言学院（1924年）和美国语言学院（1973年），赤道几内亚的语言学院还在建设过程中。

还是在19世纪，最具有标志性意义的日期就是1884年第十二版《卡斯蒂利亚语辞典》出版的日子，这部词典体现了人们对西班牙语多样性的重视。可以说从那个时候起，美洲西班牙语在权威词典的目录中有了正式的身份，这既是美洲西班牙语学院成立的结果，也是对一直以来试图重新定义西班牙和美洲之间的文化关系的人文运动的回应。1884年版的词典前言中也反映出西班牙皇家语言学院和美洲语言学院之间的密切联系。美洲各个语言学院都开始收集各地的词语来丰富词典的词语量。前言中特别提及了西班牙皇家语言学院和哥伦比亚、墨西哥、委内瑞拉的语言学院之间的密切关系。另外，词典中的地理标记数量也有所增加，并用地区名或国家名清楚地标注出来，例如"美洲""安的列斯群岛""古巴""菲律宾""哥伦比亚""墨西哥"，尽管和西班牙本土地名的标记数量相比依然表现出明显的不均衡性。

毫无疑问，在对待西班牙语，特别是美洲西班牙语的多样性问题上，真正成为里程碑的一版词典是1925年问世的第十五版。这部第一次被命名为《西班牙语辞典》的新词典朝着合理对待美洲词语的方向迈出了决定性的一步，表现出了那个时代对西班牙语中的美洲词语最大程度的重视。地理标记的列表中又新增加了"拉普拉塔河""波多黎各""危地马拉""尼加拉瓜""萨尔瓦多""巴拉圭""乌拉圭"。把美洲西班牙语纳入学院派词典的步伐将一直向前。

学院计划不断适应时代和思想领域的新变化，由此，1951年西班牙语语言学院联合会成立，这给传播西班牙语的国际形象注入了新动力。在当时的背景下，联合会正式决定着手编纂一部60年之后（即2011年）才会问世的美洲用语词典。在这之前，作为哥伦布到达美洲500年的纪念版，1992年版的通用词典无论是在质量上还是数量上又一次花大力气完善了美洲西班牙语在词典中的呈现。在2001年和2014年的两个版本中，进一步细化了词汇信息，这都有赖于信息技术的全面系统的运用，极大程度地完善了词典中所有的带有标记的材料，其中包括关于方言变化的信息。

在西班牙语的历史发展过程中，语言学院的活动十分引人注目，但这并不代表学术机构是语言演变的核心力量。很显然不是这样的。语言的使用者应该将语言的内在发展趋势和每个时期的外在条件结合起来，无论这些外在条件是语言交流的方式，还是为了适应新生事物和新的思想，抑或是各种机构（也有可能是履行类似职责的个人）颁布并通过教学或者社交媒体进行传播的规范、准则或者标准。要学会如何使用一门语言，语言学院并不是不可或缺的条件，很多国家并没有设立语言学院，人们也能用好他们的语言，例如日本和讲英语的国家，虽然托马斯·杰斐逊总统曾经提议在美国建立一所语言学院。但是，语言学院的作用满足一定的社会需求并影响两个关键领域：书写和教学。在那些没有语言学院的国家，履行这种规范职责的是其他公立的或者私立的组织，由其承担这样的任务。

在西语世界里，语言学院为西班牙语的统一做出了巨大的贡献，无论是讲西语的人还是讲其他语言的人,都认为西班牙语是具有统一性的语言。共同的规则有助于处在同一个交流空间的人们的身份认同,在文化和认识世界的问题上也会巩固集体的凝聚力。这并不必然意味着统一,同时也意味着灵活和多样。当然,在制定规则的时候,为了在相互协调的举措中体现出西班牙语的多样性,有必要形成一种和谐共生、反对分化的思想。早在19世纪就出现了这种思想,但是直到20世纪末才在西班牙语世界以政策的形式确定下来。随着学术思想的演变和语言研究的发展,当前,西班牙语的规则不只是由西班牙皇家语言学院,而是由所有的语言学院共同讨论、制定和确立;另外,规则的制定最大程度地遵照了每个西语地区的规范用法。

大人物、普通人和小人物

安德烈斯·贝略

安德烈斯·贝略1791年出生于加拉加斯,1865年逝世于圣地亚哥,他或许是最伟大的西班牙语语法学家,同时也是世界上最杰出的语法学家之一。他的《卡斯蒂利亚语语法》(1847年)的副标题是"致力于美洲西班牙语的用法",他在序言中写道:

> 我并没有为卡斯蒂利亚人写语法书的雄心。这本书是为我的同胞们,为西班牙语美洲的人们而写的。

与这句话的表面意思相反,安德烈斯并没有分裂主义的意向。他的目的是证明美洲各地的西班牙语不应该被视作偏离了所谓的"正规的"卡斯蒂利亚语的语言,而应该被看作不同的表现"规范"的方式。

> 我的初衷并不是为了保持卡斯蒂利亚语的纯正而去指责美洲西班牙语中不完美的部分,恰恰是这些不完美构成了美洲西班牙语的独特之处。有许多地道的表达如今在西班牙本土已经过时,却在西班牙语美洲继续存在。为什么要排斥它们呢?……智利和委内瑞拉与阿拉贡和安达卢西亚一样有权利要求它们语言中无关紧要的差异得到包容,这也是有识之士之间达成的共识。

他的语法著作不仅具有社会价值,其中条理清晰且现代化的理论基础也大放异彩。贝略认为语法不同于释义,他的讲解富有逻辑性,他没有采取传统的拉丁语的模式,而是将语法融入语言的实际应用当中。

然而,若仅将安德烈斯·贝略的成就局限在语法学领域,对这位在任何时代都称得上是最伟大的西班牙语的思想家之一的人来说并不公平。安赫尔·罗森布拉特曾说,贝略象征着西班牙语美洲的文化解放。诚然,贝略的思想是和西班牙语美洲息息相关的,他最关心的是西班牙语美洲年轻一代的教育问题,他的志向是致力于西班牙语美洲的国家和制度的建设发展。此外,贝略的一生也极富传奇色彩:他是西蒙·玻利瓦尔的老师,曾为委内瑞拉的独立而战,创办了《加拉加斯报》;他曾在伦敦生活多年,并且在那里结识了许多一线的思想家;他还是享誉盛名的智利大学的校长。另外,他著作等身,作品包括十余部诗集、几部重要的法律作品(智利和哥伦比亚的《民法》)、十余部关于语言学和文学研究的作品,以及一些译作(有维克多·雨果、大仲马、孔狄亚克的作品)、哲学著作,甚至一部戏剧。我们还能要求更多吗？

贝略是位人文主义者，同时也是教育家、语言学家、老师、记者和美洲诗人，他认为应该将西语世界的历史和地理看作一个共同的，同时也存在多样性的空间。他对西语世界的观点就是建立一个语言和文化的共同体，并曾在数十年的时间中一直尝试创建一套特殊的通用语言体系。

玛丽亚·莫利内尔

20世纪初，玛丽亚·莫利内尔出生在西班牙阿拉贡地区的一个小镇上。她在父母的呵护下度过了一个衣食无忧的童年，并在萨拉戈萨完成了大学学业。1921年，她获得了哲学和文学专业的学位。很快，她便在"档案员和图书管理员协调部"谋得了一个职位，于是，她得以先后在西曼卡斯、穆尔西亚、瓦伦西亚和马德里从事档案管理工作。玛丽亚·莫利内尔是位投身于图书和教育事业的女性。在西班牙第二共和国时期，她倡导创建乡村大众图书馆并最终构建起一个图书馆网络。她甚至还写了一份项目书——《国家图书馆计划》（1939年）。然而，在西班牙内战之后，因为曾经支持共和国时期的文化项目，她在"档案员和图书管理员协调部"内部被降职。

在马德里期间，从20世纪50年代初起，在兼顾家庭生活和日常的图书管理员工作的同时，玛丽亚·莫利内尔开始编纂一部作品，即《西班牙语用法词典》（1966年）。长久以来，这部作品对西语国家，特别是对非西语国家的西班牙语教学和学习十分重要。这部词典的编纂在艰苦的条件下进行，凭借着莫利内尔一己之力，却实现了多重突破。这是女性第一次出现在大型词典编纂工作的第一线，之前的词典编纂工作都是由男性或团队负责完成。玛丽亚·莫利内尔的故事是展现职业毅力和投身语言研究的典范。1981年，加西亚·马尔克斯在玛丽亚·莫利内尔去世几天后谈起她，说道："她独自一人在家里用双手写出了最完整、最实用、最详尽也是最有趣的西班牙语词典。"为了写书，她倾其所有，甚至她的儿子在被问到他有多少个兄弟姐妹时，回答说："两个，一个妹妹和一部词典。"

此外，莫利内尔的词典突破了对皇家语言学院词典中的释义和词条的僵化模仿，即便是最具有批判性的词典学家都没能摆脱这种传统桎梏。在兼顾学术贡献的同时，玛丽亚·莫利内尔创新了词典编纂的理念，优先考虑词语在语境中的用法。和众多已经出版的英语学习词典相比，这本词典在语言教学领域独树一帜。用法能够揭示语言的内部规律，用法能够证明上下文之间的联系，用法能够展示西班牙语进化过程中词汇的演变。语言在实际应用中不断变化，而用法则应该是学习或者习得一门语言的有效途径。莫利内尔非常清楚这一点。如今，世界各国的西班牙语语言文化学者的研究工作都离不开《西班牙语用法词典》。如果说今天西班牙语作为一门外语被越来越多的人更好地了解，其中很大一部分原因在于一位来自阿拉贡的女图书管理员奋力完成了一部伟大又实用的词典。然而，因为早期的脑动脉硬化，莫利内尔没能享受到人们对这部词典的赞誉。

两个词语

便笺 *papeleta*

词典编纂技巧随时间推移发生了变化。直到18世纪，人们一直按照从A到Z的顺序排列词典里的词条，就像是写一篇记叙文一样。塞瓦斯蒂安·德·科瓦卢比亚斯就是这样编写了他的《西班牙语或卡斯蒂利亚语的瑰宝》，但似乎从字母E开始他就厌倦了这种方式，因为从这里开始他用了更为简要的方式来编纂这部词典。然而一直以来，皇家语言学院的词典编纂使用另一种方法：制作卡片。卡片能更容易地定位和排列词典中每个词条所包含的信息。尽管很多人将papeletas❶和papelitos❷混为一谈，认为papeletas指的是一种碎纸片，但它们却是两种不同的事物。后来，电子文档使得词典编纂者的工作得到了进化和完善，卡片被取而代之。

Papeleta的产生源于papel的指小词，"-eta"这一后缀在伊比利亚半岛东部的卡斯蒂利亚语和加泰罗尼亚语（-ete、-et、-eta）中都十分常见。Papel一词源于加泰罗尼亚语paper，而这个词又源自拉丁语中的文雅表达PAPYRUS。从中世纪开始，卡斯蒂利亚语中就有使用papel的记载，它的悠久历史催生出很多衍生词：papelear（在纸堆中翻找）、papelero/a（纸张的）、papelista（纸商）、papelucho/papelote（废纸）、papelón（爱炫耀的）、empapelar（裱糊）、traspapelar（把文件等放错地方），当然还有papeleta（便笺）。16世纪时，papeleta就已成为常见词，一般指一张尺寸较小的印有文字或用以书写的纸片。当然，这样一个物品的用途可以有很多种，因此papeleta一词的含义也得到了丰富，这种丰富性不是通过词义本身的变化，而是通过它在不同场景中的用途体现出来的。Papeleta可以用作被典当物品的收据、抽签用的工具、选票、药品包装纸（通常是粉状药品的包装）或通知条。同样，papeleta也指写有即将编入词典内容的卡片。

由于papeleta可以用作抽签的工具和选票，由此衍生出了"难以解决的事情"的含义。当一个人抽到不好的签时，人们会说他的签有些复杂，也

---

❶ 便笺、便条。
❷ papel的指小词。

就是说签上所写的内容不尽如人意；tener una papeleta的意思是需要面对一些消极的事物，因此"¡Vaya papeleta!"（真倒霉！）便是用在这种语境下的表达。有时，papelón也具有以上含义，这个词本身是一个戏剧界术语，指"逊色的，或可笑的表演"。这些都是papeleta容易区分的用法。编纂词典的人也有大量的papeletas（难题）需要攻克，当然现在情况有所变化，他们有强大的数据库作为辅助。

观众 *espectador*

Espectador一词来源于拉丁语中的SPECTATOR，而SPECTATOR则由SPECTARE演变而来，意为"看，观赏"。或许该词在拉丁语中就有"事件目击者"或"观看公共演出的人"的含义，但事实上，这一用法并没有在罗马语族的语言中沿用。在法国，法语词"spectateur（观众）"用于16世纪；另外，据记载，同时期在英语中用"spectator"表示相同的含义。至于西班牙语，有趣的是，关于"espectador"最早的书面记录恰恰是在17世纪，确切地说是米格尔·德·塞万提斯在其作品《堂吉诃德》的第二部以及《贝尔西雷斯和西希斯蒙达历险记》中使用了该词。这都说明"espectador"和其他的很多词一样，是通过文艺复兴进入西班牙语的高雅词语。此外，16世纪以来，"espectáculo"一词的使用也有记载，和"espectador"词根一致。然而，奇怪的是，在塞万提斯之前和之后都没有任何的书面资料中出现"espectador"，这一情况一直持续到18世纪才有了改变。

尽管在18世纪前期就有关于这个词的书面记录，然而直到1787年，espectador才被列入埃斯特万·特雷罗斯的《卡斯蒂利亚语词典》，随后于1791列入皇家语言学院的词典中。从那时起，espectador开始被大量使用。

那么随之而来的一个疑问便是：如何解释一个在17世纪只有一位作者（塞万提斯）使用过的词，尽管这位作者很有名气，为何毫无理由地在两个世纪后如此强势地再次出现？对于这一问题，语言学家佩德罗·阿尔瓦雷斯·德·米兰达已做出详细的解答，他将这一现象解释为18世纪的"虚拟新词"的一个案例。也就是说，当其他语言已经将一个新词融入自己的词汇体系中时，西班牙语也做出了同样的尝试，但这个词却没能成功地融入西班牙语。而且，这一尝试也并非十分果断，因为塞万提斯还写了aspetator和espectator这两种形式。《权威辞典》中也收录了espectator，但将其标注为"纯拉丁词"。

总的来说，在洛佩·德·维加和蒂尔索·德·莫利纳的剧作带动下形成的西班牙戏剧的鼎盛时期，espectador一词不被使用的原因在于存在其他的替代词，主要是auditorio和oyentes，有时还会用到público。因此，既然其他的词可以满足当时的表达需要，我们不禁要问：为什么在18世纪人们更倾向于使用espectador？这一问题没有明确的答案：有人说是因为受到了法语的影响；但是，由于人们更重视视觉感官（espectador指的是观看表演的人），而不是听觉感官（auditorio和oyente都指的是聆听表演的人），因此人们的视角发生了转变。17世纪期间，人们会说"听戏剧"并重视听觉感受；但从19世纪开始，人们看到的事物似乎变得更加重要。令人惊讶的是，在21世纪，当espectador一词已经被广泛应用到所有的演出和娱乐节目——包括电影和电视中的时候，audiencia一词则开始逐渐扩张其适用范围，不仅用于收听不同媒体的人，还用于收看节目的人。当然，这次audiencia被广泛接受，英语词audience的影响功不可没，其意义的演变轨迹就是一个美妙的、不断循环上升的螺旋体。

第四节
在西语的土地上

西班牙语的分布范围十分广泛，由此便不难理解胡安·巴莱拉和鲁菲诺·何塞·奎尔沃在19世纪末20世纪初就西班牙语的统一还是分裂的问题展开了一场激烈的论战。当时，无论在西班牙还是在美洲各国，胡安·巴莱拉都是享有很高声誉和非常受欢迎的西班牙作家；而当时居住在伦敦的哥伦比亚人奎尔沃则是世纪之交最为出色和颇受赞赏的西语学者之一。论战双方的观点如下。奎尔沃在一封信中写道："我们正处在分离的前夕（西语美洲各国的语言和西班牙的语言），像罗马帝国的行省最后的结局一样。"胡安·巴莱拉在西班牙、墨西哥和阿根廷的报纸上撰文进行了以下反驳："虽然每个国家有一定数量的词语用来表示物种、本土用语、习俗、农产品、服装等，但这并不足以构成生出新的语言的理由。"

那段时光已经远去，时代的更迭在朝着全球化发展，西语世界里所有讲西班牙语的人之间彼此增进着理解和交流。西班牙语是所有西语使用者共有的具有内在生命力的一套规范、一个语言体系。如果说西班牙语是一门语言，那是因为它满足下列条件：拥有文字规范、具有官方地位、具备通用的规则，并且在国内和国际社会享有盛誉并获得承认。令人惊讶的是，不同地方的西班牙语之间有着极高的互通性，特别是在规范的西班牙语上表现得更加明显。当我们发现任何一个地方的讲西班牙语的人都能读懂几个世纪以前用西班牙语写的文章，便更会感叹它的奇妙之处。

然而，西语世界中的方言的多样化也是值得我们了解的一个神奇的存在。事实上，若不是因为共同特点的深度和广度，可以预见的是，不同群体之间的理解沟通就会出现困难。委内瑞拉语言学家安赫尔·罗森布拉特用一段轻松愉快的文字描述了不同地区的西班牙语之间的区别：

游客在墨西哥

……一个在美国生活过很多年的西班牙人……很快就遇到了一系列的惊喜（在墨西哥）。早餐供应的是bolillos（小面包）。这是一种墨西哥特色食品吗？其实就是一种和teleras（在墨西哥的西班牙语中指面包）无异的小面包……出门的时候他需要决定坐公交车（在墨西哥公交车被叫作camión，在波多黎各和古巴则被叫作guagua），还是打电话给出租车司机（在墨西哥出租车司机被叫作ruletero，因为他们比转盘绕的圈还要多）。人们会在排队的时候推你一下，这并不带有什么恶意，因为这是帮你接近终点的一种善意的方式（在委内瑞拉排队是"colita"，在波多黎各是"pon"）。

——安赫尔·罗森布拉特，
《西班牙的卡斯蒂利亚语和美洲的卡斯蒂利亚语》，1970年

实际上，美洲西班牙语有很多在整个大陆范围内具有普遍性的特点，例如把c、z读作s的现象，把ustedes用作第二人称复数形式来表达关系的亲近，"se los（se los dije）"的使用，以及用luego de代替después de的现象。除此之外，还有许多常用的单词：amarrar（捆，绑，系）、botar（扔，投）、bravo（生气的，愤怒的）、cachetes（脸颊）、chance（机会）、

cuadra（苹果）、egresar（毕业）、flete（运费）、friolento（怕冷的）、halar（拉，拽）、manejar（驾驶车辆）、pararse（站立）、plomero（管道工）、soya（大豆）。然而，从地理、历史、人口的角度来看，美洲西班牙语有着显著的内部差异。因此，美洲西班牙语几个大的变体（小的变体数不胜数）可以归为以下五种：墨西哥—中美洲地区西语、加勒比地区西语、安第斯山区西语、南部地区西语和智利西语。让我们来看看它们各自最显著的特点有哪些。

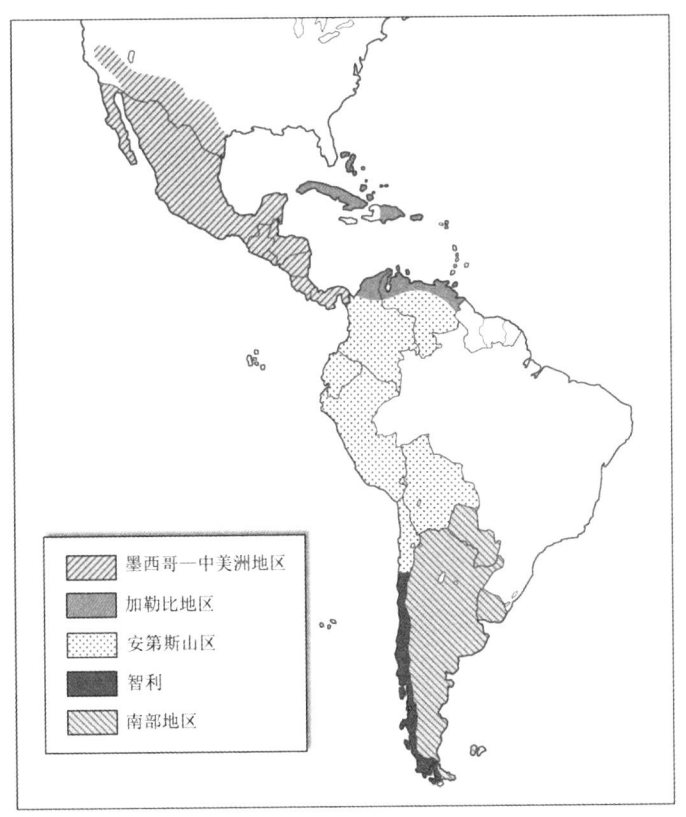

美洲的西班牙语变体的分布区域

墨西哥和中美洲地区的西班牙语，特别是墨西哥的西班牙语，是21世纪初分布面最广的西班牙语的一个变体，拥有大约一亿六千万使用者。

1900年，墨西哥的西班牙语也曾是分布面最广的分支，但那个时候它的使用者数量和其他几个西语变体的使用者数量差别很小，因为所有这些语言分支的使用者数量都少于两千万人。除了那些影响语言表达和礼貌策略的特点外，墨西哥—中美洲西语的特点还主要表现在发音、语法和词汇这几个方面。

发音方面，墨西哥和中美洲地区的人们倾向于把辅音发得很充分，就连音节末尾和单词结尾处的辅音也是如此；但是，非重读的元音却发得很轻甚至不发音，于是就会出现诸如cafecito和antes被读作cafsito和ants的情况。他们还会在e和o出现在其他元音前面的时候改变它们的读音，从而变出一个二重元音（如：把teatro读作tiatro，把poeta读作pueta）；还有一种情况是把辅音tl-放在同一个音节里去发音（如a-tle-ta）。语法层面，le被用来表示加强语气（如ándale, sígale），提问的时候用qué tanto代替cuánto，用qué tan代替cómo（如：¿qué tanto quieres de pan? ¿qué tan bueno eres?❶）；还有一些很常用的表达：no más意为solamente（仅仅，只），ni modo意为de ninguna forma（无论如何也不，决不），¡mande!（干嘛？怎么了？）。在中美洲地区多用代词vos，尽管哥斯达黎加有着另一个独特之处：在所有的人际关系中都使用usted，包括在家庭成员之间，这种现象被叫作ustedeo（如¡usted se va a comer toda la sopa ahora mismo! 意为"你现在就把汤都喝掉！"）。词汇方面，自然会出现一些墨西哥特有的单词agiotista（高利贷者）、albarca（游泳池）、apapachar（充满爱意地拥抱）、chueco（弯曲的）、espiritifláutico（极瘦的）、güero（金发的）、padre（好的）、padrísimo（极好的）、pinche（坏家伙，用于关系亲近的人之间的称呼）、

---

❶ 这两句的意思依次是：你要多少面包？你是个多好的人？

mero（同一个；重要的，核心的；纯洁的）、zócalo（中心广场）。和这些单词一起的，还有很多源于土著语言的词，其中主要源于纳华语：chapulín（蝗虫；蚱蜢）、chinche（容易的；乳头；金发的白种人）、chipote（简单的，舒适的，方便的）、cuate（孪生的）、elote（嫩玉米）、escuincle（小孩子；瘦弱的）、jitomate/tomate（番茄）、popote（用来喝饮料的吸管）。

加勒比地区、安的列斯群岛和沿海地区的西班牙语也呈现出巨大的内在差异，但是仍然有一些大家公认的共同特点。首先需要指出的就是语音方面的一个显著特点，即位于音节末尾的辅音被发成送气音、被弱化或者不发音的现象，这点在字母s的发音上表现尤为明显，例如ahta（asta）、mesah（mesas）、verdá（verdad）、comé（comer）。这并不是加勒比地区特有的现象，但是在那里表现得更为集中。另外，和其他地区相比，这里的人们通常会拖长元音，且字母j的发音会被弱化很多。语法方面的特点中，值得一提的是人们喜欢把主语放在疑问句的动词和动词原形的前面，如："¿qué tú quires?（你想要什么？）"；"¿dónde tú vives?（你住在哪里？）"；"Sonreí al tú decirme eso（你告诉我那件事的时候，我露出了微笑）"；"él lo hizo todo para yo poder descansar（为了让我能够休息，他做了所有的事）"。还有一个语法现象是主格人称代词的频繁使用，如："¿tú te quedas o tú te vas?（你是去是留？）"。在加勒比地区的词汇中，可以看到当地特有的土著词汇，例如：ají（尖辣椒）、guanajo（火鸡）、catire（金发的）；还有一些源自于非洲的词语：bemba（厚嘴唇）、chiringa（小风筝）、gongolí（蠕虫，软体虫）。这个地区还保留了为数不多的土生白人特有的方言中的两种：巴伦克语（el palenquero），分布于圣巴西里奥的巴伦克（哥伦比亚）；以及分布于阿鲁巴岛、博奈尔岛、库拉索岛（荷属安的列斯群岛）上的巴比亚门托语（el papiamento）。在这两种语言中非洲元素都占据着重要的地位。

安第斯山区的西班牙语分布于几乎整个哥伦比亚（加勒比海地区除外）、委内瑞拉西部部分地区、厄瓜多尔、秘鲁和玻利维亚。这一地区的西班牙语在发音上有着一些共同的特点，如：保留音节末尾和单词末尾的字母s的发音；多击颤音erre和置于词首的辅音连缀tr-会被发成类似于carso（carro，车）和tses（tres，三）。安第斯山区的西班牙语有一个有趣的语法现象，那就是在绝对最高级前面加上muy：esta comida está muy riquísima（这个食物实在是太美味了）。词汇方面，有一些是南美洲通用的词语，如：andinismo（登山运动）、apunarse（患高山病）、cabildante（管理者，政府议员）、hostigoso（讨厌的，烦人的）、saber［相当于soler，习惯（做某事）］；还有一些是安第斯山区独有的词语，如：aconcharse（心绪不宁，情绪低落）、brevete（驾驶许可）、calato（没穿衣服的）、chompa（毛衣）、chongo（喧闹）、combazo（用拳打）、poto（臀部）；还有一些源于土著语言，特别是源于克丘亚语的词语，如：cancha（宽阔的、一览无余的场地）、carpa（帐篷；店铺）、china（印第安土著女人；印欧混血的女人）、choclo或者chócolo（嫩玉米）、chacra（农场；农舍）、guacho（孤儿）、guagua（婴儿）、ñapa或者yapa（增加部分，附加物）、ojota（凉鞋；拖鞋）、palta（鳄梨）、poroto（菜豆）、soroche（高原反应）、zapallo（南瓜）。

美洲南部地区的西班牙语的分布范围广，并有着显著的内在差异，尤其是以布宜诺斯艾利斯和蒙得维的亚的拉普拉塔河流域的语言为代表。尽管如此，也不难找出极具普遍性的特点。对于其他的讲西班牙语的人来说，其中一个引人注意的特点就是字母y和ll的发音，这一地区的人用一种独特的摩擦音把这两个字母发作ye音，如：sisha（silla椅子）、sho（yo我）、asher（ayer昨天）。从历史的角度讲，这种发音特点的出现是因为法国移民的到来使其受到了法语的影响，或者是因为一种更紧的咬字方式。无论如何，很多讲西班牙语的人起初都很难听懂诸如la sisha rashada（la silla rayada，条纹花纹的椅子）这样的话，尽管要适应这样的发音并不难。南部地区的发音方式也会把音节末尾的s弱化或去掉（如mismo读作mihmo，rasjar读作rajar），还会重读单词中的代词，如把tomándola读作tomándolá。语法方面，最突出的特点是普遍把vos用作表示亲近关系的人称代词，并在动词变位上体现出来（如vos cantás、vos tenés、vos partís），它的命令式的变位规则是marchate（márchate）、comé（come）、vení（ven）。

阿根廷、乌拉圭和巴拉圭的词汇用法也非常有趣，因为其中不仅包括具有地区特点的词语，还有土著词语、意大利词语和黑话专用的词语，所有这些都是语言史和社会史共同作用的产物。这一地区通用的词语有：al pedo（没用的，徒劳）、atorrante（游手好闲的，懒惰的）、bancarse（支撑）、boludo（愚蠢的，傻的）、bombacha（女士内裤）、colectivo（公交车，大巴车）、bronca（愤怒）、frazada（毯子，床单）、lolas（胸部，乳头）、macana（谎言，蠢话）、macanudo（善良的，好的）、morocho（黑头发白皮肤）、pavada（蠢事，蠢话）、petiso（小矮个，矮胖的）、pileta（游泳池）、piola（聪明的，友善的）、pollera（女士半裙）、prolijo（精细的，干净的，仔细的）、quilombo（混乱）、vereda（人行道）、vidriera（橱窗）等。还有一些意大利词语：boleta（罚款）、feta（香肠或者奶酪薄片）、grapa（白酒，烧酒）、laburo（工作）、nono/nonino（爷爷）、piloto（雨衣）、valija（箱子）。还有一些瓜拉尼词语，如caraí（先生）、matete（混乱，无序）、mitaí（小孩子）。最后，出自黑话的词语有bacán

（家伙，人）、cana（警察）、farabute（疯子）、fiaca（懒惰）、mina（女人）、morfar（吃饭）。

由于安第斯山的阻隔，智利是美洲西班牙语的独特地区。这一地区的发音特点是s的发音被弱化或者被吞掉（vasco和los toros分别读作vahco和loh toro）；另外，还有舌后软腭辅音（c、q、j、g）的发音位置前移至硬腭的发音方式，如：queso、general和guerra分别读作quieso、gieneral和guierra。语法方面也有一些独特的用法，虽然不是智利独有的现象，例如se me le quiso arrepentir❶这句话中se me le的用法。词汇方面，我们发现了更加独一无二的特点。我们收集的智利词语有：al tiro（立刻，马上）、cototudo（困难的，复杂的）、condoro（异常笨拙）、enguatar（变肿；发胖）、fome（愚蠢的，没有天赋的）、huevada（东西；事情；形势）、huevón（笨的；男人，某人）、paco（警察）、roto（没教养的）、ya（是的；确实如此；当然）。除了像pololo（男朋友）和pololear（有男朋友；和某人谈恋爱，交往）这样的安第斯山词语和克丘亚词语之外，值得一提的还有一些取自马普切人的语言的词语：chalcha（动物颈部的褶皱）、cancos（女人宽宽的胯部）、guata（肚子）。

如果我们把目光投向西班牙，也会发现一些独特之处。卡斯蒂利亚地区表现出鲜明的特点，那就是这里的人们会区分s和z的发音（casa/caza），还有leísmo❷（tráele a cenar? 带他/她来吃晚饭）和laísmo❸（la dije que viniera，我让她来）之分。语音方面会引人注意的是所有s的咬字方式，把舌头放在靠近口腔的上部，靠近上颚的地方来发音。语法方面，还存在

---

❶ 意为"他想向我表示后悔之情"。
❷ 用与格代词le或les替代宾格代词。
❸ 用宾格代词la或las替代与格代词。

其他非常突出的特点，例如动词的虚拟式过去未完成时多用词尾是-se的变位动词（amase、quisiese）；还有主格人称代词第二人称复数vosotros/-as的使用（vosotros os vais）。词汇方面，卡斯蒂利亚语中有很多在整个西班牙都很常用的词语，但是跟美洲西班牙语相比又具有自己的特点，例如：albornoz（浴衣）、billete（票）、calada（吸一口烟）、calcetín（袜子）、chaval（小伙子）、chándal（卫衣）、chubasquero（雨衣）、follón（混乱）、gilipollas（傻子，笨人）、noria（水车）、ordenador（电脑）、parado（失业的）、pastón（巨款）、zumo（果汁）。所有这些都应该被视作西班牙本土的西班牙语词语。

在西班牙国内，语言的发展历史要求我们把卡斯蒂利亚方言、安达卢西亚方言和加那利方言区分开来。从中世纪末期开始，安达卢西亚方言就具有自己的特色了，表现在以下三个方面：弱化所有音节末尾和词尾的s的发音，把它们发成气音或者吞掉s的音；把字母j发成气音；另外还有seseo（把zurcir和zarza发作sursir和sarsa）和ceceo（把saco和cesar发作zaco和cezar）现象。在安达卢西亚地区不存在laísmo现象，另外，安达卢西亚词汇中有很多表示起源于该地区的文化现象的词语（soleá，一种诗歌音乐创作；costalero，在宗教游行中抬着圣像游行的人；salmorejo、pipirrana、gazpachuelo，三种安达卢西亚的特色菜）。更为有趣的是和日常生活有关的安达卢西亚词语，如búcaro（陶制的大肚水罐）、cangallo（又高又瘦的人）、gachas（阿谀奉承的话或者刻意说出的甜蜜的话）、gachón（既爱哭又喜欢抱怨的小孩）、pipo（陶制的大肚水罐）、polverío（尘土）。

加那利群岛的战略位置，加之从15世纪开始途经这里的人员的多样性，都证明了这里的方言和安达卢西亚东部方言有一些相同的特点（seseo现象，字母s发音的弱化，把字母j发成气音，用ustedes代替vosotros），但是词汇会帮助我们进行区分。加那利群岛汇集了葡萄牙词语（andoriña，燕子；bucio，海螺）和美洲词语（cachetes，脸颊；cucuyo，萤火虫；guagua，公交车；papa，土豆）。除此以外，还有当地土著居民贯切人的词语。贯切语是一种伊比利亚半岛居民抵达加那利群岛不久后就消失的语言，但是在与动物名称以及地名相关的词汇中依然保留了一些贯切语的元素，另外还有一些常用的单词，例如：gánigo（小砂锅），beletén（初乳）。

当我们对美洲的西班牙语变体的形成过程和西班牙本土的各个方言的形成过程做总结的时候，我们就会发现很多值得反思的事实。一方面，尽管美洲各国都有重要的原住民群体留存下来，特别是在墨西哥、秘鲁、玻利维亚和巴拉圭，西班牙语依然是美洲社会的通用语言，平均有90%的人口讲西班牙语。另外，20世纪是历史上第一个所有西班牙人都会讲西班牙语的世纪。

另一方面，如果我们将书中提到的每一种西班牙语变体的使用者的现有人口数进行对比的话，我们会注意到墨西哥和它的周边地区讲西语的人口数量占到了很大比例。使用者数量位居第二的是安第斯山区的西班牙语，紧随其后的是加勒比地区的西班牙语和美洲南部地区（巴拉圭、乌拉圭和阿根廷）的西班牙语。这之后才是西班牙语在卡斯蒂利亚的方言，这说明卡斯蒂利亚地区西班牙语的使用者数量还不及美洲南部地区。既然使用者数量多的地区的西班牙语通常被认为比其他地区的西班牙语更好，那也难怪很多人会觉得最好的西班牙语是墨西哥、波哥大和利马的西班牙语，因为这些地方的西班牙语会保留词尾和元音之间辅音的发音，就像西班牙北部的人们讲的卡斯蒂利亚语一样。对于这几个地区的西班牙语来说，马德里和西班牙的西班牙语的重要性和历史、人口密切相关，因为早在1800年，西班牙的西语使用者数量是墨西哥的两倍，而一个世纪以后人口数量却以不可逆转的形势翻转过来。

总之，上文中我们提到过的每一个西语地区的语言特点，都是西班牙语和它所在的环境相适应的历史产物。任何一个语言特点的形成都不是偶然，没有凭空出现的事物。

大人物、普通人和小人物

马里奥·莫雷诺

1911年，一个小男孩出生在墨西哥城一个拮据的家庭中，他被取名为马里奥·福蒂诺·阿方索。生活迫使他过早地成熟起来。短短几年的时间里，他就积攒了丰富的经历。他做过鞋匠学徒、邮差、出租车司机、拳击手、斗牛士、药剂师和士兵，后来他决定去舞蹈行业和表演界一试身手。马戏团的工作促使他塑造了一个从墨西哥底层人士的说话方式和穿着打扮上获得灵感的角色。此外，一次偶然的机会，他发现断断续续地说话会让观众捧腹大笑。就这样他确定了自己的扮相和人物设定，只差一个艺名了。于是他决定叫自己"坎丁弗拉斯"。

20世纪30年代，坎丁弗拉斯开始了他的电影生涯，他所扮演的角色特点是使用具有墨西哥特色的语言，运用一些令人出乎意料的文字游戏，话语中充满讽刺意味，口吐一些通俗又荒谬的句子。他不断地采用诸如 "¿No que no, chato?"（我认为答案是否定的，亲爱的，难道不是吗？）和 "Ahí está el detalle"（详情如此）的对话方式以及如下对话：

——他想让我继续走他的老路。他是植物学家。

——啊,他是植物学家呀。

——是的,他经常给我做好吃的开胃小菜。

——《门,年轻人》,《看门人》,1949年

坎丁弗拉斯扮演的是墨西哥穷小子形象,他地位卑微,但心地善良,充满活力,靠着生活给予的一点点甜头不断地挣扎奋斗。这样的人物形象出现在他参演的50余部电影中,让他在所有的西语国家中名声大噪,并因此获得了金球奖,在好莱坞星光大道上占据一颗星,得到了观众的充分认可。他的代表作有《拉奎尔的帽子》(1956年)、《文盲》(1960年)、《小神父》(1964年)、《阁下》(1966年)。尽管如此,他的角色在诸如法国、美国这样的国家里并没有引起太大的反响。原因在于坎丁弗拉斯的幽默是建立在语言的基础上的,而翻译后的语言并不能达到原句的喜剧效果。

不管是语调、词汇还是句法,坎丁弗拉斯的笑话都具有很强的墨西哥的语言特点,这使得包括西班牙在内的所有西语国家都易于接受他的幽默,而且还催生出一系列与其角色相关的词语。除了有"(某人)是一个坎丁弗拉斯一样的人"这样的表达以外,还有诸如cantinflear(废话连篇)、cantinflada(冗长空泛的演说)、cantinflesco(坎丁弗拉斯式的)、cantinflero(喜欢空谈且讲话没有依据的人)。坎丁弗拉斯塑造的"马里奥·莫雷诺"这个人物形象是一个很好的例证,那就是西班牙语的一个变体——这里是墨西哥西班牙语——是如何在所有的西语国家被接受,从而丰富了他们共同的文化财富,同时也有助于使语言内部的多样性得到认可。这一奇迹的实现得益于一种极为重要的社会媒介的发展:电影。电影使得在各个地方的西语母语者能够直接听到墨西哥、阿根廷、秘鲁、智

利、古巴和西班牙的用词，并了解到一件奇妙的事：他们能通过同一种语言听懂与自己完全不同的人所说的话。

梅赛德斯·索萨

1935年，梅赛德斯·索萨出生于阿根廷中部图库曼省的圣米格尔，她的父亲是制糖工人，母亲是洗衣工。梅赛德斯有着卡尔恰基血统，该民族经历过殖民洗劫后，其血统几乎被稀释殆尽，但梅赛德斯的心始终和土著人民在一起，同时她也深爱着美洲这片土地。她所讲的阿根廷图库曼方言与安第斯山地区的西班牙语及智利西班牙语十分相像，是源于南美内陆地区的语言。梅赛德斯15岁时，有一天歌唱老师请了假，唱国歌时校长让她上前一步并大声带领全体一起唱歌。1950年的这一天，是梅赛德斯歌手生涯的起点。

毫无疑问，梅赛德斯·索萨是20世纪阿根廷和西语美洲民谣的最高代表，她被誉为"美洲之声"，这一称号实至名归。她低沉、有力又极富穿透性的嗓音将南美人民的力量传递到每个角落。她的音乐中通常会融入传统乐器，其中表达了对时而苦涩艰辛，时而欣慰甜蜜，却总是富有诗意的生活的一种理解方式。她领导了"新歌运动"，该运动旨在融合通俗音乐，拒绝狭隘的地区主义并关注所有的民间文化。这一思想源于阿根廷，成功扩散到了整个西语美洲。索萨所经历的政治流亡的痛苦和事业成功的喜悦，归根到底都与人民群众紧密相关。索萨录制了大量的唱片，《有意义的歌》（1965年）和《我不是为唱而唱》（1966年）是她最著名的唱片中的两张。她所演唱的许多歌曲，无论站在何种角度都可被称作西语世界共同的文化财富，如《感恩生命》《团结之歌》《阿尔方西娜和海》《沧海桑田》。梅赛德斯·索萨于2009年逝世。

在一部西班牙语史中凸显梅赛德斯·索萨这样的人物形象的理由或许并不充分，然而这并不影响她的重要地位。毋庸置疑，书面文学在一种语言或文化的形成过程中发挥着必不可少的作用，但音乐也同样重要，特别是当传媒可以有力地将其传递到世界上的各个角落以后，音乐所起到的作用便更加明显。梅赛德斯·索萨的贡献在于她用西班牙语表达出一个深入人心的观念：西语世界团结一致，文化同根同源，维护民族尊严。梅赛德斯·索萨和20世纪其他来自美洲和西班牙的流行歌手一起在国外为西语人代言，而在西语世界的大家庭内部，他们在保留自身特点的同时也更加具有凝聚力。

两个词语

柱墩 *zócalo*

在拉丁语中，SOCCUS是一种鞋子的名称，确切地说是女性和喜剧演员们穿的一种平底便鞋。无论在用法和写法上有何变化，我们确定的是这个拉丁词语指的是一种鞋子，这一词义也被带入罗马语族的语言中。据记载，从15世纪开始，该词在西班牙语中演变成为zueco（木屐），尽管在历史上这个词用以指称的事物各有不同。在意大利语中，该词的演变源于拉丁词语的指小词socculus，最终产生了zòccolo一词，词义依旧是指鞋，但同时又多了一个比喻义"柱基、基底"。由这个意大利词产生了西班牙语词 zócalo，因此，直到16、17世纪才出现了该词早期的书面记录，由洛佩·德·维加使用。由于它的一般含义是"基底或支撑物"，于是，自然而然地，zócalo被用作指称支撑建筑物的底部，或一幢大楼的地基。《权威辞典》已将zócalo标为建筑业的专用词语，另外，埃斯特万·特雷罗斯的词典中也对它作出了明确的定义："建筑业词语，指墩座、基座、雕像下放置的石头或正方体，用于放置或扶正重物"。Zócalo是一个典型的意大利语词，西班牙语借用了它"墩座、基座"的含义，并最终成为一个建筑术语。

然而，一旦一个单词开始流通使用，就会因为在不同场合的用法而产生多重含义。这时，一个专业词便不再是只属于一个行业的专用词，而会转变为普通词。以zócalo为例，它原本是从文雅语言借用而来的词语，之后成为建筑术语，到后来又演变出新的普遍用法，最常用的有以下三种。第一种用法是指用来覆盖墙面下部的带状物，其作用是装饰或遮挡电线及其他物体。在西班牙，zócalo的这一用法可以用rodapié来替代。在墨西哥，人们则用zoclo来表示该事物，而zoclo也是从zócalo衍生而来。第二，在智利（也可能还有其他国家），zócalo被用来指大楼未封闭的一层或地下室。如今这一用法已经过时，智利的年轻一代并不知道zócalo的这一含义，但能够确定的是，在电梯的按钮上人们可以看到带有字母z的按钮，即zócalo，用来指示一层。最后，zócalo在美洲还有一个十分常见的用法，指墨西哥城老城区中心的宪法广场。这个名字始于1843年，当时，为纪念墨西哥独立，人们决定在主广场竖立一座纪念碑。竖碑的第一步就是要建一个纪念碑的底座，但后来纪念碑却没能建成。许多年间，这个底座就这样坐落在广场中心，变成了墨西哥人口中的标志性地点，人们会约在这里见面或是散步。之后，zócalo进一步演变为整个大广场的名字。后来，由于首都效应，墨西哥其他城市的主广场也被叫作zócalo。如今，该词已经变成一个具有通用含义的墨西哥词，意为"一个城市的主广场"。因此，在墨西哥使用"plaza del zócalo"这一短语会被认为是一种不必要的重复。

农村的；野生的 *jíbaro*

许多讲西语的人听到jíbaro这个词的时候，就会想到他们平时从书本或电影中获取的知识，认为该词指的是一个美洲部落，且该部落有着将死者头颅干缩保存的习俗。这种说法不算错。舒阿人（shuar）或希瓦罗人（jíbaros），是生活在厄瓜多尔高原上的土著族群，他们住在亚马孙河的发源地，该族群以对敌心狠手辣而闻名，他们会把敌人的首级砍下，用以存放死者的灵魂。而jíbaro则可能是shuar的西语化形式。但是，加勒比地区及其他南美大部分地区的西语母语者所使用的jíbaro则具有截然不同的含义，其中使用范围最广的几个词义是"白种人农民"及"田间的、乡村的、野生的事物"。

具有这些含义的jíbaro的起源已经很难探究清楚了。有人会联想到厄瓜多尔的希瓦罗人，但无法解释为什么这个名词传到加勒比地区后产生了"农民"这一含义。因此，我们认为它可能来源于一种加勒比地区的土著语，可能是塔依诺语，由其中的单词"jiba（山）"演变而来。这个单词与意为"巨石、石头"的ciba或siba有关，但这一切都只是没有证据的猜测而已。西语中关于jíbaro的最早的文字记载出现在18世纪，当时该词被用来指"加勒比地区的克里奥尔人和梅斯蒂索人"，有时还用来指山林中的野猫或野狗，如"perro jíbaro"。

无论起源于何处，jíbaro都是加勒比地区的常用词。如上文所述，它通用的含义是"白种人农民"（用于波多黎各境内），还可用来形容人或事物（如乡村节日fiesta jíbara）。但它还可以意指"波多黎各的"，或是用来指附加在农民身上的一些所谓的特征，如：令人讨厌的、孤僻的人（用于古巴或多米尼加共和国）；叛逆的人（用于古巴）；感情不专一的人（用于多米尼加共和国）。同样，在墨西哥它被用来指有着某些白人特征的梅斯蒂索人；在哥伦比亚和委内瑞拉，被用来指从事少量毒品交易的人。除了这些词义以外，jíbaro最主要的用法是它在波多黎各被赋予的词义（即白种人农民），甚至在一道菜名中也用了该词——"jíbaro envuelto"，是一道用面粉、水与盐和成的面团包裹着香蕉制成的油炸食品。正如波多黎各人用jíbaro来命名农民一样，在古巴，人们使用的词是guajiro；在墨西哥用campirano、montuno、charro以及jarocho；在委内瑞拉用llanero；在厄瓜多尔用chagra；在拉普拉塔河流域用gaucho；在智利境内用huaso；在多米尼加则用vale。弗朗西斯科·桑塔玛丽亚在他的《美洲词汇大词典》中就是这样解释的。

第五节
官方西班牙语之外

西班牙语的历史是在所有西语使用者生活的土地上发展起来的。因此，有必要简要了解西班牙语在那些通常不被认为是西语世界的地区的现状，因为这些地区和那些将西班牙语作为官方语言或国家语言的地区一样，也是讲西班牙语的地区。在非洲、美国和亚洲的部分地区，西班牙语以不同的形式发挥着中介语言的作用，然而，在和其他语言融合的过程中也形成了自己独有的特点。西班牙语在这些地区出现的历史原因和16世纪以来西班牙的征服、探险及殖民活动密切相关，但是也和移民以及近代不同地区之间的往来有关。让我们按照时间顺序看看在每个地区都发生了什么。

非洲北部

西班牙语最早在非洲北部出现的时间应该追溯到15世纪后半叶和16世纪上半叶。从历史的角度来看，西班牙语在这一地区的使用具有不连续性和不规律性。在这里，讲西班牙语的人口周期性更新，因此很难说这里的西班牙语应该被称作非洲北部的西班牙语还是马格里布地区❶的西班牙语。

---

❶ 非洲西北部地区。

西班牙语在这片地区出现的首要因素是地理上的比邻,其次是这一地区具有天然的战略优势:位于地中海的门户并在两个大陆之间的交通要道上。在控制了几个最重要的马格里布地区的飞地之后,西班牙便不再制定在非洲的扩张政策,这一状况一直持续到19世纪。

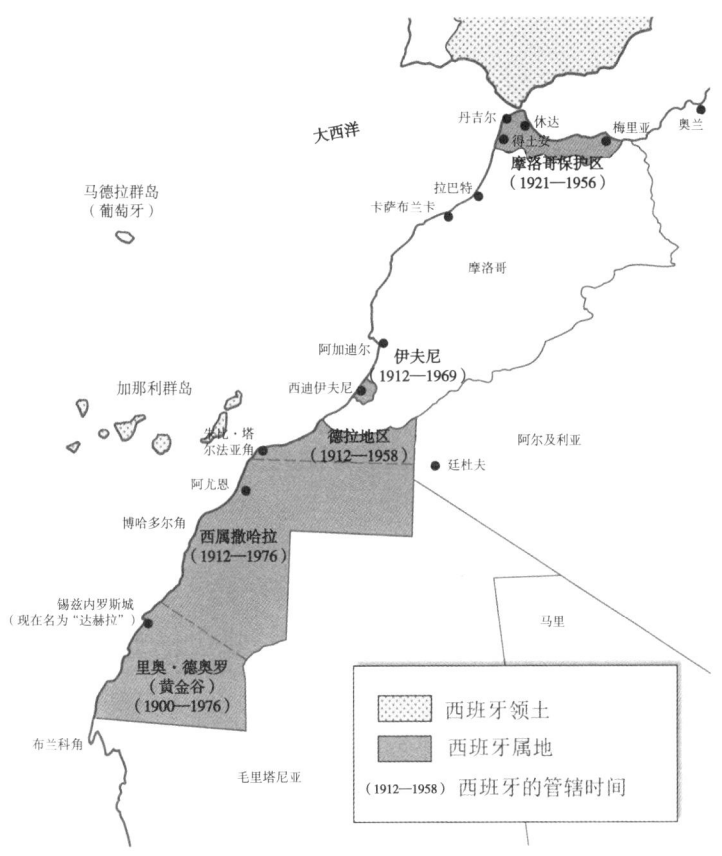

历史上西班牙在非洲西北部的管辖范围

(图片来源:加西亚·德·科塔萨尔,《西班牙历史地图册》,

巴塞罗那:环球出版社,2005年)

摩洛哥从1912年起就是西班牙的保护区,由于在"里夫战争"中和摩洛哥人民之间的战争冲突不断,直到1927年西班牙才真正开始实施对摩洛哥的统治。1956年,摩洛哥的独立结束了西班牙对保护区的统治,这意味着西班牙放弃了除休达和梅里亚之外所有的非洲飞地；与此同时，西班牙也放弃了对西撒哈拉的统治。从那时起，西班牙语也进入了一个被弃用的时期。阿尔及利亚曾经是法国的保护区，从19世纪末期开始，大量来自莱万特和安达卢西亚的临时性移民来到这里，这些来自低微的社会阶层的移民在当代阿尔及利亚西班牙语中留下了他们的印记。1962年，阿尔及利亚宣布独立，西班牙裔和塞法尔迪裔的居民从这里离开，盛极一时的移民运动也开始进入衰落期。从那时起，阿尔及利亚的西班牙语变成了一种残存的语言。

马格里布地区的西班牙语独有的特点中，值得一提的是受阿拉伯语影响造成的元音e-i和o-u的混淆（vecino发成vicino，vivía发成vevía，oreja发成ureja）以及辅音pe和be的混淆（español发成isbaniol），另外一个特点是元音之间ye音的丢失（siya发成sía）和字母ñ的丢失（mañana写作maniana）。词汇方面，一个有趣的现象是用其他的单词代替以al开头的单词，很显然al是阿拉伯语中的冠词，例如：用mujada代替almohada（枕头），用canfor代替alcanfor（樟脑），用mendra代替almendra（杏仁），用jarobo代替algarrobo（角豆树）；另一个有趣的现象是安达卢西亚词汇的使用，如plaza表示市场，portañuela表示裤子的门襟，candela表示（有芯的）灯、烛。

在目前处在摩洛哥管辖下的西撒哈拉，尽管可能还有大约20万讲西班牙语的人，这里的西班牙语也正在逐渐变成残存的语言。然而，在阿尔及利亚境内驻扎的撒哈拉营地中，西班牙语则有着更为重要的政治分量，廷杜夫就是其中一个。在这些营地中，西班牙语备受重视，学校里的学生都要学习西班牙语，并且有10万以上的人口懂西班牙语。在整个非洲西北部占据政治优势的法语面前，西班牙语则变成了一种身份的象征。

美国

美国西班牙语的渊源要追溯到16世纪。然而，现在西班牙语的地理分布、社会地位以及语言构成都是从19世纪下半叶开始形成的。从16—18世纪期间的垦殖者那里继承而来的西班牙语被冠以"世袭西班牙语或传统西班牙语"的名字，主要分布在路易斯安那州、得克萨斯州和新墨西哥州南部，科罗拉多州以及亚利桑那州南部。美国人的世袭西班牙语历经数个世纪，在西班牙的西班牙语（卡斯蒂利亚语、安达卢西亚方言和加那利方言）的基础上形成，很快又受到了美洲各地西班牙语的影响，它们由第一批远征的垦殖者的后代和陆续来自墨西哥的新垦殖者带到美国。在太平洋沿岸地区，1829年左右，连接圣达菲和洛杉矶的"西班牙古道路"的开通产生了巨大的社会经济影响，进一步巩固了西班牙语作为交际语言在美国西部的地位。

美国南部西班牙语的漫长历史和墨西哥西班牙语的演变密切相关。因此，我们可以把这种西班牙语的变体归为墨西哥西班牙语的一个分支。除了具有很多墨西哥西班牙语的特点以外，这一地区的西班牙语最有趣的语言特点有以下几点：辅音后面加一个元音e作为单词的结尾（用bebere代替beber，papele代替papel）；逐渐弱化或者丢掉元音之间的ye音（用hueia代替huella，raia代替raya，cabeo代替cabello，anío代替anillo）；把单词开头的h-发成气音（humo读作jumo，hervir读作jervir）；古语和流行词语的使用（用hablates代替hablaste，vivites代替viviste，véngamos代替vengamos，quedré代替querré，traíba代替traía）。另外，还有一些和墨西哥通用的词：chueco（弯曲的）、halar（投掷，拖拽）、mancuernillas（双胞胎）、guaraches（凉鞋）、milpas（玉米地）、zopilote（秃鹫）；犹他-阿兹特克语中的土著词语：mitote（流言蜚语，闲话）、teguas（水牛皮的凉鞋）、

zacate（草坪）、zoquete（泥巴）。当然，也少不了一些英语词：baquiar（后退）、choque（粉笔）、sinc（洗碗池）、torque（火鸡）、troca（卡车）。

除了新墨西哥州和西南部的西班牙语之外，值得注意的还有路易斯安那州和得克萨斯州的西班牙语。路易斯安那州的情况格外引人注意，因为这里保留了源自加那利的西班牙语变体，它的特征很容易从语音上被识别，词汇上表现出来的特点也很鲜明。这种西班牙语变体分为两种不同的类型：本岛语言（isleña）和变异语言（bruli）。18世纪抵达的加那利垦殖者的后代中仍然保留着本岛语言；变异语言和本岛语言虽是同源，但更多地受到法语和英语的影响，因为在长达两个世纪的时间里它和这两种语言共存。目前尚有数百个讲本岛语言的人，而变异语言的印迹却所剩无几了。

古巴西班牙语在佛罗里达州的出现要追溯到一个多世纪以前。19世纪期间佛罗里达州的一些飞地赢得了独一无二的重要地位，如坦帕和基维斯特（西语名为Cayo Hueso）。随着铁路的开通，坦帕得到了发展，很多古巴和西班牙居民纷纷前往那里。19世纪中叶开展于基维斯特的卷烟业也吸引了大量的古巴人，他们中的大多数都是社会文化层次低的人群。另一些人来到美国是为了逃离古巴蔗糖公司的危机，并四散居住在不同的州。1898年结束的美西战争似乎并没有在数量上改变美国的古巴人总数。毫无疑问，菲德尔·卡斯特罗在古巴夺取政权，古巴人民陆续迁居美国，特别是迁居佛罗里达州的事实确确实实地改变了美国的古巴人数量。

至于波多黎各人，1898年的美西战争急剧地改变了其政治身份和人口流动。然而，直到进入20世纪以后，美国的波多黎各人的数量才显著增多。主要的波多黎各移民都去了纽约，特别是在1917—1948年。这波移民浪潮由经济原因引发，并且得到了明显的发展，尽管大量的人口增长出现在1940—1970年，那30年间美国的波多黎各人数量从6万余人增加到几乎150万人。20世纪下半叶期间，纽约和新泽西地区将波多黎各岛的西班牙语纳入他们的语言版图中，其中既包括高雅的用语也包括通俗用语。

我们发现，美国西班牙语的形成受到移民节奏的制约，其中的一些历史悠久：17世纪时期新墨西哥州的西班牙语；18世纪和19世纪期间的得克萨斯州、路易斯安那州和加利福尼亚州的西班牙语和墨西哥西班牙语。当然，还有其他一些只有一百多年历史的移民人口：佛罗里达州的古巴人、纽约的波多黎各人。每一批移民人口的到来都意味着一种独特的西班牙语方言在相应的目的地扎根下来，并且依据移民来自哪个社会阶层形成不同的社会语言特点。尽管如此，从20世纪70年代开始，前往美国的西班牙语移民人口逐渐在模糊各种变体之间的较为传统的分界线，并且逐渐引发了一个重新进行西班牙化的过程。另外，各地不同的西班牙语变体也开始融合，这会带来什么样的新变化我们尚且不得而知。

总之，历史造就了西班牙语今天在美国的地位，从社会重要性的层面讲，西班牙语是美国第二大语言。2010年，超过3500万的美国人口在家里讲西班牙语，多于美国总人口15%的人将西班牙语作为自己的身份标志。美国人口普查局的数据显示，在美国讲西班牙语的人口中，来自墨西哥的移民比例达到近70%，来自中美洲和南美洲的移民占15%，波多黎各移民占9%，古巴移民占4%。

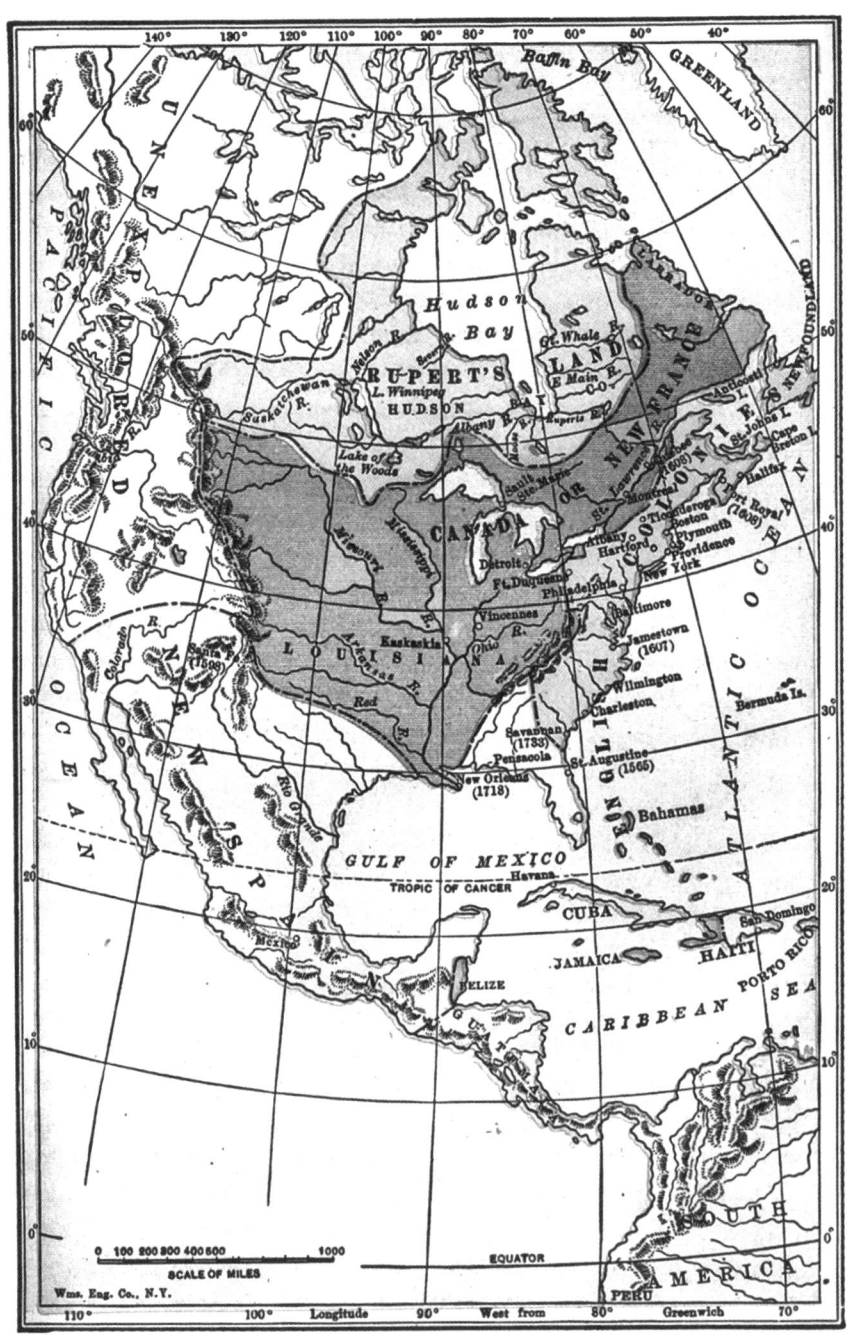

1800年美国境内使用西班牙语、英语和法语的地区(该地图收录在《美国历史》中,来源:谷登堡计划的《美国历史》电子书,www.gutenberg.net)

菲律宾和太平洋

1565—1987年，西班牙语是菲律宾的官方语言：1565年米盖尔·洛佩兹·德·莱加斯皮和安德烈斯·德·乌达内达率领的远征队在宿务建立了第一个殖民地，西班牙语是当时的殖民地语言；1987年，菲律宾总统科拉松·阿基诺撤销了西班牙语作为官方语言的资格。现在，菲律宾的官方语言是英语和菲律宾语，然而，值得注意的是，菲律宾语是在他加禄语的基础上发展而来的，且其中包含了大量的西班牙语词。事实上，菲律宾的土著语言中存在很多借用西班牙语词的现象，其中有大约20%的词都源自西班牙语：balasar（barajar，洗牌）、bodiga（bodega，酒窖）、relós（reloj，表）、umpisá（empezar，开始）。

1898年菲律宾脱离了西班牙的殖民统治，转而成为美国的殖民地。当时，美国实施了一项对本土事物和西班牙事物进行压制的政策，此外，美国还利用西班牙人建立的学校实现英语的快速传播。然而，由于西班牙语曾经是文化和经济都身居上层社会的身份标志，它的使用和地位依然保持到了20世纪初。很多人不知道，菲律宾的第一批文学著作、它作为独立共和国的第一部宪法、它的国歌都是用西班牙语写的。另外，菲律宾至今还有很多西班牙姓氏和用西班牙语命名的地方：圣克鲁斯（Santa Cruz）、特立尼达（La Trinidad）、恩加尼奥角（Cabo Engaño）、翁达湾（Bahía Honda）、公主港（Puerto Princesa）。尽管如此，西班牙语在今天的菲律宾已经很少使用了。但是一种名叫查巴卡诺语（chabacano）的克里奥尔语[1]至

---

[1] 克里奥尔语是一种"混杂语"。它产生的原因是一个地区的居民来自不同的地方，讲不同的语言。它是为了满足不同的群体之间有效交流的目的而创造出来的一种混杂着各种语言特点的新语言。

今仍在菲律宾使用，它的使用者人数可以达到50万以上。

　　Chabacano是一个16世纪的单词，用来表示不讨人喜欢、不值钱、不被重视的事物。查巴卡诺语是克里奥尔语的一个分支，它是西班牙语的词汇、句法和本土的他加禄语、比萨扬语混合的产物。从18世纪中叶起，查巴卡诺语就是一门足以和其他语言区别开的语言。现在主要在吕宋岛和棉兰老岛讲这种语言，特别是在三宝颜半岛使用得最多。这种克里奥尔语有以下几个特点：用字母p代替字母f，因为在菲律宾的语言中不存在f这个音（用Pilipinas代替Filipinas，tipón代替tifón）；把c和z发作s，把字母j发成一个气音；用小品词mga来表示单词的复数形式（el mga casa意为las casas）；在人称代词中引入土著语中的表达方式（kitá意为nosotros）；简化动词，去掉动词原形末尾的字母r（如comé、quitá）。查巴卡诺语词汇中大约90%的元素都源自西班牙语，其中还融合了一些土著词、美洲词、古语词和英语词。

　　在太平洋的关岛还有一种语言，名为查莫罗语（chamorro），它的历史和西班牙语密切相关。这是一种在历史上融合了南岛语元素和西班牙语元素的混合语，在这个基础上，20世纪期间又加入了一些来自英语（英语是马里亚纳群岛的官方语言）和日语的词语。尽管如此，查莫罗语的词汇中有50%都来自西班牙语，其中还包括一些其他的西班牙语元素，例如介词asta、desde、entre、contra、para、pot、sigún、sin和数词uno（一）、dos（二）、tres（三）、sinko（五）。

赤道几内亚

　　欧洲人第一次认识几内亚是在1471年，那一年葡萄牙航海家们抵达远离几内亚的安诺本岛。西班牙和葡萄牙之间关于几内亚的领土的漫长纷争在1777年以西班牙的胜利而告终,然而直到19世纪,西班牙才开始对几内亚实施实质性的殖民统治。因此,20世纪期间贸易往来得到了大力地推动,同时也更有助于莱万特的垦殖者、获得自由的黑人和古巴的政治流放者前来此地。法国和德国对几内亚陆地领土的争夺直到1900年划定了最终的领土分界线之后才结束。1968年赤道几内亚独立。因此,最近几十年间西班牙和西班牙文化对这个国家的影响力变得非常有限。

绝大多数赤道几内亚西班牙语的特点都归因于这一地区多语言共存的状况。可以说在卡斯蒂利亚西班牙语的基础上,语言的各个层面都在互相影响,彼此交融。语音层面,最为引人注意的是用字母f的发音代替字母c的发音,如:canfión(canción,歌曲)、fintas(cintas,带子,带状物)。但是,因为受到芳语❶的影响,它们的语调听起来很独特。语法层面,它们倾向于在句子中使用非重读形式,如:用usted me burla替代usted se burla de mí(您在取笑我);省掉了自复代词(la gente concentra aquí,人们聚集到这里);有时候也不讲究性数的一致性(la plato,盘子;cosa oculto,被掩盖的事物);还会在使用第三人称代词的时候将动词按照第二人称变位,如usted quieres(您想要)。

词汇很好地反映了这一地区的语言发展史,从西班牙语适应新环境而形成西班牙化的赤道几内亚词汇,到撒哈拉沙漠以南的非洲地区词汇和美洲词汇的融入。撒哈拉沙漠以南的非洲地区词汇的形成主要源于直接借用和意义迁移两种方式,如encué是"大篮子"的意思;oír是"懂得,理解"的意思,sólo oigo el portugués un poco是"我只能听懂一点葡萄牙语"的意思。美洲词汇的出现主要归因于19世纪以来和古巴之间的往来,在中美洲和多米尼加共和国也用chapear(清理杂草丛生的田地)和guachimán(监视

---

❶ 在加蓬和赤道几内亚居主导地位的班图语。

者；守护者，保管者）这两个词。

无根的西班牙语

在地理范围之外，还存在一种西班牙语的变体，它的历史从中世纪一直延续到今天，但是我们很难把它圈定在一个固定的地理范围内。犹太西班牙语，又名现代拉迪诺语或djudezmo actual，是1492年被驱逐出伊比利亚半岛（在希伯来语中被称作塞法拉德Sefarad）的犹太人后裔经过一代又一代流传至今的各种西班牙语的变体的总和。1492年之后他们四散逃亡至非洲北部、地中海东岸和欧洲各地。之后，历史的变革又不断将他们送往不同的地方：美国、阿根廷、以色列。长久以来，他们的语言一直保留着区分舌后软腭清辅音和浊辅音的发音方式，还有诸如do（doy）、so（soy）和esto（estoy）这样的动词变位的用法，以及把vos当作主语和宾语的用法（venivos等同于veníos）。他们还会使用来自希伯来语的词汇，还有一些来自长期和他们混居的民族语言（土耳其语、阿拉伯语、巴尔干半岛的语言）的词汇。目前还有人讲现代拉迪诺语，也有人用它进行书写，但是它的生命力正在一点点地减弱，进而会在使用这种语言的社群中消失。

大人物、普通人和小人物

埃尔·哈依·埃尔·哈尔比

1916年，埃尔·哈依·埃尔·哈尔比出生在阿尔及利亚西部的城市贝尼萨夫。他的父母都是传统渔民，虽然每天都会有来自地中海沿岸不同地方的人在他们城市的港口往来穿梭，但他的父母平时讲奥兰阿拉伯语，在必要的场合讲法语。埃尔·哈尔比从父母那里学会了奥兰省方言，也会讲法语。为了进行铁矿开采，现代的贝尼萨夫城在1875年作为法国殖民地被重建，尽管渔民们的生活与矿业无关，但他们依旧别无选择，只能学习殖民国的语言。但是，除了奥兰省方言和法语，埃尔·哈尔比童年时期还学会了一门语言——西班牙语。

和父亲一样，埃尔·哈尔比从小便开始捕鱼，因此无论是在港口还是在城里，他都有机会从生活在那里的西班牙人口中学习西班牙语。这些西班牙人中有些自19世纪就开始在矿山工作，有些则是在20世纪期间从阿利坎特、穆尔西亚、瓦伦西亚来到这里，靠捕鱼或种田谋生。在贝尼萨夫的大街上，经常会看到西班牙儿童和阿尔及利亚儿童一起玩耍，他们就像从一块石头跳到另一块石头上一样不停地跳转语言，玩耍中他们互相借用彼此的话语，学着用不止一种语言来讲述自己的冒险。埃尔·哈尔比就是这样在城市的街道上学会了西班牙语。他的父母也会说西语，因为这是贝尼萨夫底层人社交生活的一部分。

从1962年开始，阿尔及利亚的独立意味着整个国家进入了一个新的时期，这时作为民间用语的法语及作为官方和宗教语言的阿拉伯语成为主要的社交语言。然而，许多讲奥兰阿拉伯语的人，如柏柏尔人，他们并不会读写古典阿拉伯语。已经在贝尼萨夫、穆阿斯凯尔和奥兰生活了几十年的很多西班牙家庭，即便在之前没有搬走，大多数也都在独立前后离开了。同样离开的还有塞法尔迪犹太人，他们在那里留下了自己的日常用语和文学用语，还有许多用犹太西班牙语写成的歌谣和谚语。此后，据埃尔·哈尔比自己说，尽管没有太多的机会讲西班牙语，但他一直将自己的西语视为珍宝。在他刚满72岁时，一位来自西班牙的研究员打听到了他，研究员自称是位方言学家而且想和他用西语对话。刚开始，埃尔·哈尔比有些措手不及，但后来又得心应手起来，尽管语速有些缓慢，但他依旧能说好西班牙语，能用西语向这位方言学家介绍他的生活和他身边的人们。他还说这可能是他最后一次用西班牙语来回忆过去的机会了。

堂·奇波特

像很多墨西哥的北方人一样，堂·奇波特受够了辛苦劳作却毫无收获的生活，于是，他决定抛下家人、房子和牛羊，前往山姆大叔的土地，据说那里遍地黄金。在他的狗——苏弗雷兰博雷的陪伴下，堂·奇波特开启了新生活。遗憾的是，那里除了欺骗、打击和失望之外一无所有。1920年，美国的西南部并不是什么友善之地：刚刚抵达那里的墨西哥人被当作运载货物的动物和轻易被诉讼者盯上的猎物，一些暴发户还会对他们进行各种各样的嘲弄和欺辱。这些人中，也不乏那些已经在这里发家致富的墨西哥人，他们以美国佬自居，和刚到的墨西哥人划清界限。对此，堂·奇波特是这样回忆的：

> 世上还有比这些恶劣之人更卑劣的东西吗？他们以美国佬自居，拒绝讲自己原本的语言甚至背弃自己出生的国家。我认为没有比这更卑鄙的事了。这些叛徒把自己搞得不伦不类，既不讲正宗西语，又不说正经英语，总之一句话，他们无知至极。那些对于我们来说最为尖酸刻薄的称呼正是出自他们口中，比如"cholo（未开化的）""verde（没经验的）""zurumato（呆滞的）"。然而他们忘了这些用来挖苦新来的同胞的词恰恰也是来自西班牙语。

这个故事由记者丹尼尔·贝内加斯编著成书，并于1928年在洛杉矶出版，题目是《堂·奇波特历险记，或待到鹦鹉吮乳时》，它正是第一部奇卡诺小说，书中塑造了一些人物、一个社会、一种说话方式和一种生活模式。这部书是反对当时美国对无辜的墨西哥人的剥削的宣言书。20世纪下半叶，用西语和英语写作的奇卡诺文学作品均反映了这一主题。从1970年开始，墨西哥人在双重文化环境中经历着身份认同的过程，而贝内加斯笔下的墨西哥人却不是这样，他们渴望回到自己的故乡并带着一种强烈的负罪感。

墨西哥裔文学在19世纪后30年间开始形成了自己的风格，这一现象出现在《瓜达卢佩-伊达尔戈条约》签订之后，这一条约让8万多名墨西哥人成为美国公民。促使这种文学类型形成的社会环境充满了社会冲突、边境纠纷和融合问题。在当时的环境下，西语报刊逐渐在媒体中占据一席之地：1880—1935年，在科罗拉多州、新墨西哥州、亚利桑那州和得克萨斯州，有30多个社区创办了190多个西语报刊。在以口头西语为主要交流工具的社区，这些西语报刊的出现被看作是在政治和社会层面对以英语为口头和写作语言的主流文化的宣战。

两个词语

美元 *dólar*

Dólar一词来源于一个地名——约阿希姆斯塔尔（华金谷），该地位于波希米亚（捷克共和国），当时那里有许多银矿，从那里开采出的银子被铸成的钱币，在德语中被称作Joachimsthaler，或被简称为thaler或taler，对应的西语则是tálero。铸造这些钱币时，西班牙的国王同时也是波希米亚的领主。于是，卡洛斯一世和费利佩二世下令为西班牙和美洲铸造一种与thaler相像的银币，他们还给这种银币起了很多名字：real de a ocho（八圆雷亚尔)，peso de ocho（八圆比索），peso fuerte、peso duro（硬比索）及dólar español（西班牙银币）。在西班牙帝国的支持下，这种货币得以在欧洲、美洲和亚洲流通使用，由此可以称得上是世界上第一种国际外币，尤其是在18世纪下半叶，该货币得以在最大范围内流通。

那么，如果说西班牙参与了这种名为thaler或táleros的货币的诞生，并且创造了一个有着衍生名称（dólar español）的新币种，那么它和如今的美国货币——美元（dollar）的诞生也有着密切的关系。事实上，在美国独立战争期间，反抗者们自行印刷了一些印有dollar字样的纸币，并认定它等同于西班牙银币。纸币上写着："请给使用者（同等数额的）西班牙银币或者等值的黄金或白银。"这种纸币是从1775年，即美国独立前一年由国会决定发行的。因此，成立初期的美国的首个货币单位就是dólar español。这一猜测很有可能成立，因为18世纪期间，在英国各殖民地该货币被流通使用。之后，1792年，美国造币厂开始铸造美元，然而在一段时期以内，人们更愿意使用西班牙银币，因为它分量更重且用于铸造它的银子质量更优。一直到1857年，西班牙银币的使用在美国被废除。如今西语中的dólar一词则是来源于新的美国货币dollar。

同样有着西班牙血统的还有著名的用来表示美元的符号，这个符号也可用于表示其他币种，也可以是金钱的代称。这个符号就是"$"，我们可以在任何一个计算机的键盘上找到它。该符号源于名为"八圆雷亚尔"的银币。18世纪铸造的这种银币上，有两个大力神柱，它们分别位于部分重叠的两个地球平面图的两边，地球图形的上方还有一个皇冠。两个柱子上缠着飘带，上面写着标语"Plus Ultra（拉丁语，更远的地方）"。飘带由字母S表示，而两个柱子则是重叠于S之上的那一竖。这就是$符号的图形构成。关于它的起源还有其他猜想，如比索的缩写，玻利维亚波托西矿区简称PTSI的字母拆分重组。总之，该符号的西班牙血统毋庸置疑。

波丘语 *pocho*

皇家语言学院词典对pocho的定义为"暗淡的、无色的";用于水果时,表示水果不新鲜了;用于人时,则意味着其身体状况不佳。直到1832年,西班牙皇家语言学院才收录了这个词与颜色有关的词义,这是因为该词在日常生活中的使用频率并不高,因此,这是个相对现代的词。在西班牙,人们按照皇家语言学院的定义使用pocho一词,如以下例句所示:"esta fruta hay que comerla porque está pocha(得赶快把这水果吃了,都不新鲜了)""mi bebé está pocho(我的孩子面色苍白)""las flores del jardín ya están pochas por el calor(因为天热,花园里的花都蔫了)"。智利人也用pocho和pocha,不过前一个意为"矮胖的、笨拙的",后一个意为"谎言、欺骗",这一用法或许是因为受到了土著用语的影响。

然而,20世纪以来,在墨西哥西语和美国西语中,pocho又演变出了一个新的含义。桑塔玛丽亚的《美洲词汇大词典》收录了pocho的变体poche,但在墨西哥pocho更为常用。也许是源于"苍白的"这一词义,pocho被用于指称具有美国国籍的墨西哥后裔或已经移民到美国的墨西哥人。由于这个原因,pocho一词被收录在路易斯·费尔南多·拉腊领导编纂的《墨西哥西班牙语词典》中。现在,在上述词义的基础上又增加了一些重要的语言学含义。移民到美国的墨西哥人被称作pocho是因为他们说话时会夹杂一些英语词,并且对英语掌握不够熟练。此外,还有一个只在语言学领域使用的词义,用来指说话或写作时混合使用西语和英语,如"escribir en pocho(用英西混合语写作)","un anuncio en pocho(英西混合语广告)"。事实上,"pocho"是指美国南部受到英语影响的西班牙语。具有这种特点的西班牙语词被称为pochismos,如:pipa(管道)、weldiar(焊接)。然而,这种混合用法并不是墨西哥裔独有的语言现象,许多来自不同地区的美籍西语人士都会使用这类词语。此外，在美国南部被称作pocho的事物还有其他的名称，如chicano或tex-mex。

然而，在不同语言的交流过程中频繁出现这样一个引人注目的现象，值得我们加以探讨。当一个地方出现语言混用现象和频繁的语言替代现象，或者在形成一种混合语之后——也就是说，当这种混合语已经被它的使用者作为第一语言来习得的时候——用于命名这种语言变体的名词很有可能会被赋予贬义色彩。于是，当一种语言现象被想当然地认为不符合事先规定好的，或者被社会普遍接受的规范和模式的时候，它便会受到贬低。因此，菲律宾的西班牙语被称为chabacano（粗鄙之语），卡斯蒂利亚语和加泰罗尼亚语及阿拉贡方言的混用被称为chapurreao（半吊子式外语），西班牙语和非洲语及阿鲁巴、博内尔和库拉索的荷兰语的混用被叫作papiamento（帕皮亚门托语），西班牙语和厄瓜多尔的克丘亚语的混用则被叫作media lengua（不完善的语言）。那么，用相同的逻辑来推论，美国南部的西班牙语和英语的混用则被叫作pocho（波丘语）。

第六节
互联网时代的西班牙语

20世纪和21世纪以来，对语言影响最大的社会经济环境发生了根本性的变化。其中值得一提的是促进社会经济环境变化的三大进程：城市化、教育和全球化。城市化意味着大量的农村人口迁居城市，城市则正在进入一种前所未有的交流模式中。2000年，全球人口超过60亿，讲西班牙语的人口占近10%。如果2010年前后发生了有史以来第一次农村人口和城市人口数量均等的情况，我们可以预测，到21世纪中叶，城市人口可以达到全球人口的70%左右。从语言交际层面来看，这就意味着除了会发生缺乏生命力的语言消失的情况，还有很多地方性的语言会遗失；与此同时，城市中的语言状况会变得越发复杂。在西语世界，大城市的语言中会融入更多其他语言或者其他方言中的外来元素。

所有的语言都对其使用者的受教育程度和文化背景尤为敏感，西班牙语也不例外。21世纪初期讲西班牙语的人中约有10%既不识字也不会写字。和1900年的情况相比，文盲率极大地降低，但是不同国家之间的差异也显而易见，2000年中美洲的文盲率仍高达20%，古巴、阿根廷、乌拉圭的文盲率降至4%，西班牙的文盲率仅有2%。这些达到历史新低的数据反映出以下三个变化：初级教育的普及率得到提高，公立教育体系更加普及，义务教育的法制化得到发展。21世纪初，90%以上的西语美洲20岁以下的人口受到了初级教育，这主要得益于整个美洲的政治局势日渐稳定，经济得到了发展，中产阶级日益壮大，战争冲突减少。年轻人接受了更好的教育，随之而来的影响就是很多通俗用语和传统方言被弃用，从而有助于更为正统和更为普及的语言形式的传播。

全球化是建立在经济基础上的一个过程，并且会对文化和交际产生显而易见的影响。总的来说，全球化是不同因素的作用下让市场具备全球性特点的一种机制，而通信技术等各类技术，特别是信息技术的发展发挥着最为突出的作用。因此，交际的方式和它所能到达的范围都在发生改变，同时也对文化和语言施加影响。事实上，我们也处在一个文化全球化的时代，每个社会内部的语言形式、交际方式和交际渠道都在发生着改变。西班牙语也无法脱离文化全球化的浪潮。更进一步说，西班牙语是全球化进程下发挥主要作用的语言之一，它是网络中使用的第三大语言，也是国际交流的第二大语言。这很大程度上影响了语言的表达方式，以便于不同国家的人能够达到互相交流的目的，人们则通过电视、广播和网络来学习那些能够让对方理解自己的表达方式。从这个意义上讲，我们正面临着西班牙语更具统一性的趋势，20世纪60年代时安赫尔·罗森布拉特就对此有所预言：

> 和所有结果未知的语言不同，尽管确实存在一系列的分裂因素，可以肯定的是所有西语国家的正统西班牙语在今天形成了前所未有的统一性。这种统一性尊重规则，同时也包容地区之间，甚至是不同的个体之间不可避免的差异。另外，这种统一性并不会只发生在某一个地方，而是所有使用西班牙语的作家、思想家和科学家广泛合作的成果。
>
> ——安赫尔·罗森布拉特，《西班牙语的未来》，1963年

如今，我们可以轻易地获取各种各样的交际渠道和交际网络，这就使得任何一个人在任何时候都可以用他想要的方式使用任何一种语言或者任何一种方言，在这个过程中，在其他情况下有可能会消失的用法又会在会话过程中获得新生。这样的情况正在一些地方性语言和城市黑话当中的身上发生，通常情况下它们不用于书面语中，但是却在互联网上留下了它们的书面印记。

城市化、教育和全球化是三个独立的进程，但是它们的实现过程又相互影响，彼此交融，大城市则为此提供了一个理想的舞台。通常大城市给人的印象是那里的人们被划分成不同的阶级群体：身份高贵的人讲优雅考究的语言，身份卑微的人讲通俗的、充满地方特色的语言，这两个阶层之间有着明显的分界线。在工业时代，城市中的不同群体尚可按照阶级来划分，但是现代城市中的群体划分并不以阶级为标准，而是根据一些有着共同特点的群体来进行划分。因此，就有了社会地位高且受教育程度高的人组成的群体，他们在适当的场合使用高雅的语言，与之相对的则是那些受教育程度低、社会经济地位低的人组成的群体。还可以依照不同的特点组成各种群体，例如：出身优渥的年轻人们在西班牙被称作pijos，指阔少、阔小姐，在墨西哥被称作fresas，在美洲南部被称作chetos，在委内瑞拉是sifrinos，在哥伦比亚则是gomelos；还有职业群体（医生、行政人员、教师）和来自同一个地方的移民群体（马德里的厄瓜多尔人、墨西哥的危地马拉人、纽约的波多黎各人、米兰的秘鲁人）。还有的群体会聚了来自不同社会阶层且受教育程度各异的人们，他们促进了语言的交汇和融合。通常情况下，同时属于若干个群体的人是语言变化的主导群体且往往是女人。

城市不仅仅是一个不同社会阶层的人交换"语言商品"的"市场"，

还会受到社会媒体的影响，特别是电视的影响。与之相对应的是，专业从事传媒行业的人通常来自城市，他们在媒体上传播自己的说话方式，但同时也在改变自己的说话方式。就这样，在媒体和城市知识分子人群之间形成了一个互相影响的循环。另外，媒体、信息技术和广告都具备在特定的时间传播词语、意义、句子的能力，新事物的出现日新月异：最早的吉列剃须刀的广告出现于1901年；可口可乐在1926年分别来到西班牙和墨西哥；1945年birome（圆珠笔）的概念在阿根廷深入人心；1996年出现了viagra一词（万艾可，俗称"伟哥"）；2001年出现了银行用语corralito（政府冻结银行资金）；2004年诞生了"脸书"Facebook；2010年grafeno（石墨烯）和vuvuzela（呜呜祖拉）两个词得到了广泛传播；同年出现了美国苹果公司的平板电脑，Ipad（西语中读作áipad）一词应运而生，同时这也是城市中的幼儿最早学会的十个单词中的一个。此外，电视剧可以让一些具有地方特色的表达成为流行用语，同时，电视剧、动画片的拍摄或者漫画的绘制都可以将加勒比地区或者墨西哥的词汇传播到相隔数千公里之外的地方，例如chévere（很棒的）、órale（表示惊讶，或者用于表示赞同或鼓励）、cachetada（一巴掌）。

  所有这一切都将我们直接带到了词汇更新的时代，20、21世纪期间诞生了大量和巨大的科技进步相关的术语，并得到了广泛的传播。20世纪期间，有着不同起源的词被传播开来：lavadora（洗衣机）、secadora（烘干机）、lavaplatos或lavavajillas（洗碗机）、aspiradora（吸尘器）和microondas（微波炉）；caja registradora（收款机）、cajero automático（自助取款机）、tarjeta de crédito（信用卡）、tarjeta de débito（借记卡）、código de barras（条形码）、láser（激光）、módem（调制解调器）、chip（芯片）、radar（雷达）、transbordador espacial（航天飞机）、satélite artificial（人造卫星）、móvil或celular（手机）、mouse或ratón（鼠标）、ordenador或computadora（电脑）、plasma或alta definición（高清晰度）、bolígrafo（圆珠笔）、logo（商标）、postit（便利贴）、clip（夹子）。还出现了一些变成单词的缩写名称：ovni（不明飞行物）、sida（获得性免疫缺陷综合征）、opa（光参量放大器）；有时是一些拼读的字母：DNA（脱氧核糖核酸）、ko（击倒）、GPS（全球定位系统）。也有一些品牌名称变成了通用的单词：mecano（组装玩具）、formica（防火板）、maicena（玉米淀粉）、nailon（尼龙）；还有些词是由两个不同的单词融合而成的：ofimática（办公室软件）、sonar（声呐）、cantautor（创作型歌手）、docudrama（在真实事件基础上创作的影视作品）、publirreportaje（广告片）。科技进步为西班牙语贡献了数百个新词。

在为人类社会贡献新词最多的领域中，最值得一提的当数经济和信息技术领域。尽管这两个都是专业性很强的领域，它们的术语却在书面媒体和口头媒体的协助下变成了通用语。诚然，并不是所有的西语国家都在同一时刻接收了完全一致的词汇，但却无法摆脱逐渐统一化的趋势，这或许是全球化和语言的变化不定带来的结果。经济和贸易领域中，经常会借助一些比喻和日常用语来达到充分表达和描述的目的。下列用语的使用就是如此，economía sumergida（地下经济）、chiringuito financiero（提供非法投资服务的公司）；还有一些用语会借助与产品或者金融现象相关的国家形象：bonos bulldog（用英镑发行的债券）、bonos yankee（用美元发行的债券）、bonos samurái（用日元发行的债券）；efecto samba（桑巴效应）、efecto tango（探戈效应）、efecto tequila（龙舌兰酒效应）。

无论是经济领域还是贸易或者商业领域，相关词汇反映出的是一些更为可取的语言的创新机制。其中最为多产的机制之一就是借用英语中的词汇：commodity（商品）、target（目标，对象）、portfolio（公文包）、marketing（销售，推广）、royalty（版税）、know-how（会做某事）、package（包裹）。有时候这些英语单词会被西班牙语中具有同样意思的词代替，有时候就会完全被西班牙语化：eslogan（口号，标语）、chárter（包机）。另外，有些时候是按照西班牙语的方式复制英语的结构而形成的一些表达：自由贸易（free trade / comercio libre）、公平贸易（fair trade / comercio justo）、资金流转（cash flow / flujo de caja）；有时还会使用英语和西班牙语结合的表达形式：制造商（compañía de factoring）、餐饮服务公司（empresa de catering）。当然，在这一类词汇中不能少了各类既不是来源于英语（如CIF，成本加保险费加运费），也不是来源于西班牙语（如：IVA，增值税；PIB，国内生产总值）的缩写名称。

信息技术领域和经济领域有很多相同的特点，其中也包括了很多从英语借用而来的术语：browser（浏览器）、bookmark（书签）、host（主机）、link（链接）；还有很多可以用西班牙语中的单词代替：密码（password和contraseña）、鼠标（mouse和ratón）、邮件（mail和correo）、用户名（username和usuario）、网站（website和sitio）、路由器（router和enrutador）、无线（wireless和inalámbrico）。另外，有些英语单词在形式上已经完全变成了西班牙语：resetear（重置）、chatear（聊天）、clicar或cliquear（点击）、atachar（附着）、loguear（登录）、deletear（删除）。信息技术领域中也会用到很多缩写名称，且把它们当作一个单词去发音：PIN（个人识别密码）、WAP（无线应用协议）、ASCII（美国信息交换标准代码）；下列缩写名称则是按照每个字母的顺序去拼读：PDF（文件格式）、HTML（超文本标记语言）、URL（统一资源定位标志），还有众所周知的WWW（万维网）。英语在信息技术领域的重要地位促成了一种名叫ciberspanglish（英西混合的网络用语）的专用术语体系。

有趣的是，虽然从19世纪开始西班牙语中就融入了一些英语词，但是20世纪被认为是受英语影响最大的历史时期，西班牙语中有些是直接从英语借用而来的词，有些是仿照英语单词而来，还有其他各种从英语转换而来的单词。只要看看和经济、信息技术、科技相关的词汇就足以证明这一点。然而，我们往往很难察觉这一事实，因为日常用语并不会反映出英语对西班牙语的过度影响，即便是在波多黎各的西班牙语中也是如此，而波多黎各因为和美国的关系，已经成为受英语影响最大的国家之一。有关波多黎各词汇的研究表明英语词汇所占的比例和马德里的西班牙语中英语词汇的比例没有很大的差别。同样，身在美国的西语国家的人们说的西班牙语通常被认为是受英语影响最大的样本，被叫作pocho、chicano或者espanglish。确实，在这些语言的混合体中有大量从英语转换而来的元素，主要表现为：直接借用（如tiene el pelo straight = tiene el pelo liso，他的头发是直的），两种语言混合（如clendador，日历），仿照英语语法（如"¿qué es tu nombre?=¿cómo te llamas?你叫什么名字"；"tomar ventaja de=aprovecharse de，利用"；"¿cómo te gustó?=¿te gustó?你喜欢吗"），两种语言交替使用（如tell me qué es lo mejor para todos，告诉我对大家最有利的是什么）。然而即便是在美国，根据语境的不同，西语国家的人们对英语的使用也很有限。2004年一项研究表明，生活在芝加哥的西语国家的人们的日常词汇中，英语词的数量仅有不到11%。

然而，在讲各种不同语言的人们汇聚的地方，英语已经化身为国际主流的参照语言。英语也是21世纪的通用语，以至于鲁文·达里奥[1]的诗句在

---

[1] 尼加拉瓜诗人、散文家，现代主义代表作家。

当时像是一种预言，诗人对西班牙语的未来表示担忧：

……
您对我的语言不应感到陌生。
您或许曾见过加西拉索。
我是美洲的儿子，西班牙的孙子。
克维多会在阿兰胡埃斯用诗句向您诉说。
……

美洲如同整个西班牙一样
将它倒霉的命运固定在东方；
我询问等待前途的斯芬克斯
用你那仿若问号般的神圣脖颈

难道我们要向残暴的蛮族屈膝？
难道我们数百万的人都要讲英语？
难道已经没有崇高的贵族和勇敢的骑士？
难道我们现在沉默是为了将来痛哭流涕？

——鲁文·达里奥，《天鹅》，1907年[1]

一个世纪以后，达里奥的问题有了答案。"我们不会沉默"。西语世

---

[1] 诗句译文参考自《生命与希望之歌》，鲁文·达里奥著，赵振江译，上海译文出版社，2013年版。

界已经在国际上获得了一席之地。我们不需要打造一个"宇宙种族"就做到了这一点,墨西哥人何塞·巴斯孔塞洛斯曾经在1925年提出这个概念。美洲已经变成西班牙语发展的中心地带,这并不是因为讲西语的人们自我封闭,而是因为他们向世界敞开怀抱并懂得在多文化的海洋中徜徉。从何塞·埃切加赖(1904年)到马里奥·巴尔加斯·略萨(2010年),这期间还有维森特·阿莱克桑德雷(1977年)、巴勃罗·聂鲁达(1971年)、加夫列尔·加西亚·马尔克斯(1982年)和奥科塔维奥·帕斯(1990),西班牙语诺贝尔文学奖的重要性并不在于西语世界对他们赞赏,而在于他们的思想对世界的影响,还在于他们是全球文化的最佳代表。这种用西班牙语表达的文化还会继续在屏幕上、卫星上和信息网络上书写它的历史,它神奇美妙的历史,会和那些书写在石头上、羊皮纸上、纸张上和电磁波上的历史一样留下深刻的、独具魅力的印记。

20世纪以来西班牙语诺贝尔文学奖获奖情况统计

年份	获奖者	国籍
1904	何塞·埃切加赖	西班牙
1922	哈辛托·贝纳文特	西班牙
1945	加夫列拉·米斯特拉尔	智利
1956	胡安·拉蒙·西门内斯	西班牙
1967	米盖尔·安赫尔·阿斯图里亚斯	危地马拉
1971	巴勃罗·聂鲁达	智利
1977	维森特·阿莱克桑德雷	西班牙
1982	加夫列尔·加西亚·马尔克斯	哥伦比亚
1989	卡米洛·何塞·塞拉	西班牙
1990	奥科塔维奥·帕斯	墨西哥
2010	马里奥·巴尔加斯·略萨	秘鲁

大人物、普通人和小人物

马蒂亚斯·普拉茨·卡涅特

马蒂亚斯本想成为一名诗人。1913年,马蒂亚斯出生在西班牙科尔多瓦省的里奥镇。在这个安达卢西亚小镇上,人们常把c、z读作s,比如:cebolla(洋葱)被读作sebolla;cebada(大麦)被读作sebá;tocino(肥肉)被读作tosino。他的父母均是安达卢西亚人,他们希望马蒂亚斯能学一点如技术专长类的实用技能,但他本人明确地表示热衷于文学。尽管因内战走上了广播新闻的道路,他依旧会前往马德里参加一些文学座谈会。他不断地从安达卢西亚转播斗牛实况和足球比赛,并在他的职业生涯中一直坚持从事这项工作。之后他移居马德里,开始在西班牙国家广播电台工作并成为西班牙战后时期最著名的电台主持人之一。他担任过很多重要职务,最主要的成就是担任著名的新闻纪录片——NO-DO(noticiero和documental的前两个字母缩写)——的叙述者,这是西班牙数十年间最知名且最受关注的新闻纪录片。他的名气和业务能力让他得以进入西班牙电视台工作,在那里他执导并主持了很多节目。毫无疑问,马蒂亚斯·普拉茨·卡涅特是西班牙新闻史上最重要的播音主持之一。

从语言学的角度来看,马蒂亚斯·普拉茨的案例就变得十分有趣。不仅仅是因为他在口语表达上对西班牙语的掌控力,很显然这是他本就具备的优点,还因为他有着出色的叙事能力。此外,普拉茨还形成了自己独有的播报风格,这是一种能让广播产生极强的传播力的能力,以至于他的语言影响足以辐射到其他广播电视电台的专业人士,甚至所有收听节目的西班牙人。不仅如此,马蒂亚斯·普拉茨的口语是语言表达的真正典范,他严格遵循权威的规范，而当时西班牙语的规范是北部卡斯蒂利亚语的规范。但是，土生土长在安达卢西亚，生活在一个完完全全的安达卢西亚家庭中的马蒂亚斯·普拉茨是如何做到这一点的呢？很简单，严格按照发音规则并努力改正自己的方言口音。因为会将z、c发成s，马蒂亚斯·普拉茨避免混淆"s"和"c、z"的发音，他将后者发成"f"的音。也就是说，将Cecilia读成fefilia，将difícil读成difífil，将cerca读成ferca。从声学上讲，"f"和"c、z"的发音十分相近且容易混淆，剩下的就依靠麦克风的声波和声学滤波器来调整了。

在西班牙广播界提起马蒂亚斯·普拉茨就等同于谈论广播界的一位大人物。他的斗牛解说被人们津津乐道并模仿至今；他的体育转播开辟了传媒界的一扇新的大门，即如今的"体育新闻"专业。通过广播和电视播出的他的体育节目受众极广，这也意味着他的演说会被所有西语国家的观众收听。同时，为了突出即时性和表现力，体育新闻通常能反映出很多语言的进化趋势。于是，马蒂亚斯·普拉茨·卡涅特逐渐成为传媒对当今西班牙语及其使用者构成的巨大影响力的象征。

哈尔9000

1992年1月12日，哈尔9000诞生于美国伊利诺伊州厄巴纳市哈尔公司的实验室。它的制造者钱德拉博士为它取名为HAL，是英文全称Heuristically Programmed Algorithmic Computer（启发式编程算法计算机）的简称。事实上，哈尔是一台电子计算机，英文名后面的数字表示其序列号，除了不间断地执行常规或特殊的技术任务外，它还拥有多项神奇功能：语音识别、读取唇语、语言处理、推理辩论、理解并表达情绪等。同年，它被安装进了一艘名为"发现号"的宇宙飞船中，用来控制飞船自身的运作及机组人员。

哈尔被安装在一个满是移动存储组件和存储卡的狭窄且封闭的空间内，依靠遍布飞船的红眼摄像头作为自己的眼睛。2001年，"发现号"的工作人员接到了分析并寻找一些声音信号来源的任务，这些信号由月球上一个疑似来自外星球的庞大怪物发出。执行任务期间，哈尔无法对一根天线的机械故障做出准确判断，两名宇航员因为害怕出错，决定断开哈尔的自我认知电路。由于哈尔具备交流能力，它不仅获悉了他们的意图，还杀害了两名宇航员中的一位和其他处于休眠状态的宇航员。成功活下来的宇航员将哈尔和各个组件之间的线路依次断开，使之逐渐在机器运作的轰鸣声中失去自我认知。

这个故事十分著名。1968年，它借着电影《2001太空漫游》被推广至全世界。该影片由纽约导演斯坦利·库布里克执导，改编自亚瑟·克拉克写于1948年的一部作品。这部小说试图预测21世纪初的科技发展，但显然克拉克的想象力超越了现实，因为2001年并未出现具有哈尔所展示的认知能力和多功能性的机器。然而，故事的创作者们确实预测到了，半个世纪后会出现能够说话、理解甚至进行对话和推理的电脑。

如今，有些机器可以读取文本，还有的可以识别声音。而它们自己的声音也可以用任何一种语言、以不同形式呈现出来，因为它们也是多语种的。它们是21世纪信息和通信技术的最高表现之一。这些机器无法预知未来，也无法决定一种语言的演变趋势，但可能会限制其演变。然而，如果一种语言想要具备广泛的社会用途、具有国际影响力，并在最为多样化的群体和专业领域中发挥作用，那么毫无疑问，它必须能够被未来的机器识别并使用，而西班牙语已经是其中之一了。

两个词语

机器人 *robot*

Robot这个词听起来未来感十足，但它背后却有着一段很长的历史。该词于1921年出现在一部由捷克作家卡雷尔·恰佩克创作的作品中，书名为*R.U.R: Rossumovi Univerzání Roboti*（《R.U.R.：罗素姆的万能机器人》）。第二年，这部作品就被翻译成英语，在纽约的一个剧场上演。写作过程中，作者要为一个工厂中的拟人化机器起一个名字，他便想到可以根据拉丁语词"labor"造一个新词。然而，他的哥哥却建议他直接用捷克语词"robota"，意为"强制劳动"，就这样出现了"robot"一词。有趣的是，这位作者原本可以选择其他的词语来命名他书中的机器人，如：autómata（至少从18世纪以来在西班牙语、英语和其他语言中都用来指机器人）以及androide（从18世纪以来在英语中意指机器人）。然而，"robota"一词在被译成英语robot之后，产生了独特的吸引力，即新兴词语的魅力。

西班牙语中，robot一词被收录进埃斯特万·特拉达1946年的《工程师用语中的新兴词语、古语及同义词》中并对其进行定义，因此该词进入西班牙语的时间应早于这个时期。被引入西班牙语之后，西班牙和美洲各国对该词的用法并没有太大差异。有时会用到它的引申义（ser un robot，当一个机器人），有时则会用在比喻句中（actuar como un robot，像机器人一样行动），无论哪种用法，它的词义总是指"能机械地执行人类特有的操作的机器"。此外，由该词还衍生出一个新词：robótica（机器人技术）。这一名词被用来指称将信息技术用于制造可以代替人类完成不同操作的机器的工程。实际上，机器人技术已经生产出了可以操纵物体、走路、说话及从事家务活动的机器人，同时也制造出了可以驾驶汽车或者参与外科手术的机械臂。而词典里定义不太准确的一点或许在于仅仅将一个机器人可以完成的事情局限在人类活动上，而现在已经存在能够自动模仿不同动物行为的机器人，特别是犬类行为。

但是，在西班牙语中，还有一个robot的用法值得一提。那就是"机器人肖像"程序，即根据另一人提供的口头信息画出一个人的肖像，这一技术通常为警察服务。该技术在20世纪50年代被引入美国，然而，必须要解释的是，robot的这一用法在西语世界并不普遍，它只适用于西班牙。在美洲，人们通常使用"retrato hablado"来表示这种程序，甚至会用到"identikit"一词，后者是英文名称中的一种。而模仿英语短语"police sketch"的西班牙语"boceto policial（警察素描）"的使用则更不多见。

信息技术 *informática*

信息技术是对英语词汇非常敏感的专业领域。这一领域中被引入西班牙语的词即便不是一些经过改造或未经改造的英语词，如tamplate（模板）、frame（框架）、banner（标题）、windows（微软公司生产的"视窗"操作系统）、shareware（共享软件）、streaming（流媒体）、cookie（网络追踪器）、update（升级）、mirror（镜像）、online（在线）、privilegio（权限）、compresión（压缩）、editor（编辑器），也会是一些直接仿照英语模式的词语或表达方式，如：ancho de banda（带宽）、sistema operativo（操作系统）、en línea（在线）、nube（云）。因此，我们不得不好奇，为何西班牙语中将囊括了所有这些技术的学科统称为informática？Informática来源于法语单词informátique，并从20世纪70年代起在西班牙被广泛使用。法语词informátique诞生于1962年，由物理学家费利佩·德雷福斯提议用来指信息自动化处理。1966年该术语被法兰西学院承认。而西班牙语中，1984年版的皇家语言学院词典首次收录informática一词。法国在这一新兴学科中的早期影响力也解释了西班牙语中ordenador一词的出现，源于法语单词ordinateur。然而，由于这一学科是从美国传入美洲西语国家的，所以这些地区则使用computadora或computador（来源于英语单词computer）以及computación，其中最后一词可用来替代informática。在这一领域，西班牙直到20世纪80年代才开始明显受到英语的影响。

在如今庞大而复杂的信息世界中，社交网络对人类语言及对话者之间的关系影响最大。互联网和电信技术的逐步发展以及两者在社交网络中的应用都引发了语言上的巨大变化。一方面，新的词语，如hashtag、app等，以及支持这类交流方式的工具名称，如Facebook、Twitter、WhatsApp、Instagram、Skype等，融入了西班牙语。另一方面，这些词中的一部分甚至在写法上已经西语化了，如tuit、tuitear、meme；也有些是通过给原有的词添加新含义被引入西班牙语的，如muro、tendencia、vídeo viral。所有这些词能在我们的语言中保留多久将取决于催生其他社交工具产生的科技的发展速度。无论如何，我们都应该知道，社交网络的运用使得每天有无数人在长达数小时的时间里用文字进行交流，这对人们书面表达和理解能力的训练起到了积极的作用，与此同时，人们的交际能力也得到了发展。

最后，社交网络的广泛使用，尤其是通过移动设备来使用的社交网络，催生出一种简便写法，这种简写方式忽视了正字法，但不影响对话双方的相互理解。同时，通过网络发出的文本内容的表达效果则通过一种新的由各种符号组成的视觉"语言"被强化，这种语言叫作emoticonos或emoticones，即表情符号。人们最常用的是有着数十种表情的圆脸：有微笑的、哭泣的、惊讶的、愤怒的、嘲弄的等等。这种符号在各个年龄层和不同人群间接受度极高,以至于他们还被融入常规媒体的书面用语中。简而言之,信息技术正开发着新的表达方式,这种方式会影响到当下的所有语言,西班牙语也在其中,且其发展的最终方向尚不可预见。

本书插图系原文插附地图

审图号：GS（2024）1376号